现代信息管理与信息系统核心系列教材

信息分析与预测

（修订本）

江三宝　毛振鹏　主　编

薛　芹　侯金霞　赵玉洁　王　翌

孙文岩　李　丽　李小丽　编　著

北京交通大学出版社

·北京·

内 容 简 介

本书全面介绍了信息分析与预测的基本理论、主要技术和主要方法。本书的编写既注重基本理论与方法的说明，也强调实际分析与运用能力的传授；既保持信息分析与预测知识体系的完整性与系统性，也反映了最新的信息分析与预测技术、方法及运用的情况；不仅对各种定性和定量分析预测方法进行了详细介绍，还特别注重定性方法与定量方法的有机结合。

本书既可以作为信息管理与信息系统、情报学、企业管理、市场营销等专业学生学习的教材，也可以满足从事有关工作人员的业余学习的需要。

图书在版编目（CIP）数据

信息分析与预测 / 江三宝，毛振鹏主编. — 北京：北京交通大学出版社，2008.5（2020.7 修订）

（现代信息管理与信息系统核心系列教材）

ISBN 978-7-81123-284-4

Ⅰ. 信… Ⅱ. ①江… ②毛… Ⅲ. ①信息-分析-高等学校-教材 ②信息-预测-高等学校-教材 Ⅳ. G202

中国版本图书馆 CIP 数据核字（2008）第 054818 号

责任编辑：刘 洵
出版发行：北京交通大学出版社　　　　　电话：010-51686414　　　http://www.bjtup.com.cn
地　　址：北京市海淀区高粱桥斜街 44 号　　邮编：100044
印　刷　者：北京虎彩文化传播有限公司
经　　销：全国新华书店
开　　本：185×260　　印张：14.5　　字数：362 千字
版　　次：2008 年 5 月第 1 版　2020 年 7 月第 2 次修订　2020 年 7 月第 6 次印刷
书　　号：ISBN 978-7-81123-284-4/G·65
定　　价：48.00 元

本书如有质量问题，请向北京交通大学出版社质监组反映。对您的意见和批评，我们表示欢迎和感谢。
投诉电话：010-51686043，51686008；传真：010-62225406；E-mail：press@bjtu.edu.cn。

前　　言

随着改革开放进程的不断深入，我国经济飞速发展，社会管理水平也有了极大的提高，各行各业对于信息分析与预测人才的需求日益增大。信息分析与预测的技术和方法，已经不仅仅是信息管理人才需要掌握的技能，还是各种经济管理人员、营销人员、财会人员、行政管理人员、人力资源管理人员等需要掌握和熟练使用的技术与方法。信息研究能力也不仅是局限于专门研究人员的专业技能，同时还成为了各种日常管理工作的基本工具。本书正是为了满足相应的知识学习需求而编写的。

在本书的编写过程中，既注重基本理论与方法的说明，也强调实际分析与运用能力的传授；既保持了信息分析与预测知识体系的完整性与系统性，也反映了最近的信息分析与预测技术、方法及运用的情况；既对各种定性和定量分析预测方法进行了详细介绍，也注重定性方法与定量方法的有机结合。实际使用中，本书既可以作为教材，也可以满足业余学习的需要。

在本书中，除了介绍基本的信息分析与预测知识和方法之外，还专门增加了计算机信息分析系统软件的介绍，以适应当前信息分析工作中计算机统计软件和计算机系统普遍得到应用的实际。同时，鉴于信息分析预测工作极为复杂，实际的信息研究课题总是要综合运用各种技术与方法，需要充分考虑课题性质和研究对象的情况，我们除在各种具体方法的介绍中注意使用实例加以说明外，还专门设置了"常用经济信息分析"、"信息分析与预测专题研究"两章，试图帮助读者解决实际应用的理解与掌握问题。本书每一章后都附有习题，以满足读者深入学习的需要。

本书编写的分工情况如下：第1、2、11章由江三宝、毛振鹏、王翌编写；第3、4、5、8章由薛芹、孙文岩、毛振鹏编写；第6、7、10章由侯金霞、李丽、江三宝编写；第9、12章由赵玉洁、孙文岩、李小丽编写。全书的写作提纲制定和书稿统校工作由江三宝、毛振鹏负责，李小丽对全书图表进行了绘制和核对。

编　者

2008.5

目　　录

第1章 概　　论

本章主要学习目标

学完本章后，你应当能够：

① 掌握信息分析与预测的基本概念；

② 熟悉信息分析与预测的特点；

③ 了解信息分析与预测的类别划分；

④ 理解信息分析与预测的理论基础；

⑤ 初步认识信息分析与预测工作。

1.1　信息分析与预测概述

信息，既是人类认识世界的途径和手段，也是人类改造自身并且影响环境的工具。在全球知识经济的氛围中，科学技术知识、先进管理经验、各种调查结果与统计数据、金融财经信息、市场供求信息等层出不穷，越来越多的信息被生产出来和获得利用。信息正在代替物质材料、能源和资本，成为经济社会发展中最为重要的资源，大大提高了社会的生产力。信息价值的生产因而成为经济社会发展中的重要动力因素。

信息不仅在社会的物质生产中发挥了非常重要的作用，还在满足人们的精神需求方面扮演了主要角色。目前，一系列围绕信息开发与利用的产业部门得以产生并迅速壮大，与信息有关的活动也成为了人类社会各种活动的中心环节。

信息分析与预测是以社会需求为基础，以先进的信息技术和方法为手段，对事物过去和当前状态的有关信息进行收集、辨识、整理、估计、分析，并以此为基础对事物未来发展趋势或未知状态做出推测和判断的活动。具体地讲，就是通过有针对性地收集与特定事物有关的信息，经过深入的分析研究，推断该事物未来的发展趋势与变化情况，以及这些变化会在什么时候、以什么方式、在什么情况下发生，发生的可能性有多大等，从而使人们能够有目的、有意识地控制、选择和改变事物的运行状态和走向，以及做出科学决策和适应未来变化。在当今社会中，信息分析与预测具有广泛的意义，在社会的各个领域中都有应用价值。

1.1.1　信息分析与预测的理论基础

1. 哲学理论基础

科学预测必须根据事物的客观发展规律进行，它本身建立于事物可知性理论的基础上，即作为预测对象的事物，其存在与运动规律是可以被认识和把握的，并可以根据这种发展规律推测出事物未来的发展趋势和方向。换一个角度来讲，任何事物的存在与发展都符合一定的规律，人的认识能够去识别和发现这些规律。这是人们对客观事物存在与运动的一般性看法，也是被复杂的人类认识活动和发展过程所证实的。根据这种认识，人们可以通过科学、严谨的认识活动，经过对各种事物有关信息的收集、整理、分析与研究，由表及里、由浅入深地掌握事物的本质和内在规律，并以此为依据预测事物未来发展的趋势、方向、规模、动态、边界等。

预测科学认为，事物的存在与活动是不断发展变化的，并且受到内外各种因素的复杂影响。同时，任何事物的未来发展情况都具有多种可能性，其发生变化的性质、程度、方向、时间等都具有不同程度的不确定性，必须在科学分析的基础上，对所有的可能情况进行研究，才能对发生各种变化的规模、范围、持续时间与发展时刻、影响因子及其相互作用情况等做出相应判断，并依此来确定相应的预测数值和预测结果，以及界定这种预测的适用条件、适用范围等。

预测工作十分重视事物运动变化的统一性和连续性，把事物的发展看成是一个从过去到现在，再到未来的统一、连续的过程。据此，可以找出事物发展的内在规律，并对事物的未来发展情况做出可靠预测。事物发展变化规律的统一性和连续性，又是由任何事物都是一个相对独立的系统的特性所决定的。系统理论是科学预测理论和预测工作的重要理论基础。系统理论认为，任何事物都是不同组成部分按一定方式相互作用，并具有一定结构和功能的统一体。根据系统中不同组成部分的相互作用，以及系统与环境因素的相互影响，可以从整体与全局的角度把握系统的运动变化规律，从系统整体的动态关系中找出事物的特征和内在规律，由此发现其未来变化的方向。而事物的发展变动规律，由于其作为系统的整体性和发展变化的连续性而具有了统一性和连续性。

在日常的社会活动中，人们经常会发现某一事物发生变化的先兆，这是事物发展变化的统一性和连续性的外在表现。如果没有系统认识和科学研究的基础，这类被察觉到的预兆对预测不会有很大帮助。在科学预测工作中，经过客观分析与研究，利用预示事物发生变化的先兆来预测事物即将发生的变化是很有益的，特别是通过对那些隐晦的、反复重现的、瞬间出现和稍纵即逝的，以及有违常规的先兆等加以注意，并实行有效的监测与捕捉，往往可以及早觉察和预测那些可能发生的重大变化，从而大大推进预测工作。

2. 信息科学基础

随着信息科学的迅速发展，对信息的研究层次已经由对语法信息的研究深入到对语义信息和语用信息的研究，尤其强调语用信息的研究，也就是信息施效问题的探究。"信息施效在许多情况下表现为'控制'——按照主体发出的再生信息所规定的状态和方式来调整或改变原来的运动状态和方式。"信息分析结果的利用过程，实际上就是利用控制来优化系统的过程，这种控制需要通过信息分析与预测来实现。分析和预测的过程，可以说是包含于控制事物变化发展方向的过程之中。此外，信息分析外延的演进，至今经历了静态观、动态观、系统观、资源观和环境观五个层次，在信息分析与预测过程中必须以这几种大背景构建自己的分析体系，才能满足分析的需要。

3. 经济学基础

冯·诺依曼和摩根斯坦所著的《对策论与经济行为》，建立起了不确定环境下观察个人经济行为的经典理论，即：在不同环境状态下的消费偏好，将取决于市场参加者对这些环境状态出现概率的主观认识。这里的主观认识，实质上就是对环境中各种信息综合分析与预测的结果。经济活动中的决策者为了优化决策的需要，必然具有充分利用信息做出判断的能力，他所关注的是经济策略相互影响的一般分析。经济信息分析方法中的交叉影响分析法和工作范式中的群体工作范式，就是这一理论的典型反映，它们强调了各种因素、不同人员之间的相互作用。

4. 管理学基础

美国加利福尼亚大学教授哈罗德·孔茨和西里尔·奥唐奈最早提出了管理过程理论，将管理理论同管理人员履行的职能联系起来。这一职能主要是计划、组织和控制，核心是控制。经济控制的基础是经济信息，一切经济信息传递都是为了经济控制，一切经济控制都有赖于经济信息传递；经济管理过程有赖于经济信息分析，分析经济信息是管理者实施其职能的前提。

"管理就是决策"——诺贝尔奖获得者西蒙将决策过程分为情报的"设计活动、选择活动、审查活动"，情报活动及信息分析是经济决策的前提与基础，其效果直接影响经济决策。从这个角度来说，信息分析研究是贯穿于各种管理活动的全部过程的。

5. 数学与逻辑基础

在信息分析与预测工作中，一方面会大量直接使用数学与逻辑的工具与方法，如统计方法、比较方法等，另一方面在研究工作的每一个步骤和环节都要充分考虑信息研究课题和研究对象内部的逻辑统一性及其与外部因素的逻辑关系的协调与一致。

1.1.2　信息分析与预测方法的类型

按照不同标准，可以将信息分析与预测方法划分为不同类型，如按分析与预测期的长短划分，可以分为短期、中期、长期分析与预测；按研究对象的规模大小划分，可以分为宏观分析与预测和微观分析与预测；按课题内容性质不同划分，可以分为经济分析与预测、科技分析与预测、人口分析与预测、环境分析与预测、军事分析与预测、社会分析与预测等。目前人们使用的信息分析与预测方法很多，但无论是哪种方法，都只能预报出某一变化发生的空间和时间区间，或者这种变化发生的可能性的大小。因此，分析与预测的结果是相对数值，绝对精确不变的分析与预测是不可能实现的，也不是科学预测追求的目标。

对事物未来的变化进行分析与预测，可以是定性的，也可以是定量的，通常是定性与定量相结合。对于复杂系统、巨型系统、处于临界点可能发生突变的系统，进行预测较为困难，这时常以定性方法为主进行预测，预测结果的定性成分较大，精确程度较低。对于变化稳定、历史数据全面、真实、可靠的研究对象和研究课题，定量预测则更多地被使用。对于所有的定量分析方法来说，必须在明确定义的基础上收集数据、建立模型和进行运算，所得出的结果也需要明确说明，也就是说，对定量方法来说，定性认识、说明和解释也是必不可少的。值得注意的是，随着计算机技术的发展和日趋成熟，计算机技术在信息分析与预测工作中的应用日益普遍化，大大提高了信息分析预测的能力。

人们利用信息预测未来的迫切需求推动了信息分析与预测工作的发展，现代科学理论与技术成果则为这种实践活动提供了有力的保证。在信息分析与预测工作中，人们充分运用了知识、经验、智慧和各种科学研究方法。目前已有的信息分析与预测方法有数百种，常用的大约数十种，其中较为简单、基本的方法有分析法、综合法、归纳法、演绎法、类比法、求同存异法、抽象法、分类法、比较法、列举法、前景分析预测法、典型调查法等。在实际工作中常用的具体方法主要有头脑风暴法、主观概率法、交叉影响法、趋势外推法、回归分析法、投入产出法、平滑法、因果关系分析法、系统分析法、网络分析法、功能模拟法、系统动力学方法等。

在实际运用中，人们还根据实践经验，探索各种信息分析预测方法的特性，识别其运用的条件、限制、效用，以及不同方法相互结合使用的规律，进一步提高信息分析与预测的准确性。

1.1.3 信息分析与预测的必要性

信息社会急剧发展变化的特性迫使人们越来越多地把注意力转向对未来的把握。通过信息分析方法对未来进行预测，并做出相应的应对性准备，是人们适应信息社会的一个重要方面。经过多年的探索、研究与实践，人们已经发展出一套行之有效的信息分析与预测方法体系。今天，人们所进行的预测不是巫术，也不是简单的主观判断，而是在充分调查和全面收集相关信息的基础上，以系统的科学理论为指导，按照严格的工作程序，采用严谨的研究方法所进行的科学活动。

作为财富与资源的信息，其巨大效用并不是可以不费力气地自动获得和实现的，而是需要经过对信息进行加工、处理，包括对信息进行收集、鉴别、存储、整理、分析和研究等工作，才能使信息被有效利用。也就是说，只有通过对信息进行分析研究，才可以深入挖掘信息的价值和可能用途，满足人们的实际需要，有针对性地解决实际问题。

对于所有信息使用者来说，要想有效地利用信息财富，就需要在收集有关信息资料的基础上，根据自身经验和知识对信息进行必要的分析研究。这就要求使用信息的个人和团体能掌握基本的信息分析方法。对于从事信息研究的专业人员来说，其工作目的就是根据社会需要，接受专门委托，对某方面的问题或某一事物的状况进行研究、分析和预测，找出其中蕴含的规律和改进实际工作的办法。在这个过程中，需要在全面掌握信息工作规律的基础上，使用一整套科学方法开展工作。可以说，在现代社会条件下，掌握一定的信息分析技术与方法，是提高信息利用率和做出科学决策所必需的。

人们对事物的认识总有一个从个别到一般、从具体到抽象、从局部到整体的过程。对于任何一个问题或者事物，在认识它时，总是要对与这个问题或事物有关的各种信息进行收集整理，并进行深入的分析、研究。这种信息分析工作可以帮助人们认识问题和事物的本质、影响因素、主要特点等。在这种信息分析工作的基础上，综合分析结果，就能从整体上认识和把握事物的根本特征，为切实解决问题和有效控制事物的发展提供坚实的基础。

由于现代社会发展迅速，人们普遍面临无处不在的管理与决策问题。信息时代来临导致的信息数量巨大、传输速度快、传播渠道多、传播方式复杂多样、信息分布高度不均衡、信息技术运用广泛等，给人们的信息利用带来了巨大困难。随着国内外各类软科学研究和咨询机构的建立与发展，各种现代信息技术的迅速发展和普遍运用，尤其是国际互联网络的出现，改变了信息存在、运动、分布、利用的状况，使信息活动在经济社会运行中的作用趋于广泛化、深刻化、复杂化，对传统的信息分析工作提出了挑战，对信息分析与预测工作的能力、质量、范围、效能和速度提出了更高的要求，这是在信息分析与预测工作中需要特别重视的。

1.2 信息分析与预测的特点

现代信息分析与预测是在科学理论的指导下，借助于科学方法，经过大量的实践活动逐步发展起来的，形成了相对独立、完整的理论与方法体系，并具有一系列理论、方法和运用等方面的特性。

1. 智能性与创造性

真正有价值的规律总是隐藏在事物的深处、细处、隐秘处，需要敏锐的眼光和深刻的思考，才能加以发现和挖掘，因此，对客观世界规律性的把握需要运用一定的智慧。任何信息分析工作都要致力于认识事物的特性和发现事物的规律，这就要求信息分析和预测工作人员具有较高的知识水平、敏锐的观察力和准确的判断力，在工作中能运用智力劳动进行卓有成效的工作。现代社会中，信息服务产业集中了大量具有丰富经验和较高知识水平的专家进行有关知识性劳动，生产出各种信息产品，使这一行业具有了智力密集的特点。

对于一项具体的信息研究工作来说，信息分析与预测研究人员常常会面对新问题、新情况，需要在全面收集有关信息的基础上，经过创造性的智力劳动，提出对有关问题的正确认识和看法，发现事物的规律，为人们的认识和实践活动提供有创见性的、具有一定价值的指导意见。因此，信息分析和预测工作人员要具有较强的创新意识，善于发现新事物、提出新问题、创造新方法。比如，在分析一个企业如何能够达到目标时，如果仅仅以现有资源来衡量和思考，思路就会受到限制，难以发现更多更好的达到目标的途径与方法；而换一种思路，使用目标导向，也就是从目标出发，反向推演，步步链接，倒推资源配置，倒推时间分配，链接战略战术，链接方法手段，就有可能找出不同的实现远大目标的有效路径。显然，这种创新的思路和方法是信息分析需要经常运用的。因此可以说，信息分析和预测工作具有鲜明的创造性。

2. 系统性和综合性

系统科学是信息分析与预测的指导性理论。系统科学主张：任何事物内部的不同要素之间、该事物与环境之间，都存在着广泛而复杂的联系，事物的发展变动规律则相应地具有统一性和连续性，需要动态、全面地认识才能加以把握。对于任何信息分析和预测课题，研究人员在工作中总是要致力于发现各种影响因素和这些因素的作用情况，这就需要广泛收集各类信息，从研究事物的组成和内外部环境开始，进行全面的综合性分析研究，并把事物的发展变化也看作是一个连续统一的过程，在分析的基础上进行综合，以得出对预测对象的总体性的认识，从而顺利完成研究工作。从现实社会的实际情况来看，当代经济社会发展存在复杂联系和相互影响，受到多种自然因素和社会因素的制约，只有综合性的分析研究才能准确地对其进行认识和把握。有关的信息分析和预测工作必须充分考虑这种情况，从总体上进行综合性的研究。

3. 针对性与灵活性

信息分析与预测工作总是针对一定问题、围绕一定目标展开。在选择研究课题时，研究人员要根据客户委托或有目的性的自选，确定研究课题和研究目标，然后有针对性地开展信息收集工作，并且根据研究课题的性质与目标对信息进行分类、整理，再进行深入分析和研究，以发现有关事物和问题的本质特性，进而提出有针对性的解决办法和改进意见。可以说，整个研究工作都是围绕特定目标和针对特定对象进行的，这就是信息分析和预测工作的针对性。

信息分析与预测工作又要有一定的灵活性。根据社会需要拟定信息分析的课题时，可能出现多种选择。在一次选择中，可以根据课题性质、急迫性与重要性、信息可得性、人员与设备条件等做出抉择。对于委托研究项目，对委托方提出的研究课题和目标，要从全局和实际情况出发，对研究内容和目标进行必要的调整。收集信息与选择研究方法时，应根据工作条件、课题要求、目标、费用与时间要求等进行灵活处理。在研究的过程中，有时会发现新事物、新情况、新问题，这就需要研究人员适时根据变化了的情况调整研究目标和研究方向，提出相应的对策。

4. 科学性

信息分析与预测的科学性包括方法的科学性、工具和技术的科学性、研究步骤与程度的科学性、理论基础的科学性等不同方面。

信息分析与预测遵循严格的程序，普遍使用严谨、规范的研究方法和现代信息技术及工具，因而呈现出明显的科学性。"现代信息预测建立在数学科学、信息论、系统论、控制论基础之上，运用现代科学理论为指导认识问题，运用科学方法进行分析和研究，这些体现了信息预测理论基础的科学性。"科学预测与非科学预测有一个基本而且重要的差别，那就是非科学预测不经过系统的信息收集和深入的分析研究，主要依据主观判断作出预测，而在科学的信息分析与预测中，预测者的主观判断降到最低限度，预测的对象、方法、技术和依赖的工具都是客观的。科学预测还具备程序化的特性，那就是科学的信息预测过程，需要制定预测的程序和步骤，按部就班地实施。具体来说，就是要在大量收集信息的基础上，运用科学技术和方法进行分析研究，并且对研究结果从不同角度反复验证、完善。这也是信息预测的科学性的一个重要表现。

5. 实用性

信息分析与预测是一门用于解决实际问题的科学，总是致力于满足人们的特定需求，其理论与方法多应用于经济和科技发展的中观、微观领域及相应过程的预测，以及运用于各种社会实践领域。信息分析和预测工作在科学理论与方法的指导下，使建立在事实基础之上的分析研究能更准确地反映实践的特点，指导实践活动的开展。在现代信息社会，唯一不变的因素就是变化，而信息分析与预测工作便是应对变化的有力工具。科学的分析预测工作应不断随着社会实践的发展而进步，以适应不断变化的社会实际的需要。

6. 连续性

信息分析与预测工作通常对事物进行长期跟踪，是在积累大量原始数据的基础上对事物发展变化的趋势进行分析，并进一步做出预测。信息分析与预测工作的连续性可以通过时间序列分析与预测法进行说明。所谓时间序列分析与预测法，是通过大量收集分析预测对象的历史性信息，依据事物发展的连续性与同一性原理，运用特定工具与方法，预测其未来发展的趋势，即"用历史昭示未来"。分析与预测准确性的关键性影响因素包括两点：一是历史信息的完备性，历史信息收集得越充分、越完备，在时间上历时越长，信息预测的准确性就越高；二是预测对象所处发展阶段的平稳性，预测对象的发展越是处于平稳、线性的过程之中，预测结果的准确性就越高。只有运用连续的、历时的观点观察和分析问题，才能在信息分析与预测工作中做出正确的判断和结论。某些突变和非线性过程之所以难以准确预测，本质上是预测对象的信息在一定程度上的不可知性。

1.3　信息分析与预测的作用

信息分析与预测工作的目的是挖掘和开拓信息财富，造福于人类社会。在信息时代，人们在日常的生活和工作中，经常要进行必要的信息分析与预测工作。目前，多数组织机构中的这种日常性工作并不是系统深入的研究工作，而常常是临时性的和零散性的工作。与此同时，许多信息服务机构通过系统、连续的专业性研究工作，为科技、文化、教育、经济和社会各部门提供多种信息服务，尤其是企业化运作的知识性信息服务公司，为全社会提供了品种越来越多，涉及范围越来越广，影响力越来越大的信息分析与预测产品和服务，日益受到社会各界的高度重视，起到了广泛且卓有成效的作用。

1. 鉴别和筛选作用

在使用信息时，必须对所得信息的价值，即可信性和可用性进行鉴别。通过鉴别，信息分析与预测工作者可以确定并且筛选出真实可用的、有价值的信息，从而大大提高信息使用的效果。不同来源，不同内容，不同性质的信息，对一定使用者来说其价值各不相同。只有那些知识含量大、潜在效用高，对特定用户和特定课题具有针对性的信息才是最有价值的信息。通过对信息的分析，可以了解信息的价值和信息的内容深度，即发挥信息对消除认识上的不确定性的效用和发掘出信息的深层含义，从而找出有利用价值的信息。需要注意的是：并非所有信息都有同样的可用性，有的信息无法验证其真实程度，或者来源不明，有的信息与特定的研究目标无关，有的信息不能被归入一定的体系中，这些信息一般都难以或不能使用。通过信息分析能够发现这类无用信息，并将它们剔除。

产生虚假信息的原因很多，对它们进行鉴别也是一项十分困难和复杂的工作。有些虚假信息或无效信息是被人有意编造和传递出来的，以混淆视听；有的是在传递过程中以讹传讹，不断滋生出来；有些是由于失误造成的；有些则是由于人们的认识能力和手段的限制所导致，等等。对于这些信息失真现象，要在研究工作中遵循一定原则、按一定程序和使用一定方法，通过认真分析和审慎研究加以鉴别。在信息鉴别工作过程中，最难处理的是这样一种情况：不同的专家或专家群，或由于资料不同，或由于调查方法和程序不同，或由于理论出发点不同，或观察角度不一样，或研究方法与手段有差别等，对同一问题和事物提出不同甚至相左的观点。对此应根据使用信息的目的和实际情况进行综合评估之后，才能决定取舍。

2. 整序作用

事物存在的无序性及发生变化的复杂性，决定着自然状态下存在的信息多为零散的、无序的，相互之间缺乏联系，也不能有效反映事物之间的关联性。由此，人们直接接收的信息同样经常是零散无序，缺少联系的，只有通过对大量信息进行认真分析，才能发现事物间的联系。在信息工作中，要整理杂乱无序的信息，发现他们的内在联系，同时形成与客观规律相对应的合理排列顺序，就需要根据科学原理和科学体系，使用一定的技术，在信息分析的基础上对信息进行分类、标识、排序和录入。通过这一工作过程，不仅能得到信息的有序系统，而且能迅速有效地检索信息，这是信息工作环节中的基础工作，也是信息分析工作的重要价值的体现。

对信息进行整序，不仅要按照人类已经建立的知识系统展开，更要根据认识对象的组成、结构、状态和运行规律进行，而且一定是以人们对特定事物加以认识和控制的目的为出发点，否则就会使信息整序的结果缺乏效用。经过整序后的信息，可以从不同角度、不同层次、不同方面揭示研究对象，要充分反映其各种内在联系。因此，必须利用科学理论为指导，运用先进技术进行有关工作，从而达到科学合理性、方便实用性的统一与结合。

在实际信息分析预测工作中，平时的大量信息收集与整序，和针对专门课题开展的信息研究工作是紧密结合在一起的。许多情况下，信息研究的成果就是信息整序后得到的初级产品，可以作为信息商品向用户提供，同时支持信息分析人员进一步的深入研究工作。

3. 预警作用

在迅速变化的现代社会中，如果人们对未来一无所知，很可能在面对新情况、新变化和新事物时不知所措。预测工作要求在科学研究的基础上，事先预知事物可能要发生的变化和引起的后果，提醒人们采取必要措施，预防和制止不利变化的发生或减少其造成的损失，做好适应未来变化的必要准备，采取措施利用即将发生的有利变化推动事物向着所希望的方向发展。因此，预测是信息工作的一项十分重要的内容，有着极强的现实意义。例如，1949年美国著名的兰德公司的信息分析与预测人员，在科学分析的基础上预测到前苏联将于1957年发射第一颗人造地球卫星，其对发射时间的预测仅与实际日期相差两周，同时对这种绕地飞行器的未来功用做出科学预见。遗憾的是，美国白宫和五角大楼都没有对这一报告引起足够的重视，结果美国空间技术在一个时期内明显落后于前苏联。后来，美国政府利用相关部门的预测成果，科学规划航空航天活动，取得成功登月及后来的一系列巨大成果。近几十年来，这种经过科学分析预测得出科学结论，从而大大影响实践活动并取得巨大成就的例子比比皆是。随着经济社会发展的日益加速，人们对这种信息预测的需求日趋强烈，有关工作也越来越受到重视。

4. 参谋和指导作用

现代社会中的个人、团体、企业、政府，面对迅速变化的复杂环境，经常会遇到疑难，尤其是决策方面的困难，他们或不知将采取的行动是否适当，或对将要执行的决策的后果缺乏判断，或不知做出怎样的决策才能达到目标，或遇到疑难无从下手。与此同时，现代科学决策面对的决策问题日趋复杂，专业性与综合性要求极高，有关决策研究需要投入大量时间，对知识与智能具有极高的要求。这种情况下，无论是自己动手还是向专家请教，都要在大量收集信息的基础上进行信息分析与预测，在深入研究的基础上提出可行性方案，再据之做出最后决策。实际上，借助于辅助决策机构和人员的活动，通过他们的信息分析预测工作获得可选的和优化的决策方案，是更为常用的。这种信息分析与预测工作为决策和行动提供的参谋指导作用有着广泛而重要的意义。在当代，世界各国的政府、企业及各类社会组织，普遍把借助于信息服务辅助决策活动常规化、制度化，甚至以法规形式予以规定。

在我国，随着改革开放进程的不断深入，科学决策的需要，社会发展的民主化、法制化的趋势，中央高层的推动，都使得信息分析研究工作受到越来越普遍的重视，比如对工程项目可行性论证的规定，重大政府决策必须经过专家论证的制度等。

5. 对社会运行和经济活动的引导作用

对政府宏观管理与决策活动来说，信息研究工作是基础性工作内容，是有效决策的重要保证，也是实现科学发展所需要的。对全社会来说，信息分析预测工作有利于提高信息利用效率，促使社会各层面的相互理解与沟通，有利于社会和谐发展。随着我国市场经济体制的逐步确立，社会对信息分析与预测的需求越来越强烈。进行信息分析与预测，可以有效了解市场供需变化的情况，及时调节市场供需矛盾，使生产与消费密切结合。信息分析与预测可以使决策者和社会公众了解商品的需求变化及其发展趋势，生产商可以在了解消费者需要的基础上，正确地判明未来发展的前景，指导生产的发展，使生产与消费密切结合起来，促进社会再生产的发展。信息分析与预测也有利于改善经营管理,提高企业的经济效益。进行市场信息分析与预测是提高企业经营管理水平的重要条件,这是因为:在市场经济条件下,企业的经营和发展与市场息息相关,市场瞬息万变,如果企业不了解市场动态和发展趋势而盲目生产、盲目经营,势必会造成商品积压,资金周转缓慢,经济效益下降。所以,企业要增强竞争能力,就必须搞好市场信息分析与预测。

随着我国经济社会发展,许多新的社会观念、社会现象不断涌现,各行各业、各级组织乃至个人都会遇到判断与决策方面的困难,这都需要通过信息分析预测加以准确判断,把握事物的未来走势,以有利于和谐社会建设和改革开放事业的深入发展。

习题

1-1 运用有关事例对信息分析与预测的基本概念进行阐释和说明。

1-2 信息分析与预测可以分为哪几种类型?分别举例予以说明。

1-3 为什么要进行信息分析与预测?

1-4 信息分析和预测有哪些特点?分别指出这些特点在实际工作中是如何体现的。

1-5 为什么说信息分析与预测具有科学性?

1-6 信息分析与预测工作的主要方法有哪些?其中哪些方法是常用的方法?

1-7 信息分析与预测有哪些突出的作用?在具体的信息分析与预测工作中这些作用是如何体现的?

1-8 信息分析与预测的基本原理主要有哪些?请结合有关事例分别加以理解和说明。

第 2 章 信息分析与预测的
准备工作和基本步骤

本章主要学习目标

学完本章后，你应当能够：

① 掌握信息分析课题的选定方法；

② 了解信息收集的主要途径，学会信息收集与整理的基本技能；

③ 明确信息研究工作人员的素质要求及研究团队的组建与事务管理；

④ 了解和掌握信息分析与预测准备工作的内容和要点；

⑤ 了解和掌握信息分析与预测工作的主要步骤和方法。

所有的信息研究工作，从根本上讲都是为了帮助人们认识和把握对象，指导人们采取恰当行动来达到目标，也就是指导人们的实践活动。信息研究人员正是围绕这一目标展开信息的收集、整理、分析与预测工作的。在正式进行信息分析与预测工作之前，需要做一些有针对性的准备工作，包括课题的选定、信息的收集与整理、实际考察、人员组织、制订工作计划等。在这个阶段，选题是关键，研究目的和有关实践活动的目标是核心，其他几项准备工作是基础，只有这些工作都做好了，才能保证后续的信息分析与预测工作的顺利进行。

2.1 课题选定

大量实践活动表明，选题是信息分析与预测工作的关键一步，直接关系到分析预测结果的准确度。如果课题选择不当，那么不管收集到的信息资料多么完整，报告多么精炼，也只能是事倍功半，使最终得出的研究结果缺少实际价值。有的专家认为，课题选对了，等于问题解决了一半，这种说法不无道理。

1. 课题的来源

信息分析与预测的范围很广泛，研究的课题也是方方面面的。信息分析与预测的课题通常来源于两个方面：一是用户委托，包括政府部门下达和其他用户委托，即被动选题；二是信息分析与预测人员自选，即主动选题。

各级政府部门由于工作性质与所辖领域的不同，提出的课题所涉及的范围也有差异，一般都是紧密结合本地区、本部门在一定时期内经济社会发展、科学研究、工程建设中急需解决的问题，直接向政府内部所属的信息分析与预测部门委托研究课题，或向独立研究机构提出自己的预测问题并寻求解决。与此相类似，企业和其他社会组织也会根据自身需要设置信息分析与预测课题。

有些研究力量薄弱的单位，为解决自身发展和运行中出现的重大问题，经常委托实力雄厚的信息分析与预测机构进行课题研究。如一些中小企业由于自身力量薄弱，经常委托第三方信息分析与预测机构，帮助他们解决生产定向、产品更新换代或技术引进等问题。随着社会化分工体系的不断完善，许多规模较大的单位出于节省内部运行成本，或者获得更为客观的专业分析研究结果的目的，越来越倾向于向第三方，即专业的信息分析机构购买预测分析服务。随着市场经济体制的全面确立，这类直接来自科研与生产实践中的课题正在占有越来越多的份额。信息分析与预测机构也已经全面由封闭型转向开放型，不断拓宽课题来源，研究课题逐步实现以接受用户委托为主，围绕经济社会发展的实际需要开展工作，并不断提高信息分析与预测的专业化与综合化水平。

信息分析与预测人员自己选择并确定课题称为主动选题。怎样才能做到主动选题呢？首先，要开动脑筋，随时随地注意各种信息，也就是要有强烈的"信息意识"；其次，平时对于各类热点问题要认真阅读，对于国家的方针政策和社会发展的重要趋势要认真学习、及时把握，对有关会议与学术活动要积极参加，并主动与各类人员接触。此外，还可根据国外对某一课题报道的频率、广度与深度综合分析后选择适当的课题。信息分析与预测专业人员经过精心研究选出的课题往往可以以第三方独特的视角，对某一事物或现象做出专业、客观的分析判断，因而更具有说服力，也更能在得出确切研究成果后得到市场的认可。

2．课题的类型

信息分析与预测的领域十分广泛，大到宏观政策与规划等的制定，小到一种新产品的开发以至社会生活中的某些具体问题，都可以构成信息分析与预测的课题。目前，信息分析与预测课题主要包括以下几类。

1）为制定宏观政策进行信息分析与预测

经济社会的发展需要正确、稳定的政策与计划指导，其中各项政策的制定具有深远的影响。为了制订正确的政策与计划，必须进行信息分析预测，广泛系统地收集各方面信息，为政策与计划的制订提供可靠的依据。改革开放时期，我国的中央政策研究室、国务院发展研究中心、中国科学院、中国社科院等机构就在这方面为中央一系列重大决策的做出提供了有力支持。再如，作为美国最大、最有影响力的综合性战略思想库之一的兰德公司，主要工作就是为美国政府决策提供智力支持。兰德公司于 1948 年成立，其特点是与美国联邦政府尤其是军方关系密切。兰德公司关于中国问题的研究最著名的例子是其在朝鲜战争中中国将会出兵的准确判断，可惜当时未得到美国当局重视。兰德公司在对华政策方面的许多建议都曾被美国政府采纳，如冷战时期提出的"承认一个中国，但不是现在"，在冷战后又主张美国对华采取"遏制加接触"政策等。在西方发达国家，由政府内部或独立的信息研究机构进行有关政策制定的信息研究工作，已经成为制定重大决策的常规做法。随着我国改革开放进程的不断深入，尤其是建设和谐社会目标的提出与贯彻，对各类信息研究机构的有关工作也提出了越来越高的要求。

2）配合科研项目的课题

科研活动本身就是一个信息过程。通过广泛的信息交流，人们利用已有的科研成果，进行新的创造性研究，不断推陈出新，如此循环往复，以至无穷。科研工作要想取得新的突破与进展，必须以别人已有的研究成果作为自己的工作起点。为此，在确定科研课题之前，首先必须进行信息的调查分析，确定这个科研课题是否已经有人做过，或正在做什么，以及与这个课题研究相关的各种信息,以便少走或不走弯路,提高科研工作的效率。

在我国,曾经有过这样的报道,某研究机构不重视科技查新工作,盲目上马新的研究项目,在花费了大量的时间和精力,项目基本完成之时,却发现已经有了与本项目相似的、完全成熟的研究成果,并且已经申请了专利,而复印有关的专利资料只需要几元钱。该研究所既白白花费了巨额科研经费,还浪费了一年多的时间。与此相反,许多科研机构在开展科研活动时,由于信息调查分析搞得好,能够对科研方向进行准确定位,使科研工作更有效率。因此,必要的信息分析预测工作,对于科学研究活动具有至关重要的意义。

3)配合大型工程建设项目的课题

在大型工程建设中,必须对其必要性与可能性及长期效用进行充分的技术、经济、环境等方面的论证。众所周知的三峡水利枢纽工程的建设成功,就充分表明了信息分析与预测研究的作用。在这项大型工程中,长江流域规划办公室下属的信息部门做了大量信息调查研究工作,为《长江三峡水利枢纽可行性研究报告》的制定和此后的多次修订提供了有力的信息支持。三峡工程经受了多次大洪水的考验,达到了比较先进的水平,把我国水力水电工程设计推到一个新的阶段,受到国内外专家的高度赞扬。三峡工程之所以能够如此成功,和建设初期收集大量国内外信息资料,并进行深入分析研究,得出可行的研究结论是分不开的。

4)配合技术与设备引进的课题

技术与设备的引进工作既要考虑技术上的先进性与适用性,又要考虑经济上的合理性。因此,在进行技术设备引进之前,必须掌握国内外该项技术或设备的性能、特点、技术经济指标、适用范围及相关使用标准等,并对各国同类技术或设备的各项指标进行比较。只有这样,才能使技术引进建立在科学的基础上,否则,就容易造成错误引进,甚至受骗上当。信息分析与预测可以配合技术与设备引进工作进行相关信息调查与分析,包括市场前景调查、应用前景调查、同类及配套产品调查、潜在客户调查,综合相关调查结果进行预测,为最终决策提供信息支持。

5)配合产品开发的课题

一个企业要在国际与国内市场上具有竞争能力,必须不断提高自己的产品质量,努力改进已有产品,不断开发新产品,使产品及时更新换代,以满足消费者日益增长的需要。这种情况在高技术产业尤为明显,在信息经济时代也具有普遍性。高技术企业应当根据不断变化的市场需求,把握技术进步的脉搏,生产适销对路的优质产品,努力做到以新取胜,以质取胜,以廉取胜,以快取胜,才能不断扩大市场。要做到这些,必须对国内外的产销情况,同类产品的水平及技术进步情况进行调查分析。

6)配合管理活动的课题

管理对于各类现代组织都具有重要性,科学的管理能够使各行各业增强获取各种内外资源并加以合理运用的能力,改进组织内部及其与环境之间的协调性,提高工作效率。近百年来,管理对于科学技术、经济与社会发展的重要性日益受到人们的重视。美国人把20世纪40年代以来自身的发展总结为两条经验:一是重视科学技术的作用,二是重视科学管理。日本人则把第二次世界大战后经济的振兴归功于发展先进技术和加强科学管理这两个"轮子"。这些例子从不同方面说明了加强管理对于科技、经济与社会发展的重要作用。管理问题在我国也已经引起了普遍的重视。管理,必须依靠对信息的充分掌握和在此基础上的及时分析与预测。目前，世界各国有各种各样的管理咨询公司，既有政府内部设置的，也有独立的，既有诸如麦肯锡、埃森哲、罗兰贝格等这样的世界著名的大公司，也有许多中小型的管理咨询机构，他们为各级各类组织机构乃至个人提供不同形式和内容的管理咨询服务，他们普遍掌握和运用不同的信息分析预测工具，作为为客户提供有价值服务的重要基础。

3. 选题的程序

有时，经过分析论证可以选择的课题不止一个，这就需要对选题进行筛选和确定。为慎重起见，一般要邀请专家、用户等一起协商讨论，必要时还要反复分析论证。课题初步选定以后，对于那些耗资多、费时长、工作量大的重大课题，还要写出开题报告。开题报告要论证一项研究课题的现实意义或者长远意义，以及开展研究的条件与可行性。

开题报告主要包括以下几项内容：研究意义，即为什么要进行这个课题的研究，这个课题是为什么人，为什么事服务的；预期目标，即该课题研究所要达到的目的；研究内容，是研究目标的具体化和细化；拟解决的关键问题，即该课题所要解决的最主要的问题；技术路线，即为了达到研究目标、完成研究内容，研究者所采用的研究方法、研究工具、研究步骤；国内外研究现状，即国内外其他人对这一课题所作的研究工作的积累，以及研究对象目前的大体现状；研究基础，可能吸收的课题组成员以往在该课题及其相关领域所作的研究工作，课题研究机构能够为该课题提供的资料、仪器、设备等资源条件，以及其他可能的支持；有时还要包括参考文献。

开题报告经确认以后，如果是上级主管部门下达或信息用户委托的课题，则双方还应当就课题有关事项签订书面合同，即课题合同书。课题合同书的内容通常包括合同编号、课题名称、课题内容、成果提供形式、进度要求与完成期限、经费数额与支付方式、双方承担的责任和义务、成果权的归属及转让等。

4. 选题中应注意的问题

在选题过程中，信息分析预测人员通常面临两方面的挑战：一是在众多潜在的信息分析与预测研究课题中，如何根据自己的基础条件和实际经验去选择最有价值和最有把握完成的课题；二是在众多的竞争对手中如何能"抢"到意义重大、条件优厚的课题。为了能正确地选题，以及在竞争中争得所需要的选题，信息分析与预测机构和工作人员在选题时必须做出一系列努力。

首先是要将针对性与预见性紧密结合。针对性是指选题目的明确，所选题目具有一定的现实意义。这就要求信息分析与预测人员对国家在政治、经济、科技等方面的方针、政策有较深刻的领会，要针对用户的客观需要和近期需求。只有这样选出的课题才能切合实际，有的放矢，易于取得较好的经济效益与社会效益。但是，只注重针对性还不够，必须同时注重选题的预见性。信息分析与预测人员应有远见卓识，对各种事物要极为敏感，既要及时发现国内外的最新动态，又要善于预测未来的发展趋势。有人曾经这样描述说，信息分析与预测人员对于研究课题，应该像家中宴请客人时贪吃的孩子那样，嘴里吃着，筷子上夹着，眼睛还得盯着。

其次是将必要性与可能性结合。具备针对性与预见性的课题是很有必要选择的。现实生活中，这种有价值的课题很多，但由于人力、物力、财力和时间等多方面的限制，有时会难以完成，这时就不要勉强选题，而要充分考虑到实际可能性，即在设立和争取某一课题时，充分考虑已经具备的条件或经过努力可以具备的条件。这些条件包括物质条件、本单位的研究力量、可以借用的外部力量或组织协作的范围，以及其他制约研究课题顺利进行的因素。

此外，在信息研究课题的选定过程中，还要对委托用户的资质及信誉、拟选课题的经济社会价值和影响、课题研究目标实现的可能性等加以综合权衡。

2.2 信息收集与整理

信息收集是开展信息分析与预测的基础，只有在收集大量信息的基础上，才能进行信息的积累、鉴别与整理。

1. 信息收集

在信息分析预测中，需要收集的信息主要有文献信息、口头信息、实物信息、文字信息、声像信息、多媒体信息等不同类型。由于各类信息具有不同特点，因此，要通过不同的渠道进行收集。而且，要根据实际情况和课题需要确定信息收集的类型、途径、手段、重点和方向等。

1) 文献信息搜集渠道

文献信息的收集是根据文献的内容特征（学科、主题等）或外部特征（书名、篇名、作者、文献出处等），通过检索工具或检索系统全面查找有关文献。目前，计算机检索是收集文献信息的重要渠道。在一些条件比较差的地区，以及部分 20 世纪 80 年代以前出版的文献还较多采用手工检索方式。在手工检索中，常用的检索工具有文摘、索引、题录、专题目录和馆藏目录等。

在信息分析与预测工作中，最常用的文献检索方法是以主题和分类等作为检索点，通过检索工具去获取文献，这种检索方法叫常规法。从时间上看，如果是由与课题相关起始年代开始由远而近地查找，则是顺查法；如果是由近而远地查找，则是倒查法。当要对某一课题的产生历史、应用范围、发展概况作全面系统了解时，通常采用顺查法检索文献；当检索目的比较明确，检索课题相对狭小时，通常采用倒查法来获取文献，以保证信息的新颖性和有效性。

常规法适用于检索工具齐备的情况。如果检索工具缺乏或不齐全时，则可以通过文章后面所附的参考文献为线索，追踪查寻，不断扩大线索，从而获得有关文献，这种方法叫做追溯法。因为这种方法的检索面太窄，所获得的文献不能反映课题全貌，一般只作为一种辅助手段使用。同时，由于研究课题的性质、文献作者情况等不同，在具体检索应用中也应该有所区别。

如果信息分析人员能够掌握某一领域的代表性作者，则可以采用纵横法。这种方法是信息分析人员在长期实践中摸索出的一种经验性方法，是以研究课题中有代表性的作者为线索，通过检索工具，向纵横两个方向扩大来获取文献的一种方法。纵向扩大是通过检索工具的著者索引，以时间为纵坐标，查出代表性作者的一批文章，尤其是课题研究最活跃时期发表的成果；横向扩大是指在这些代表性作者的文章所属类别下，以学科类别为横坐标，查出一批其他作者的成果。这里的作者，既可以是在某一研究领域取得丰富成果的个人，也可以是在某一研究领域具有重要影响的组织机构。一般来说，作为信息分析研究人员，应该熟知不同领域中取得重要成果和拥有权威资料的个人与组织的情况。

在对课题进行信息检索时，如果条件方便，经费允许，可以利用计算机进行检索。这是一种省力、省时、快捷、查全率与查准率都比较高的收集文献信息的方法。尤其是联机检索，可称得上是一种高效的检索手段。随着现代信息技术的发展，这一检索途径的便捷性和有效性都在不断上升，也日益受到广泛重视。

手工与计算机检索是收集文献信息的主要途径，但由于任何检索工具或检索系统收录文献的范围是有限的，而且，检索工具与文献之间时差往往在半年之上，对于那些要求提供最新进展的信息分析研究课题，就无法依靠检索工具，而只能通过经常阅读有关的期刊、快报、公告及网络媒体来随时获取最新的文献信息，以掌握国内外有关政治、经济、科技、文化的动态，作为做好相关信息研究工作的重要手段。

2）口头信息搜集渠道

口头信息的收集主要是通过参加国内外各种专业会议、座谈会、展览会、交易会、技术鉴定会、产品订货会、产品展销会、信息发布会及现场调查、个人专访和人际间交谈等渠道进行。通过上述渠道收集的口头信息具有速度快、内容新、针对性强，以及灵活生动的优点，可以很好地弥补文献信息的不足。

通过参加各种专业研讨会，信息分析与预测人员可以借助索取会议资料、录音或记录等手段收集信息，也可以采用会后访谈等方式进一步详细调查和收集自己感兴趣的信息。这样可以较为及时、准确地了解某一课题当前的研究动态与研究水平，掌握某一专题领域的信息情况。

在参加各类展览会（如科技性的、经济性的、艺术性的）时，信息分析与预测人员的信息收集重点应当放在政府主管部门及其相关行业和替代品生产商的动态，同类产品的原料市场、销售市场，可供借鉴的管理经验，可引进的技术、工艺，可以开发的项目等上面。技术鉴定会以其特定的内容与形式，尤其是以参加人员的专业性、权威性而对信息分析与预测人员具有很大的吸引力。参加技术鉴定会的信息人员，可以收集关于某一项或某几项技术详尽完整的信息，这样就能够对该项技术的新颖性、先进性、实用性及其市场潜力、所需的配套技术有全面的认识和把握。与此类似，通过参加工程验收项目，也可以为项目相关信息的获取带来显著的益处。

在参加各种商品交易会和订货会时，信息分析与预测人员通过观察、询问、调查等方法，可以详尽收集有关商品的技术信息，了解其材料、配方、工艺、规格、质量等多方面的信息。交易会上往往集中了多个生产厂家的同类产品及其配套产品，这为专业信息人员收集同行业信息提供了方便。同时，还可以了解成交情况与订货数量，影响订货量的各种因素，以及收集不同竞争对手和替代产品生产者的详细信息，如：产品品名与规格、产量、技术能力和经营措施等。同时，对开发新产品、新技术、新工艺及先进的经营管理手段等信息也不可轻易放弃，要尽量收集。

产品展销会集中了各企业的精英产品，门类繁多、款式新颖，吸引了大批顾客，这是调查用户心理的极好场所。信息分析预测人员通过倾听顾客对于商品的评论，通过与客户的对话，通过了解各种商品的销售进程，可以有效地了解顾客的爱好与需求，掌握不同性别、不同年龄、不同职业顾客的爱好差异，从而为设计生产具有较好市场潜力的产品提供第一手材料。

近年来，随着经济的活跃，科学技术的应用性不断增强。各种形式的信息发布会如雨后春笋一样，呈现出无限生机。参加信息发布会的信息分析预测人员可以通过这种渠道及时了解到各种最新技术成果，各种产品信息、市场信息、管理信息、技术信息等，省略了许多中间环节，从而提高了信息的利用价值。

应该指出，上述各种会议不仅是收集口头信息的良好途径，而且可以获得一定数量的文献与实物信息。口头信息和实物信息都属于非文献信息，对于非实物信息的获取与利用，我们将在第 12 章进行专门讨论。

3）实物信息搜集渠道

除了通过参加上述的产品订货会、产品交易会、产品展销会等进行收集外，实物信息还可以通过参观考察来收集。在参观考察中，被参观单位为了扩大影响和宣传自己的产品，除了向参观者发放"情况介绍"、"产品说明书"等文献信息外，有时还会免费赠送一些小型样品。

对于实物信息，我们将在第 12 章进行详细说明。

4）实际调查

实际调查无论对于课题的选定，还是对于信息的收集都具有重要意义。在口头信息与实物信息收集渠道中，已经涉及实际调查的方法，如：参加各种不同类型的会议、参观考察及发放调查表等，由此可看出实际调查在信息收集中的重要性。

信息分析与预测工作的实际调查的方法主要可以分为下列几种：一是信息分析与预测工作人员到有关领导部门，去听取当前科研、技术、生产和管理的状况与存在的问题，以及对当前与长远计划的介绍，征求决策者对选题的意见与要求；二是到基层进行参观、学习或座谈，增加感性认识，掌握第一手材料，从而为选题奠定基础；三是参加各种专业与行业的会议，了解有关专业学科与行业的发展水平、趋势与存在问题；四是参加各种外事活动，注意掌握国外最新信息，分析最新动向，捕捉最新苗头，以保证课题研究的先进性；五是对被调查对象按随机顺序进行一定比例的抽样，通过发放调查问卷的方式，收集被调查者的观点和态度。

5）其他信息获取手段与途径

在前述的口头信息、实物信息、实际调查等不同调查途径和手段中，又可以根据研究情况和课题要求，分别采用专家访谈或函询、发放并回收调查表、电话访谈、典型案例分析、网络调查等不同方法。这些调查手段各有特性与利弊，需要根据实际加以权衡选用。比如，专家访谈权威性好，但是成本较高，实施起来有一定难度；网络调查虽然方便、快捷，但是答问者情况与回答的准确性都难以控制和确定；发放调查表的办法虽然严格、系统，但实施起来却耗时长且成本高；典型案例调查则是一种受到条件限制比较严格的调查方法，而且只适合一部分研究课题，等等。

上述几种信息收集方法往往结合课题的性质有选择地采用，以达到信息收集的准确和系统，满足实际研究工作的需要。例如：理论性课题的研究多采用文献信息与口头信息的收集渠道；技术、经济与市场信息分析则侧重于实地考察。值得注意的是，任何一种信息收集渠道都有自身的局限性，因此，对于大型而且重要的课题，应将各种渠道与方法综合运用。目前在国内外信息部门广泛采用的发放调查表法就是对文献信息收集渠道与口头信息收集渠道的深化与补充。这是为了特定目的，由信息部门印发具有明确调查内容的表格，用于对有关单位或个人进行信息收集的一种方法。通过这种渠道收集的信息密度大、内容新、数据的系统性强，便于处理和深入研究。

2. 信息积累的形式与方法

信息积累与信息收集是同步进行的，只收集不积累，就失去了收集的意义。只有做好信息的积累工作，才能谈到信息的条理化与系统化，使之可用、够用、好用。信息积累从完成时间上看，可以分为日常积累与突击积累；从保管形式上看，可以分为个人积累与公共积累；从手段上看，可以分为手工积累和借助于计算机技术的积累等。

日常积累适用于长期性课题的分析研究，而对于限时完成的课题则需要采用突击积累的方式。在这两种积累形式中，日常积累是基础。日常积累搞得好，则有利于课题的完成，如有急需，也可以在此基础上突击完善补充。后面，我们以日常积累为主，说明积累信息的常用方法。

日常积累信息的方法有后面几种。一是摘录。可以利用卡片做题录或简介，也可以进行大段的摘录，一般用来处理那些信息密度不大，没有必要全文复制的信息资料。二是剪贴。报纸、电讯稿及其他信息资料常登载即时性的重要科技、经济及政策性信息。由于这种载体报道的信息内容庞杂，数量大，若不及时地将有用信息精选出来，会给将来利用带来诸多麻烦，剪贴是解决上述问题的较好选择。三是追记。从口头与实地考察两种渠道收集的信息，因现场条件限制，有时不能及时记录，这时就应做事后追记，将所见所闻的要点与数据追记成书面文字材料。追记时对于不清楚的情况与数据，要与当时在场的其他人员认真核对，实在搞不准的情况与数据也应进行特别的标记，以便日后使用时加以注意。四是复印。随着信息技术手段的发展，传统的手抄摘录方法可以由复印技术来替代，复印也因之成为积累信息资料的一种简便方法。

随着计算机技术的发展，现在可以利用计算机对各种信息进行收集和积累。对上述的信息积累方式，如果通过计算机工具，则会变得更加快捷、清晰，而且对于进一步的检索、利用来说，也会更加方便。同时，还可以把各种网络检索得到的信息加以融通，建立小型文档和数据库。

3. 信息的鉴别

收集得来的信息资料的质量如何，既关系到材料本身是否可用，也关系到最终研究成果的水平。信息资料的质量通常从新度、深度、可靠性（信度）、信息量、准确性、针对性等几方面加以鉴定。

在信息分析预测中，多以上述各项指标为基础，从以下几个角度出发对信息质量作综合性的判断。

1）可靠性判断

信息的可靠性主要是指信息必须客观、真实地反映研究对象的实际存在与运动状况。在利用信息资料之前，应从以下几方面来鉴定信息的可靠性，即文献作者、文献出版单位、文献类型、文献内容等。

一般地说，知名学者、专家与科技人员发表的文献所提供的信息比较准确；著名学术机构、著名科研单位或出版机构出版的文献可信度大；具有一定密级的、秘密的或内部的资料比公开的资料可靠性大；图纸、标准、专利文献等比一般书刊可靠性大；科技书刊比一般新闻报道和消息可靠性大；官方来源的信息比私人来源的信息可靠性大；专业研究机构比一般社团的信息资源可靠性大；引用率高的文献可信度高；论据充分、逻辑严谨的文献可信度高；专业学会与协会提供的资料比一般来源地的资料更为可靠；正式出版物提供的信息比一般性网络资料及其他非正式资料更加可靠，等等。

在上述判断信息可靠性的依据中，以对信息内容的判断最为重要。信息内容报道失真可以表现为多种情况，如言过其实、夸大其词等。还有些人为了获得某项技术的优先发明权，当技术还未成熟时就抢先报道出来。20世纪70年代中期，日本曾大力报道过一种"一步炼钢法"，但文章只是空洞地加以论述，诸如可以降低成本，减少设备投资，缩短生产时间等，而对具体的生产工艺、设备和方法等则很少提及。事后证明，当时，日本的这项技术正处于试验研究阶段，技术上还不够成熟。可见，信息报道内容失真时，文章的论据往往不足，内容空洞。

对于所得信息可靠性的判断，还有一种简便有效的手段，那就是在条件许可的情况下，对同一性质、同一对象的信息，从不同来源获取信息以判断其一致性和可靠性。此外，还可以通过分析不同方面的信息之间的关系，根据其合理性、逻辑关系等做出判断。向有经验的有关专家请教，也是一种好办法。

2）先进性判断

信息的先进性有多方面的含义。在时间上，信息的先进性表现为信息内容的新颖性；在空间上，则可以按地域范围分为多个级别，如世界水平、国家水平、地区水平、行业水平等。通常可以从发表的时间、内容、信源、经济社会效果与实际效益等几个方面来判断信息的先进性。

一般而言，内容相同或相近的一组文章中，新近发表的往往代表先进的水平。从内容上看，新提出的理论、新研制的技术，诸如此类的信息固然新颖，但这种重大、全新的信息毕竟少见。因此，在判断信息先进性时，只要在某一方面是新的，如技术手段或方法有所改进、提高，技术应用范围有所扩大，有新的应用领域和新的应用方法等，就可以认定其具有先进性。

就经济效果而言，从信息本身很难对经济效果做出评价，但可以通过与采用该信息前的各方面情况进行比较后做出评价，如：产量是否提高，品种是否有增加，质量是否有改进，成本是否降低，操作是否方便，劳动生产率是否提高，应用领域是否扩大等。一般来说，经济效果的评价涉及因素复杂，不确定性也较大，必须特别慎重。至于信息的其他方面的影响或效果，则更是难以简单进行判断。

从信息的来源方面看，世界各国，无论其政治制度及经济实力如何不同，由于历史、地理、环境与资源等方面的影响，其科技文化的发展总是互有长短的，每个国家都有适合自己特点的专长经济、专长学科、专长技术，以及独特的文化传统与有特色的文化产品。在激烈的市场竞争中，世界上许多大型企业也多已形成了自己的特色技术与拳头产品。一般而言，如果某一信息属于某一国家的专长学科、专长经济或专长技术，则这一信息有可能是先进的。比如，日本的电子计算机技术、波兰的数学与天文学、捷克的玻璃工艺技术等都是世界领先的。再比如，提起澳大利亚的羊毛产品，如澳毛毛线、含澳毛的毛料等，人们都认为质量可靠，乐于购买。

3）适用性判断

适用性是指信息可以被利用的程度，又可以分为对信息用户的适用性、对信息分析人员的适用性、对特定课题的适用性等。适用性判断的基础是可靠性与先进性，同时，它还受到多种因素的制约。判断信息的适用性，必须将信息的发生源与信息使用方在各方面的情况加以对比，进行综合权衡，从不同方面加以判断。

从信息发生源看，某些类别的信息，当信息源产生地与信息利用者之间在地理、气候、资源等自然条件处于相似状态，生产力和科学技术发展处于同一水平，或处于相同发展阶段的国家和地区，以及管理水平相互接近时，其信息相互借鉴的可能性较大。在农业科技方面，这一特性就很突出。经济实力不相上下的两个国家或地区，对于科学研究、技术开发和生产建设的投资能力相当，其信息往往可以相互借鉴。相反，生产力、科学技术水平和管理水平相差甚远的两个国家，其经济与技术往往缺乏通用性。伊朗曾耗费巨资请美国人建了一个西方模式的第一流的现代化农场，但建成后伊朗人掌握不了必需的先进技术，只好请美国人帮助经营。前些年，美国技术人员撤走后，这个现代化农场几乎荒废了。不仅仅是农业信息，其他信息也是这样。如社区文化建设，是各个国家城市建设中十分重要的问题，如果不考虑历史、文化、传统、生活习惯、宗教信仰的种种差异，生搬硬套其他地区或国家的经验是不可能取得良好结果的。在各个国家的技术与设备引进、社会管理经验借鉴方面，类似的例子也大量存在，需要对有关信息的实用性进行慎重的适用性方面的考察。

从信息使用者来看，通常需要结合解决的问题的情况和信息需求者的状况，考虑信息的适用性。以技术信息为例，任何一项技术都是为了达到一定目的，在一定背景条件下兴起的。同种技术，由于开发国不同，其研制方法与技术特点必然各异，通过考察技术兴起背景，可以判断信息的适用性。同时，要考虑技术使用者的自身条件，来考虑其适合吸收哪种类型的技术。在生产活动中，有时解决某个具体问题会有几种不同的技术或方案供选择。这时，就要视本国的资源情况及其他条件而定。

从长远发展与综合利用来看，由于政治、经济、历史等因素，各国各地的发展是不均衡的，某些高精尖的技术对一些科技不够发达的国家，难以马上采用，但将来可能用得上。因此，在判断信息适用性时，不仅要考虑当前的需要，还要兼顾未来发展的需要。此外，由于科学技术的应用是多方面的，在判断信息适用性时，应从其应用的综合效果来考虑。例如：空间科学是美国与前苏联为了军事称霸目的而发展起来的一门尖端科学，但却从中引出了不少相关技术，如遥感技术、卫星通信技术等，这些技术都有广泛的应用领域和重大的经济价值。

4．信息的挑选、分类和整理

经鉴别后，将质量低劣、内容不可靠、不需要或者重复的资料剔除，这就完成了信息的筛选过程。在筛选中，还要注意区别重要信息与次要信息，以便在选用信息资料时做到心中有数。

信息经过筛选后便进入整理阶段。信息整理一般包括外部形式整理与内容整理两个方面。外部形式整理主要是指信息资料的摘录、剪贴等工作，这是在信息积累过程中完成的；内容整理主要是指对信息资料的分类，对数据的汇总，对观点的归纳，对情况的综合等，分别称为分类整理、数据整理、观点整理、情况整理等。

随着计算机技术的发展，这一方面的工作越来越多地借助于计算机，不仅大大提高了效率，而且使信息处理更加精细，也更加深入。

资料的分类与整理一般可分为三步。第一步是根据信息资料的性质、内容或特征进行分类。将相同或相近的资料合为一类，将相异的资料区别开来。资料的分类，要按一定的标准将所研究课题的有关信息资料分成不同的组或类。然后，按分类标准对总体资料加以划分，构成系列。例如，可以把资料按年代分类，把调查资料按地区分类等。良好的分类，必将对信息分析预测工作提供有力支持。第二步是进行资料汇编。汇编就是按照研究的目的和要求，对分类后的资料进行汇总和编辑，使之成为能反映研究对象客观情况的系统、完整、集中、简明的材料。第三步就是进行资料分析。即运用科学的分析方法对所占有的信息资料进行分析，研究特定课题的现象、过程及内外各种联系，找出规律性的东西，构成理论框架。

也有人把信息整理的方法划分为形式整理和内容整理两个方面。所谓形式整理，就是首先将收集的信息按题名、编著者、信息来源、内容提要顺序进行著录；其次按各条信息涉及的学科或主题进行归类，并著录分类号和主题词；最后将著录和归类后的信息，按分类或主题进行编号、排序，使之系统化、有序化。而内容整理就是从信息来源、发表时间、可靠性与先进性、理论技术水平及实用价值等方面进行评价鉴别，剔除实际意义不高和参考价值不大的部分。对选择出来的各条信息中与研究课题有关的观点（论点、论据、结论等）和图表数据提取出来，对相同的观点进行合并，相近的观点进行归纳，各种图表数据进行汇总，编号排序供下一步分析、利用。

2.3 人员组织

在信息分析预测中，信息工作人员的作用不容忽视。只有科学合理地组织人员，使不同专业、不同水平、不同经历和经验的研究人员合理分工，充分协调，并在必要及条件许可的情况下借助外部智力资源，才能保证信息分析预测各项工作的顺利进行，进而保证信息分析预测成果的质量。因此，应该对信息分析预测人员的素质及队伍组织提出一定要求。

1. 信息分析与预测人员的素质要求

信息分析预测人员是一种特殊人才，因而，也应具备特殊的素质。

首先，信息分析预测课题是应社会需求产生的，往往是综合性的，其研究范围相当广泛，涉及众多的知识领域，因此，要求信息分析人员志趣广泛、博学多才。既要有较高的专业水平，又要有广博的科学知识。信息分析人员不可能总是面对一个课题和学过的专业。实际上，信息分析研究不是搞专业研究，不要求信息分析人员解决某一具体技术问题，而是要对各种信息进行综合分析，或者进行价值评估。所以，与从事某项专业工作相比，信息分析预测所涉及的知识面要广得多，对专业人员的综合知识与能力的要求较高。因此，通才型人才更加符合信息分析工作的要求。

其次，信息分析人员必须有强烈的信息意识。信息分析研究实际上主要依靠对信息的收集、整理与再加工，具有明显的积累性。平时的信息收集与积累犹如蓄水，而进行分析研究，编写研究报告却好似开闸。没有日常的信息收集与积累，就不会有最终的研究成果。因此，信息分析人员应该具备强烈的信息感知能力，灵敏的信息捕捉能力，准确的信息判断能力，使其可以及时获得、利用各类相关信息。对信息研究人员来说，既要自主自觉地提高信息素养，也有必要通过培训来帮助自己提高信息意识和信息能力。

再次，信息分析人员要有一定的思维组织能力。信息分析预测要对大量信息进行综合，归纳提取出有用的信息，因此，不仅要善于捕捉信息，还要善于取舍材料与组织材料。要能从浩繁的信息资料中发现事物内在的规律，找出问题的关键。如果没有一定的思维组织能力，就难以胜任信息分析工作。此外，一些中型与大型的信息分析预测课题往往要多人合作完成，在有协作人员参加的联合研究中，信息分析人员常常要进行一些组织与联络工作。因此，社会组织能力也是信息分析人员必须具备的一种素质。

对于信息分析预测人员来说，掌握一定的分析研究方法，熟悉分析预测工作的规范和程序，能够运用必要的技术手段和工具，是胜任各类信息分析工作、承担特定课题的研究工作所必需的。尤其是随着现代信息技术的发展，要求信息分析预测人员不仅要熟悉一般分析方法与工具，还要能够掌握相应的计算机技术，熟练使用有关分析软件，可以在必要的时候组织专项的系统调查等。

最后，信息分析人员要有较强的语言文字表达能力和较好的沟通能力。因为信息人员主要利用语言与文字来收集信息，并形成报告成果，所以，在语言文字表达能力方面应接受专门的训练，达到特定要求，既要有相当程度的汉语阅读与写作能力，还要能熟练运用一门以上的外语。尤其重要的是，在编写研究报告或进行研究成果的说明时，能根据用户情况组织文字和语言，进行准确、生动、简练的阐述。只有这样，才能在工作中获得认可，提升个人价值。在信息分析工作中，经常要求研究人员与用户充分沟通，以了解其需求和意愿。另外，还要通过与各方接触获取、掌握必要的信息，这些都要求信息分析人员具备良好的沟通能力。此外，在有些客户委托项目的后期，还要以客户方便理解和乐于接纳的方式提交、报告研究成果，这同样需要足够的沟通能力和交流艺术作为保障。

为了有效提高信息分析与预测工作人员的素质，国家建立了信息分析师制度，大力培养信息人才，使其能够熟练掌握传统的和现代的数据信息采集方法，熟悉信息分析的方法、技能和分析软件，具备较强的信息分析表达能力，能通过信息工作为社会各界，尤其是经济建设提供决策支持，促进企业核心竞争力的迅速提高和信息资源的有效整合，提高我国经济社会发展的科学性。

2. 信息分析工作的团队组建和管理

在信息分析与预测中，每个研究人员具备上述的良好素质是十分必要的，但不通过合作，而是仅靠单个人的力量，很难胜任现代信息分析课题的研究任务。因此，在信息分析预测中，如何科学、合理地组织各类人员，协作完成研究任务，是一个不容忽视的问题。这一点，与现代社会越来越要求各类人才具有良好的合作意识与协作能力的要求是一致的。

团队组合需要的是一种合力。所谓合力是在信息分析研究过程中，注意培养全体人员的群体意识，促使研究人员之间互相交流、相互提携，由此而形成的一种自觉集合的力量。这本身也是一个知识管理、知识共享过程。在信息分析预测中，团队的科学组合至关重要。因为一个人拥有的知识是有限的，只有与他人协作，在协作中实现知识和个性的互补，使学术专长相互增益，学术信息得到交流，才能取得有价值的信息研究成果。尤其是在科学不断发展，专业面愈来愈窄，学科知识愈来愈专深的情况下，更不能把自己囿于窄小的专业范围内，而不争取其他专业人员的合作。

团队组合是一个非常复杂的问题，并非任何形式的组合都能产生预期的效果。如同同样的碳原子，既可以组合成坚硬的金刚石，也可以组合成硬度很差的石墨，人与人之间的组合是一种更高级的组合现象，会由于组合状态的不同显示出整体特性与功效的巨大差异。其组合效应既受个体的立场、观点和方法的制约，也受知识、兴趣、性格和爱好的影响，这些都是在组织项目团队时需要加以考虑的。

在信息分析预测过程中，只有团队人员的知识、智力、能力与年龄结构做到科学化与合理化，才能实现研究工作的最佳效能。首先，群体的科学知识应当相互补充，达到系统性的要求。国外许多卓有成效的信息分析预测机构，都十分重视人员的专业构成。美国智囊机构的研究人员中，自然科学、社会科学与技术科学的科学家大体上各占 1/3 左右。日本咨询机构专业人员具有经济、数学、建筑、物理等学科背景的比例较高，这些都是根据信息机构的研究专长，结合大量实际经验作出的有效安排。其次，智力结构要多样化。智力是指人认识、理解客观事物并运用知识、经验等解决问题的能力，包括记忆、观察、想像、思考、判断等。人员群体的最佳智力结构，是由各种不同智力优势相结合而成的。既要有长于组织、善于综合、稳重练达的领导者，又要有性格随和、擅长辞令的活动家，还要有文笔流畅的"笔杆子"等。此外，年龄结构也要梯队化。人员群体的最佳年龄组合应该是既有阅历广、知识渊博的"识途老马"，又有年富力强、学术造诣较深、实践经验丰富的"中流砥柱"，也要有朝气蓬勃，奋发有为的"初生牛犊"。除上述几点外，还要注意人员群体中工作能力与学术水平的科学组合。

在具体进行某项课题研究时，有关组织管理工作主要涉及三个方面：一是人员的物色，二是人员的分工，三是人员之间的协调。在信息分析预测工作中，要根据课题的性质与规模来决定参加这一课题的协作单位与人员。物色协作单位时，应主要考虑这个单位的专业性质、人员素质及课题与该单位业务的密切程度。如果可供选择的单位较多，则主要考虑人员素质。而物色课题组成人员的主要依据是其所学专业及专业知识的精深程度，能够使用的外语语种及水平，对课题的熟悉程度，实际工作经验以及分析综合能力，等等。在信息分析预测工作中，只要是由两人以上共同完成某一工作，就存在分工与协作问题。通常是根据课题组成人员的特点和课题的具体情况，来给每一位成员分配合适的工作任务。如谁担任课题组长，谁负责对外联络，谁负责某一方面信息的收集，谁负责实地考察，谁着重研究哪些问题，以及谁撰写研究报告的哪一部分等。值得注意的是，分工只是为了更好地发挥各人的特长与优势，做到扬长避短。但在具体工作时，所有成员之间应保持密切联系，互相协作、互相配合，只有这样才能保证课题的顺利进行。而后面一条的实现，既需要周密的计划、合理的分工，又需要及时的沟通、统一的组织与领导。

2.4　信息分析与预测的基本步骤

1. 选定课题

对于课题选定，我们在前面已经进行了叙述。课题选得是否恰当，定得是否准确，直接关系到信息分析工作的效果和成败。因此，必须认真对待信息分析与预测课题的选定，信息分析人员也必须了解和熟悉课题的来源，有些情况下，需要编写详细的开题报告并经过论证、批准后方可开题。

2. 制订研究计划

开题之后就要制订研究计划，这是整个研究工作的指南和纲领，是课题任务全面而系统的统筹与安排，可以保证研究工作有条不紊地顺利进行。课题越大、时间越长、参加的单位和人员越多，就越需要一个周密而详尽的计划。

对于一个大型研究课题，其计划内容应该包括如下一些内容。

① 课题目的。为了使课题组成员准确把握研究工作的目标，研究计划应以简洁而清晰的文字阐明课题目的，如课题提出的背景、课题拟解决的主要问题、研究成果、可能取得的经济效益等。

② 调查大纲。调查大纲可以统一对调研目标的理解，决定素材收集的范围和深度。调查大纲包括以下几项。一是调查方式，指明将要利用的调查手段与途径。二是调查范围，包括内容范围、地域范围和资料范围。内容范围应明确信息收集的对象，解决搜寻什么的问题，地域范围应明确可以从哪里得到所需要的信息，如重点了解哪些国家的情况，了解国外哪些机构，调研国内哪些城市，拜访哪些人等。资料范围应包括准备查找的资料类型、年代及检索刊物的种类。三是调查步骤，也就是下一步调查的实施环节等。

③ 研究方法。对信息进行分析的方法有很多种，要根据课题性质和研究条件，预计可能要采用的适合的研究方法和技术。一般来说，要考虑研究课题的性质，选择适合的方法与工具，同时注意不同方法之间的组合，并且根据实际工作条件做出抉择。

④ 预计成果形式。根据研究条件和信息用户的要求，确定研究成果的形式。有时，一项研究成果的最终形式不是唯一的。

⑤ 人员分工。根据课题组成员的能力和知识结构，以及调研大纲的具体要求，给每一个成员分配一些能够发挥其特长和优势的合适的、具体的工作任务，例如谁负责翻译外文资料、谁负责搜集数据和资料、谁负责撰写调研报告，等等。

⑥ 完成时间与步骤。通常把调研活动划分为几个阶段，并且提出各阶段的预计完成时间与拟实施的步骤，还有的研究机构把阶段性目标、任务完成情况的考核也作为研究计划的内容明确列出。

⑦ 研究计划表。研究计划制定以后，还要求列出一张规格化的研究计划表，用简单明了的文字和醒目的表格，把课题名称、主要内容、完成期限及进度安排、研究方法和技术路线、经费预算、人员分工、机器设备使用情况等表示出来。研究计划表实际上是一种简单化和规格化了的研究计划。这种表格可以有多种形式，可以根据需要和习惯加以选择。

3. 组建研究团队

对于研究团队的组建与管理问题，前面的第三节已经作了说明。在课题选定和制订研究计划时，要明确预测目标，对课题进行分析与论证，进一步明确课题的目的、范围、对象、意义、要求、难度、费用、完成期限，以及课题实施的政策性、必要性、可行性、效益性等。预测目标的表述要做到明确而具体，具有可执行性。对于比较笼统、抽象的调查目的与目标，要转化和分解为可操作的具体目标。比如，关于某企业经营状况的预测可以分解为对于该企业销售额、市场占有率、利润率、开发研究能力、人力资源状况等方面的预测。

在课题论证、制订课题研究计划的同时，要组建研究团队，并进行明确分工。一般来说，这种分工情况在研究计划中应该有所体现，并包括在课题计划表之中。

4. 收集和整理信息资料

收集资料是信息分析预测工作的前提和基础，也是整个工作中十分重要的部分，扎实而全面的信息搜集有时占全部工作投入的相当大的比重。对于信息收集，我们在前面也已经进行过说明。在收集工作开始之前，应按照预测的目标来确定资料收集的范围、类别和重要程度。资料的收集既包括对历史资料的收集，也包括对现实资料的收集；既包括关于研究对象发展情况的资料，也包括其他相关资料；既要收集反映微观运行状况的资料，也要收集有关宏观背景的资料。资料收集完毕后，还要再对资料进行整理，包括有效性检查、分类和筛选等，以去粗取精，使资料系统化，便于分析和利用。

如前所述，信息搜集的基本途径包括文献调研、实际调查、非文献信息获取、其他信息收集等。在实际信息收集工作中，要根据研究课题的内容、性质、研究工作条件等，在合理的范围、针对恰当的对象、以优选的方式与手段，对有关信息进行准确和尽可能全面的收集。有些情况下，在深入分析和模型检验、方案评估阶段，还要根据需要进行补充性的信息调查与收集工作。

5. 深入分析判断，建立预测模型

分析、判断是信息分析与预测的关键环节，其主要任务就是对已经整理好的资料进行综合分析，根据实际情况，以有关理论为指导，使用适当的分析预测方法，对分析预测的目标和相关的影响因素进行全面深入的分析，确定模型中应包含的变量，计算模型参数，最终确立预测模型。这是要求较高的、非完全规范性的工作，甚至没有完全标准的尺度来加以判断，因此，往往更能体现研究者的素质。

6. 作出预测和评估

信息分析预测的最后一步就是利用预测模型和有关的数据计算出预测目标的预测值。一般来说，预测的结果包括点预测值和区间预测值，而不是一个单一的预测点。由于自然与社会普遍存在的复杂性、多变性、联系性，以及所获得信息资料的可能限制，或者预测人员的主观原因，以及研究手段、分析预测的指导理论等的不足，试图追求一个简单的预测结果是不现实的，也是不可能实现的，只有充分考虑了各种不可控因素的预测区间结论，才是科学的研究结果。

同样的原因，各种信息分析与预测的结果不可避免地会与现实情况存在一些偏差。所以，要对预测结果进行分析和评价。一般可以先根据经验、常识来判断预测结果的合理性；然后采用数理统计检验方法计算模型的估计偏差，检验偏差是否在可接受的范围之内。如果偏差超出可接受范围，则要通过增加样本容量、增加变量个数、改变预测模型与方法等进行修正。在条件允许的情况下，最好采用多种方法进行预测，对不同预测结果的可信度进行比较分析，综合各个结果以得出最终结论。

7. 编写研究报告

信息研究报告的编写，将在第11章进行全面介绍。这一过程包括产生初步报告和对初步报告进行综合。实际信息研究工作中，初步报告的撰写通常是由不同研究人员，按照工作的分工，在事先商定的基础上，分别进行编写，然后进行统稿。

初步报告经过综合之后，还要进行进一步的修改完善，往往需要经过征求用户的反馈意见，有时还要召开论证会、研讨会等。最后通过不断的修改来完善初步报告，从而最终形成一份较成熟的报告。

8. 协助实施、跟踪与反馈

对于许多信息分析预测机构来说，在课题研究结束后还要协助用户选择、优化行动方案，帮助客户实施决策，这是信息分析预测工作的新的发展趋势，目前已经被许多有影响的信息研究机构和信息服务公司所采用。

所谓协助实施，主要包括客户培训，决策方案的推敲、完善与选定，决策方案执行计划的制订，决策实施中的信息反馈，行动计划的修订等，以及其他方面的支持。

一个信息研究项目完成后，通常由课题小组全体成员在对研究工作进行全面回顾总结的基础上，连同全部工作记录、调查资料、合同文本等一并提交给所在信息研究机构。许多信息服务公司还会对客户进行定期回访，这体现了对客户的关怀，并且也是帮助客户进一步发展的重要举措。

习题

2-1　信息分析与预测工作需要做哪些准备工作？

2-2　信息分析与预测课题主要有哪几项来源？

2-3　信息分析与预测课题主要分哪几种类型？结合事例分别进行描述。

2-4　进行课题选择时，需要注意哪些问题？

2-5　信息收集和整理主要包括哪几项工作？

2-6　信息收集渠道主要分为哪几类？分别指出每一类信息收集渠道的优缺点和主要适用对象。

2-7　详细阐述文献信息收集渠道的特点和方法，以及主要使用范围。

2-8　主要的信息积累方式有哪些？各有什么优缺点？

2-9　列举主要的日常信息积累方法。

2-10　为什么要进行信息质量鉴别？

2-11　如何进行信息质量鉴别？请举例说明。

2-12　信息分析与预测工作对人员有什么样的素质要求？

2-13　如何进行信息分析与预测工作人员的科学组合？具体的工作任务如何分配？

2-14　简述具体的信息分析与预测的市场调查方法。

2-15　信息分析预测工作主要包括哪些步骤，每一步骤的主要任务和作用是什么？

第3章　常用逻辑方法

本章主要学习目标

　　本章着重介绍几种常用的逻辑方法，通过相关的应用举例，使读者对常用逻辑方法有个全面、客观的认识。

　　学完本章后，你应当能够：

① 了解和使用对比法；

② 熟练运用类比法；

③ 掌握基本的分析法；

④ 学会使用综合法；

⑤ 能够理解和使用推理法。

　　常用逻辑方法是根据事物的存在、运动与发展皆遵从一定规律，事物之间又存在着普遍联系，而这些规律与联系可以借助于事物发出的信息加以辨识、把握的特性，通过对反映事物状态与特征的信息的内在逻辑关系进行比较、分析、综合、推理等，取得对事物深入、系统的认识，并进而提出改进型建议的信息研究方法。在信息分析与预测中，常用逻辑方法是最基本、最简单，也是最常用的方法，主要包括对比法、类比法、分析法、综合法、推理法等几种方法。

3.1　对比法

1. 对比法概述

　　事物间的差异性和同一性是进行对比的客观基础。所谓对比法就是对照同类事物的信息，确定其共同点和不同点，从而判断其状态与特性的逻辑方法。对比法是认识客观事物、研究事物发展变化趋势的最为普遍的逻辑方法之一。

　　对比有两大类型，即时间上的对比和空间上的对比。时间上的对比是对同一事物在不同时期的某一（或某些）状况进行对比，动态地认识和把握该事物发展变化的历史、现状和走势。这是同一事物在时间上的对比，又称纵向对比。空间上的对比是对同类事物在同一时期的不同国家、不同地区、不同部门或单位之间的状况进行对比，从而找出差距，做出判断。这是同类事物在空间上的对比，又称横向对比。

　　在实际工作中，时间上的对比和空间上的对比往往是结合起来进行的。比如山东省烟台市是我国著名的苹果之乡，但近年来，烟台苹果不断受到陕西苹果的冲击，苹果市场出现了一定的波动。烟台苹果要想继续稳占市场，就可以运用对比法探寻市场取胜之道，这就要求一方面同陕西苹果进行空间上的对比，分析二者产量、价格、甜度、色泽、口感、大小等方面的信息；另一方面要研究烟台苹果近年的价格走势、种植密度、产量、营销途径与方式等信息。将两方面的对比信息结合，才能寻求更好的销售方法与渠道等，从而重新谋得市场领先地位。

2. 对比法在信息分析与预测中的作用

在信息分析与预测中，对比法的应用是非常广泛的，如社会经济发展分析，政策、法规实施的比较，科学技术发展状况分析，人口、教育、国民素质等的普查与对比，城市化、生态环境、社会基本结构等的比较，产品市场占有率的对比，劳动生产率、产品合格率的比较，等等。这些对比既有时间上的动态对比，也有在空间上的静态对比；既有宏观上对事物的全面把握，也有微观上的详细分析；既有定性的描述性对比，也有翔实的定量化数据的对比。总之，在信息分析与预测中，只要符合对比的基本规范，对比法就可以以各种形式在各种场合应用。

对比法在信息分析与预测中的作用主要体现在以下几方面。

① 揭示事物发展的过程和规律。通过对反映事物发展不同时期的状况和水平等信息的对比，定性揭示事物发展的过程，了解其发展轨迹，总结其发展规律，判明其发展方向，从而及时总结经验、吸取教训，对事物的进一步发展制订出可行的方案和对策。

② 揭示事物间的水平和差距。通过对比，可以全面或部分地揭示事物间本质上的异同，把握不同国家间、地区间、行业间、部门间的水平和差距，以便于扬长避短、相互借鉴，或者是明确赶超目标。

③ 对决策提供强有力的支持。通过对不同方案、产品、服务等的全面比较，可以明确事物的优劣、真伪，从而为识别、判断和选择提供依据，为决策提供支持。

3. 使用对比法应该注意的问题

采用对比法时要注意下述几个问题。

① 注意对象的可比性。

在运用对比法时，进行对比的各个对象必须具有共同的比较点。对象的可比性通常包括时间、空间和范畴的可比性。时间的可比性是指所对比的对象与情况必须在某些特定的时间上有一定的联结点；空间的可比性是指对比时要充分考虑到国家与地域上的差别；范畴的可比性是指相对比的事物必须位于同一层次，具有相同的内涵与外延。例如，要分析某瓶装纯净水在某地第四季度的销售情况，需要对其进行对比分析。由于纯净水的销售受季节因素和地域因素的影响比较大，因此在对比对象的选择上，不能选择同年度的其他季度的销售情况，而应以该地第四季度的销售情况作为对比对象进行分析。

② 注意抓住主要矛盾，确立对比的标准。

决定事物性质与发展方向的因素是多方面的，进行比较时，只有抓住了众多因素中的主要影响因素，才能得出科学的结论。同时，对比必须要有一个客观可行的标准，没有标准就无法比较，即使比较了，也是表面的、非本质的、不可靠的。如前述的瓶装纯净水销售情况的对比，需要确定是对市场占有率、销售利润、销售数量等指标中的一个或多个进行对比，还是对其他指标进行对比；而影响销售的因素可能是价格、广告与营销、销售模式，或者其他因素。通过不同角度的对比，就有可能找出增加销售量、提高利润、改进竞争力的方向。

③ 注意避免局限性。

　　事物是由多种因素决定的，比较时除了抓住主要矛盾外，还必须注意多项指标的比较，从多个方面进行全面的对比分析，这样才能避免认识上的局限性。像纯净水销售情况的对比分析，就应该认真研究各种影响因素的对比情况，才有可能得出恰当的认识结果和提出可行的改进意见。

　　④ 要注意对比方式的选择。

　　不同的对比方式会产生不同的结果，并可用于不同的目的。在实际的对比分析中，要将时间对比与空间对比结合起来进行，从横向、纵向，宏观、微观层面来把握事物。这样才能得出全面认识，做出准确判断，提出优化的行动方案。

　　⑤ 注意避免表面化。

　　对比是分析、判断和推理的基础。同一信息可能表征两种完全不同的情况，不同的人对同一信息也可以做出不同的判断与推理。因此，在进行信息分析预测时，要注意透过信息所反映的事物的表面，通过深入分析，切入到事物内在的本质深处，防止认识表面化。

4. 对比法应用举例

　　A 市某公司是一家在本地开展业务的小型企业，目前有一笔闲置资金欲做新的投资，拟用对比法来进行最初的信息分析。A 市是在近年迅速发展起来的一个中小型城市。在 A 市发展的初期，由于城市建设的需要，房地产业、建筑业高度发达。经过几年的发展，房地产业及其相关产业已经达到稳定并趋于饱和，再进入这个市场有一定的风险。但同时随着居民生活水平的提高、城市设施的不断建设，原有的一些零零散散的小商店和国有的百货商店很难满足居民的消费需要和健全城市设施的需要，大中型超市的建设存有很大的商机。要建设和运营大中型超市，就要对比其他同类城市的超市建设数量和规模等，确定适合 A 市的超市数量、规模、位置和运营方法等。

　　在本例中通过对 A 市不同时期经济发展状况进行对比，确定了进军超市业，避免了盲目进入看似利润很高的房地产业。又通过空间上的对比来寻求适合 A 市的超市建设方案。需要注意的是，对比法只是信息分析的基础，实际的信息分析要比本例复杂得多，需要进行对比的对象和属性有很多，可以依赖和借鉴的方法也很多。而且，只有利用其他方法（如回归分析法、专家预测法等定性定量研究方法）与对比法相结合，才有可能最终提出可行、周到的投资方案。

　　对比法是信息分析与预测中最基本、最常用的方法，是其他分析方法的基础。通过对信息进行对比，可以总结经验教训，对比彼此发展速度的快慢，了解水平的高低、力量的强弱、技术的优劣、产品的多少、质量的好坏等。

3.2　类比法

1. 类比法概念

　　所谓类比法，就是根据两类对象或两个对象在一些属性上的相似性，在已经知道一个对象具有某种属性的情况下，推出另一对象也具有某种属性。对比是类比的基础，类比是对比的发展，或者说类比是在分类基础上较大范围的对比，类比所需要的条件是通过对比得到的。

　　运用类比方法，主要是把从不同角度、不同途径获得的不同性质的信息加以整理、归类和比较，从零星信息的对比中发现重大信息。

2. 类比法的基本程式

假设 A、B 分别代表两类事物或两个对象，以 a、b、c、d 代表不同的属性，则类比法可表示为：

$$\left.\begin{array}{l} A 有 a、b、c、d \\ B 有 a、b、c \end{array}\right\} \Longrightarrow B 有 d$$

由此可见，类比法所得出的结论有一定的偶然性。例如，大发明家富兰克林曾把天空中的闪电和地面上的电火花进行比较，发现它们有很多特征相同，如表 3-1 所示，如都发同样颜色的光，爆发时都有噪声，都有不规则的放射，都是快速运动，都能射杀动物，都能引燃易燃物等；同时又知地面上的电机的电可以用导线传导，由此推想天空中的闪电也可用导线传导，后来通过有名的风筝实验证实了这一点。这是类比法的一个典型的例子。

表 3-1 类比法举例

	共有属性	已知的某属性	
电火花	发同样颜色的光，有不规则的放射，爆发时有噪声，能引燃易燃物，能射杀动物，快速运动等	可用导线传导	 风筝实验
闪 电		可用导线传导 ？	

3. 类比法的类型

根据对象系统之间的关系及所具有的形态，从低级到高级可以把类比分为简单共存类比、因果类比、对称类比、协变类比、综合类比等几种主要类型。

① 简单共存类比：在 A 对象中，a、b、c 与 d 有共存关系，B 对象也有 a、b、c，所以 B 对象可能有 d 与其他属性共存，比如前面所述的富兰克林对天空中闪电和地面上电火花的类比。然而，这种从现象间的相似作的推理，并未指出其间的必然关系，所以其可靠性不高。

② 因果类比：在 A 对象中，a、b 与 c 有因果关系，B 对象有 a、b，所以 B 对象可能有结果 c。例如在面粉中加入发酵粉可做出松软的面包、馒头，美国一家橡胶厂由此猜想能否在橡胶中放入"发泡剂"，制成海绵橡胶，经过反复探索与试验，终获成功。因果联系是一种必然联系，所以因果类比有一定的可靠性。但是，一种原因可能会产生不同结果，因而同一结果也可能由不同原因造成，所以不能保证这种类比的结论一定可靠。

③ 对称类比：A 对象中 a 与 b 有对称关系，B 对象中有 a，所以 B 对象中可能有 b。例如，英国物理学家狄拉克从自由电子运动方程中得出正负对称的两种能量解，一个能量解对应正电子，另一个能量解对应什么呢？通过对称类比，他提出了存在"负电子"的猜想。需要注意的是，同一对象在不同的对称点间有不同的对称对象，因此也不能保证这种类比结论的必然正确性。

④ 协变类比：根据两个对象可能都具有的属性之间的某种定量的比例变化、函数变化关系进行类比。例如，假设电饭锅的使用寿命受使用时间、室温、空气湿度等因素影响，并通过实验得出三者之间的影响因子。又知电磁炉也受这三个因素的影响，从而运用类比可以得出这三者对电磁炉使用寿命的影响因子。但由于时间、室温、湿度等对电饭锅和电磁炉的作用强度及相互关系也会存在差异，因此，对于各种比例关系、函数关系结果的类比，还需

要进行具体的实验分析。也就是说，由于不同对象的相同因素间的作用关系存在差异，这种类比的结果具有变动性。

⑤ 综合类比：已知 A 对象的属性 a、b、c、d 及它们之间的多种关系，同 B 对象的属性 a′、b′、c′、d′ 及它们的关系与其相似，所以由 a、b、c、d 的关系、量值等可以推出 a′、b′、c′、d′ 相应的关系和量值等。同协变类比的情况相同，综合类比中对具体因素的强度及相互作用关系也要进行具体分析。

4. 使用类比法应注意的问题

类比法既不受已有结论的束缚，又不受对个别事物认识不多的限制，可以大胆地从已知的个别知识中推出个别的正确结论来。因此，类比法富有创造性，这是类比法的优点。但是，类比法依据事物的相似性，其相似点不但有偏差，并不完全相同，而且是否真的相似也不一定；同时，对象间某些属性的相似并不能保证推出的属性必然相似，所以推出的结论有可能陷入错误。因此，类比推理的结论不能独立成为可靠的论证方法，这是它的不足之处。

鉴于类比分析的优点与不足，在运用过程中要注意以下两个问题。

① 积累有关对象的共同属性是运用类比分析法的必要条件。被比较的对象的共同属性是这些对象最典型的、同它们的特殊属性密切联系着的属性，因此所依据的两个对象的共有属性，要尽可能地多。同时类比分析法的运用是以已有知识为基础的。因此，一般说来，所积累的知识越丰富，越广博，在选择恰当的类比对象时，就越能够左右逢源，运用自如。否则，在缺乏必备知识的情况下，勉强进行运用，难免会得出牵强附会的结论。

② 要抓住事物的本质联系。类比分析的可靠程度，取决于相似属性（或共有属性）和属性之间的相关程度。二者的相关程度越高，结论就越可靠。以表面相似为依据的肤浅类比是容易找到的，但实际上往往不能说明任何问题。只有抓住事物的本质联系作为类比的根据，才能得到较为可靠而且比较深刻的结论。

信息分析与预测具有很强的综合性，往往要进行大范围、多行业、多学科、多层次、多因素的研究。类比方法在人们认识客观世界和改造客观世界的活动中，具有十分重大的意义。它能为模型实验提供逻辑基础，是科学技术发明的重要工具，能够启发人们提出科学假说、做出科学发现，可以被当作思想具体化的手段，它还是人们说明某种思想、观点的方法。在信息分析与预测中，要善于运用这种方法，多角度、深层次地挖掘对象的相关信息，进而进行对比、综合，以便更好地进行科学预测。

3.3 分析法

1. 信息分析法的概念

世界上的万事万物都是一个复杂的整体，都是由各个不同的组成部分或要素通过一定关系构成的。同时，它又不是孤立的，总是与其他事物存在着这样或那样的联系与影响。而同一事物的各部分、各要素也并非彼此独立，而是相互联系、相互影响的。事物之间与事物内部各个要素之间的关系是错综复杂的，比如说，表象与本质的关系，原因与结果的关系，目标与途径、手段的关系，一般与特殊的关系，事实与假象的关系等。

分析法是人们认识客观事物的一种重要思维方法。客观事物都是由各个部分组成的统一整体。当客观事物以感性整体形式呈现在人们感官面前时，人们对它的认识总是直观的、笼统的、粗浅的。但是，当人们用分析法把客观事物分解为各个部分，并分别对各个部分进行考察之后，特别是在找出构成事物的基础部分或本质方面之后，人们对客观事物的认识就大大前进了一步。分析的过程，是思维运动从整体到部分、从复杂到简单的过程。在分别考察各个部分的基础上，分析法能够找出构成事物的基础部分或本质方面，因而它是一种比较深刻的思维方法。

信息分析法在信息分析和预测中有重要的作用。通过信息分析，能够透过表象看到事物的本质，理清不同要素间的关系，既从整体又从局部全面认识和把握事物。

2. 信息分析法的基本类型

1）层次分析

信息的价值有大小之分，信息内容是分层次的，信息对事物的反映也有表象与本质的区别。表象是信息的表面特征及这些特征之间的外部联系；本质是信息所反映的事物内部的规定性或内在规律，是构成信息的各种必不可少的要素间的内在联系。

信息往往带有表象特征，本质通常是通过表象以某种方式表现出来的，两者之间存在着一定的关系。因此，为了正确判断信息的真实意义，把握信息的实际价值，就必须对信息加以立体性、结构式的层次分析。只有对信息所反映的事物特征由表及里，由浅入深地进行层层剖析，才能透过信息的表象，看到信息所反映事物的本质，从信息中得到真正有价值的认识。

事实上，层次分析就是把客观事物分解为各个组成部分之后，再对各个组成部分作深一个层次的分解和考察。从理论上讲，分析的层次是无限的，在实际工作中，应该根据研究的主客观条件选择适当的分析层次。

2）因果分析

因果关系是客观事物普遍联系和相互作用的一种重要表现形式。例如，人口变动会影响长期的经济波动状况，而经济增长周期又对人口出生与数量变动产生影响；同时，人口数量变化还会对教育、医疗、就业、住房、社会保障与养老等产生长期性重大影响。在因果关系中，原因是指引起另一事物或现象发生的条件，它是产生某种结果的缘由；结果指的是原因所造成的事物或现象，它是在一定条件（原因）下事物发展所达到的状态或表现的形态。原因和结果是相互依存的，任何现象都有它产生的原因，任何原因也都必然引起一定的结果。因果分析法是从事物所固有的这种因果关系出发，由原因推导出结果，或者由结果探究其原因的信息分析方法。通过因果分析，可以找出事物发展变化的原因，认识和把握事物发展的规律和方向。

在信息分析与预测中，因果分析法又可分为求同法、求异法、共变法和剩余法等。

求同法从反映同一现象，但在时间、空间和性质上有差异的众多信息中，选择不同场合的若干原因，深入分析其中的核心问题，找出其中的共有原因，初步确定这个共有的原因就是产生该现象的共同原因。也就是在探寻某种现象的原因时，首先列举这一现象出现的多个事例，然后分析每一事例的各种先行情况或条件，如果在各个事例中只有一种先行情况是共同的，那么这一先行情况就是这一现象的原因。

求异法则是分析信息在不同场合的差异点。如果所观察的现象在某一场合出现，在另一场合不出现，而这两种场合只有一个原因不同，则可初步确定这个不同的原因就是引发该现象的原因。

共变法是指每当某一现象发生一定程度的变化时，另一现象也随之发生一定程度的变化，则这两个现象之间有因果联系。应用共变法时要注意两个问题。第一，只有在其他因素保持不变时，才能说明两种现象间有因果联系；第二，两种现象的共变是有一定限度的，超过这个限度，就不再有共变关系。

剩余法是指所研究的现象可能是一种复合现象，如果把已确定的原因所造成的影响除去，那么被研究现象的剩余部分与其余影响因素之间也必然存在因果关系。也就是已知某一信息是所观察的现象的原因，并且又知这一信息的某一部分是所产生现象的某一部分的原因，则可初步确定这一信息中的其余部分是所产生现象中的其余部分的原因。

需要指出的是，在利用因果分析进行各种现象之间因果关系的研究时，有时结论并不完全吻合。因此，必须结合其他方法进一步分析和验证。这是因为社会现象是错综复杂的，现象之间的因果联系也是多种多样的，因此在对调查资料进行因果分析时，既不能仅仅套用某种理论对客观事实作出牵强附会的解释，也不能仅仅在经验层次就事论事地对具体现象作出肤浅的说明。只有坚持"具体问题具体分析"和"理论与实践相结合"的原则，既要详细分析具体现象在具体的时间、场合、条件下的各种表现和特点，也要注意抓住事物的本质和普遍联系，概括出内在的、必然的因果关系，上升到理性认识。这样，结论才具有更大的理论意义和现实意义。

3）相关分析

除了前面叙述的表象与本质的关系、因果关系外，客观事物之间及构成事物整体的各个要素之间还有许多其他相关关系。在信息分析与预测中，把利用事物的这些相关关系进行由此及彼、由表及里的分析预测方法，统称为相关分析方法。其本质就是利用事物之间内在的或现象上的本质联系，从一种或几种已知相关事物来判断未知事物的方法。所谓"山雨欲来风满楼"、"瑞雪兆丰年"、"春江水暖鸭先知"等生活经验，就是利用事物发生和发展的相互关系，采取由此及彼的方法，从风、雪、水、鸭等已知事物来推知大雨来临、丰收在望、气候转暖等未知事物的产生与演变。

相关分析法具有两大特点，一是间接迂回性。在利用相关分析法研究事物时，人们所要解释的是 A 事物，但直接面对的却可能是 B 事物，然后通过 A、B 两事物之间的联系，从 B 事物出发，采取迂回的间接方式去接近 A 事物，最后认清 A 事物。二是经验依赖性。彼此之间相互联系是事物的普遍特点之一，如何将一对相关关系的因素联系在一起，这在相当程度上依赖于研究者的经验。对各种相关事物进行细心观察和大量积累，并从中总结出规律性的东西，是成功运用相关分析法的重要条件。

因此，使用相关分析法时，信息分析研究人员必须具备足够的有关知识，并要进行深入的调查研究，只有这样才能进行由此及彼、由表及里、去伪存真的分析。

此外，信息分析法中还有矛盾分析法、典型分析法等不同类型的方法。矛盾分析法就是运用对立统一规律，观察、分析各种现象，以达到认识事物内部发展变化的内在联系与机制的方法。典型分析法是对一个或几个具有代表性的典型事例，就其核心问题进行深入分析和研究的方法。这种方法涉及面不宽，但却能使人们产生很深的印象，并能从中获得有价值的经验或教训。

3. 信息分析法的基本步骤

① 明确分析的目的。这是分析法进行的基础，只有明确分析目的，才能有针对性地选择分析的对象、方法、工具、手段等。

② 将对象整体分解为若干个相对独立的要素。事物之间及构成事物整体的各要素之间的关系是错综复杂、形式多样的。根据分析的目的和需要，对事物进行适当分解，是进行深入分析的有效方法。

③ 分别考察和研究各个事物及构成事物整体的各个要素的特点。

④ 探明各个事物及各个要素之间的相互关系，并研究这些关系的性质、表现形式、在事物发展变化中的地位和作用等。

需要注意的是，由于事物各个部分与要素间错综复杂的关系，分析通常不能一次完成，而是要经过一系列的由此及彼、由表及里、由浅入深的分析。在每次进行分析时，都要重新对事物进行分解。可见，将事物分解成各个要素并不是分析的最终目的，而只是认识的一种手段。分析的最终目的在于透过现象把握本质的规律或联系。

4. 信息分析法应用举例

下面以层次分析法为例介绍信息分析法的应用。

20 纪 60 年代初，我国开发大庆油田是保密的，其位置、规模、进程等信息受到严格控制。日本为了确定能否与中国做成石油冶炼设备的交易，需要了解大庆油田的位置、产量与加工能力等信息。日本情报分析人员在 1966 年的一期《中国画报》上看到一幅有关大庆油田报道的照片（表层信息），根据照片上人物的衣着断定，大庆油田可能在东北北部（里层信息）。后来，到中国来的日本人坐火车时发现，来往的油罐车上有一层厚土，从土的颜色与厚度，证实了大庆油田在东北平原的判断。1966 年 10 月，他们又从《人民中国》杂志上看到关于石油工人王进喜的报道，得知王进喜等人在一个叫马家窑的车站下了火车，他们人拉肩扛将钻井设备搬运到了目的地，根据这里提到的马家窑这一地名，最终搞清了大庆油田的确切位置（深层信息）。

日本信息分析人士又根据一帧油罐照片，对大庆油田的产量及加工能力进行推断。根据反应塔扶手栏杆旁站着的人的一般高度，估计出扶手栏杆的高度，从扶手栏杆与反应塔直径和高度的特定的规格比例，得知反应塔的内径约为 5 米，由反应塔的容量和数量估计出油田的日加工能力为 600 吨，年加工能力约为 22 万吨。根据情报，大庆油田到 1971 年原油产量估计将达 1200 万吨。由此，日本人推断出，大庆油田的原油加工能力远远落后于原油生产能力，中国在近几年中急需进口炼油设备，购买日本的轻油裂解设备是完全可能的。

从上述实例看出，如果把信息的三个层次比作皮、骨、髓的表里关系，那么可以说，掌握表层信息是仅得信息之"皮"，掌握里层信息便得其"骨"，只有把握深层信息才能得到信息之"精髓"。事物的现象与本质不是共处于同一层次之中，现象处在表层，本质处在里层，"精髓"则处在深层。采用层次分析法，就是要通过事物的表象，进行由表及里的辩证分析，从而发掘信息的内涵。

再以我国时尚产业发展趋势的分析为例，说明信息分析方法的综合运用。首先，可以运用因果分析方法，理清经济发展与人们对时尚产品需求之间的定性定量关系，进一步又对不同职业、不同收入水平消费者的需求作层次分析，结合人们未来休闲、娱乐方式的可能变化，通过相关分析来探求未来时尚产业发展的相关影响因素及其相互关系。其间，还可以穿插运用对比法、类比法分析，借助经济发达国家在不同经济发展阶段与水平时的时尚产业发展状况与我国发展情况的对比与类比，得出我国未来时尚产业发展趋势的更加全面的认识。由此得出的分析预测结果，对我国制定相关产业政策、协调行业发展规划、开展职业教育、引导年轻人择业等具有指导意义。

3.4 综合法

1. 信息综合法的概念

信息综合法是指对研究某一主题所需要的、片面的、分散的、众多的情况、数据、素材等进行归纳综合，从错综复杂的信息中探索它们之间的相互关系，通观事物发展的全貌和全过程，从而构建出系统、完整的信息认识和新结论的一种逻辑方法。也就是在思维中把对客观事物各个要素、各个部分、各个方面分别考察后的认识联结起来，然后从整体上加以考察的思维方法。

综合不是对情况、素材等牵强附会的组织与编排，也不是将各种信息像排积木式的相加或拼凑，而是按照各个要素在研究对象内部的有机联系，从整体上把握事物的本质和规律，是基于科学分析的科学综合。

2. 信息综合法的基本步骤

综合法一般首先要把经过分解过的客观事物的各个要素、部分、方面所得到的认识联结起来，然后进行整体考察，即把客观事物的各个要素、部分、方面及其相互关系综合起来作为一个整体加以考察或研究。具体包括以下几个步骤。

① 明确综合的目的。这是信息综合法进行的前提，综合法需要从错综复杂的信息中探索、归纳出新知识，明确综合法进行的目的，有针对性地归纳综合所需信息，探索曲折的相互关系。

② 把握分散的各个要素的信息。这一步骤旨在明确分散的各个要素，从整体上全面把握诸要素的相关信息。

③ 确定各个要素的有机联系形式。这是综合法的关键，借助相关的工具和方法，寻找各个要素间的共通点和有机联系形式。

④ 从事物整体的角度把握事物的本质和规律，从而形成系统、全面、新颖的知识和结论。

3. 信息综合法的类型

信息综合的范围很广，可以是纵向综合，也可以是横向综合，还可以是两者的结合；信息综合程度也有深有浅。在信息分析与预测中，人们经常采用的综合方法主要有简单综合、系统综合两种类型。

1）简单综合

简单综合是对与某一主题有关的信息进行汇集、归纳和整理。这种综合的一个必要条件就是注意从细微之处点点滴滴地积累材料，并要具有对有关信息的高度敏感性。例如，在当前的世界环境与气候问题中，大气温度的上升成为一个受到广泛关注的方面。由于人类活动向大气中排放大量二氧化碳等原因，工业化的数百年来，尤其是最近数十年来，地球大气温度持续上升，已经开始出现一些人们难以预料和无法控制的后果。我们认识这一问题时，可以将动植物生长的异常、水资源不足、两极冰盖的消融速度加快、青藏高原植被与河流遭到侵蚀等方面的有关信息收集起来，进行归纳整理，就能够形成当前全球生态环境正在遭受气温上升导致的严重破坏，并直接威胁到人类生存和社会经济发展的结论，进而发出预警和提出相应对策。

2）系统综合

系统综合是从系统论的观点出发，对获得的大量信息进行时间与空间、纵向与横向等方面的全面、系统、有机的综合，以认识事物的本质、全貌与发展动向，并进而得出一些新的认识与结论。系统综合不是简单的信息搜集、归纳和整理，而是一个创造性的深入认识的过程。

在进行系统综合时，要遵循一定的原则：①兼容性原则，即要善于对来自不同角度、不同方面的信息进行系统的收集整理，进而达到多样性的统一；②扬弃性原则，即在掌握了一些内容相互对立的信息以后，要通过肯定来加以否定，或通过否定来加以肯定，善于去伪存真，既有扬弃又有保留，在看似对立的信息中求得统一的信息；③全息性原则，即在复杂多样的信息中，选取能够包容整体所有信息内容的、富有代表性的局部性信息，从中去掌握一个系统的信息。自然界与社会中都存在部分包含整体缩影的信息，这种信息称为"全息"。因此，在研究一个大系统时，面对数量庞杂的信息，要抓住典型，抽取其具有代表性的全息元，去进行全息综合。

在进行系统综合时，有三种类型的方法可供选择：存优、浓缩和化合。所谓存优，就是对各种信息进行对比分析，去伪存真，去粗取精，然后将具有"真"、"精"等特性的优质内容综合起来。所谓浓缩或化合，是在思维活动中对各种信息进行提炼、整合，从而形成新的知识或结论。

在信息收集的过程中也有必要利用综合法对收集的信息进行加工。以前面所提的日本人发现大庆油田为例，收集到油罐的照片及工人数量等信息，要据此来分析大庆油田的产量，显然通过油罐的照片推理计算要比按照人均年产量粗略估计要精确得多，可以用存优的方法去粗取精，以油罐的照片来深入分析大庆油田的年产量。

4. 运用信息综合法的注意事项

在实际使用信息综合法时，要遵循这样几个原则：第一，综合必须是客观的、实事求是的，而不能是主观虚构的；第二，综合应该是内在的、本质的，而不应仅是外观的、现象的；第三，综合应该是多方面的、有机的，而不应是线性的、机械的。

在信息分析与预测中，综合法是一种行之有效的方法。综合法可以从时间发展的连续性和空间分布的整体性角度，分析不同国家、地区或部门在不同时期的相互联系和影响，还可以将各种来源的分散、片面、内容各异的有关信息按特定的目的汇集、整理、归纳和提炼，以达到由偏到全、由零到整、由粗到精的效果，从而形成系统、全面、新颖的知识和结论。综合法常常能反映出某一情况和问题的普遍性。

同时，实际的信息研究项目中，分析与综合方法的使用是互相对立的，但又是统一的。

首先，分析和综合是互相依赖的。一方面分析是综合的基础，没有分析就没有综合；另一方面，综合是分析的前导，没有综合也就没有分析。因为，任何分析都是在一定整体观念指导下进行的。当然，分析前的整体知识与在分析基础上形成的综合知识，在深度和广度上都有质的区别。但不管怎样，任何分析都必须以一定的综合知识为前导却是确定无疑的。

其次，分析和综合是互相转化的。一方面，分析向综合转化。任何分析都是为更深刻地认识事物，最终都会走向综合，因此，综合是分析的完成和归宿。另一方面，综合向分析转化。每一个综合的认识，既是前一阶段分析的终点，又是后一阶段分析的起点。人的认识就是在分析—综合—再分析—再综合的过程中不断完善和提高的。这一切都说明，分析和综合是对立的统一。

3.5 推理法

1. 推理法的概念

推理法又叫逻辑推导方法，是在掌握一定的事实、数据和事物相关性信息的基础上，通过一定的逻辑关系，进行顺次的、逐步的、合理的推演，最终获得新的结论的一种逻辑思维方法。

任何推理都包含三个要素：一是前提，即推理所依据的事实、数据等相关性信息；二是推理过程，即由前提到结论的逻辑关系形式；三是结论，即由已知信息推出的新结论。

在推理时，要想获得正确的结论，必须注意三点：第一，推理的前提必须是准确无误的；第二，推理的过程必须是合乎逻辑思维规律的；第三是推理的结果还要不断地用从其他渠道得到的信息加以印证。

2. 推理类型的划分

根据划分角度的不同，推理可划分为不同的类型。

根据推理过程，推理可分为直接推理和间接推理。由某一信息直接推出结论的推理称为直接推理；由两个或两个以上的信息交叉、顺延推出结论的推理称为间接推理。

根据推理的思维方向，推理分为常规推理、归纳推理和类比推理。它们分别是由一般到个别、由特殊到一般、由个别到个别或由一般到一般的逻辑思维推理。

根据组成推理的判断的类别，推理分为直言推理、假言推理、选言推理、联言推理、关系判断推理和模态判断推理。它们分别以直言、假言、选言、联言、关系和模态判断为基础。

3. 常见的推理形式

1）常规推理

常规推理也称作演绎推理，是由一般到个别的推理方法。它以普遍性的事实或数据信息为前提，通过严密的推论，得出新的结论，是一种典型的必然性推理。这种推理是按照一定的目标，运用演绎推理的思维方法，取得新颖性结论的过程。只要前提准确无误，推理过程严格合乎逻辑，所推出的结论必然是正确、可信的。

常规推理由大前提、小前提和结论组成，其基本的推理程式为：

已知，有 A 就有 B（大前提）；

现有，有 B 就有 C（小前提）；

因此，有 A 就有 C（结论）。

例如，一切化学元素在一定条件下发生化学反应。惰性气体元素是化学元素，所以，惰性气体在一定条件下确实能够发生化学反应。这里运用的就是演绎推理方法。

常规推理的主要形式其实就是通常所说的三段论法。三段论法就是从两个判断中得出第三个判断的一种推理方法。上面的例子就是包含着三个判断。第一个判断是一切化学元素都在一定条件下发生化学反应，提供了一般的原理原则，叫做三段论式的大前提。第二个判断是惰性气体是化学元素，指出了一种特殊情况，叫做小前提。联合这两种判断，说明一般原则和特殊情况间的联系，因而得出第三个判断，惰性气体在一定条件下确实能够发生化学反应的结论。

2）归纳推理

归纳推理是由个别到一般的推理方法，即由特殊对象的信息得出一般性的结论。通常它是通过简单枚举某类事物的部分信息，在枚举中又没有遇到与此相矛盾的情况，从而得出这类事物的所有对象都具有此种情况的归纳推理。"举一反三"，"闻一切十"，"触类旁通"等都贯穿了归纳推理的精髓。

其基本的推理程式为：

$$A \begin{cases} A_1\ 是（否）符合 B 信息 \\ A_2\ 是（否）符合 B 信息 \\ A_3\ 是（否）符合 B 信息 \\ \cdots\cdots \\ A_n\ 是（否）符合 B 信息 \end{cases} \Longrightarrow A\ 是（否）符合 B 信息$$

例如，在 A 地缺乏高级维修工、在 B 地缺乏高级维修工……在全国很多城市缺乏熟练的高级维修工，由此可以推断，我国目前极度度缺乏高级维修工，一方面教育培训单位可以适当增加这方面的招生人数和培训力度，另一方面个人可以有针对性地选择高级维修工作为自己的职业。

由于归纳推理是一种或然性推理，前提和结论之间没有必然性联系，因此需要正确估计结论的可靠程度，并设法增强结论的可靠性。常用的办法有：第一，尽可能多地枚举某类事物的单个对象；第二，致力于保持所枚举的某类事物的各个对象的典型性和代表性；第三，仔细观察和研究对象的各种情况，防止矛盾情况的出现。

演绎法和归纳法是人们对客观现实的两种对立的认识方法的总结。两者既是对立的，又是统一的，缺少其中任何一个方面，都无法认识真理。实际上在人们的认识过程中，两者是辩证的统一。没有归纳就没有演绎，因为演绎的出发点正是归纳的结果。演绎必须以可靠的归纳为基础。没有演绎同样也没有归纳。因为归纳总是在一般原理、原则或某种假说、猜想的指导下进行的。

3）假设推理

假设推理是从一个假设的结论出发，顺次推出其后续或逆向推出其前因，进而通过肯定它的后续或前因，来论证、检验原先假设结论的正确性的一种推理方法。这种推理方法中所说的"结论"，实际上并非真正的结论，而是一种设想，需要通过调查研究和推理验证真伪。其基本的推理程式为：

推理是一种由此及彼、由已知到未知或未来的研究方法。通过推理，可以认识客观事物，获得新知识。需要注意的是，如果不能考察某类事物的全部对象，而只根据部分对象做出的推理，不一定完全可靠。

习题

3-1 使用对比法应该注意哪些问题？结合实例运用对比法进行信息的分析研究。

3-2 类比法主要有哪几种类型？结合实例运用类比法进行信息的分析研究。

3-3 因果分析法的概念及实施方法是什么？

3-4 在运用系统综合时，需要遵循的原则和使用的方法是什么？

3-5 常见的推理形式及它们的推理程式是什么？结合实例运用推理法。

第4章 专家调查法

本章主要学习目标

学完本章后，你应当能够：

① 了解专家调查法的基本概念及其主要类型；

② 熟悉专家调查法的实施流程并掌握其结果处理方法；

③ 掌握头脑风暴法；

④ 学会使用德尔菲法；

⑤ 熟练运用交叉影响法。

所谓专家调查法，就是依靠专家的相关知识、经验、智慧等，对研究对象进行综合的分析研究，探索其本质、特性和发展规律，并进行预测的一种方法。

专家调查法的种类很多，在社会、经济发展的各个领域中都有广泛的应用。我们在本章重点介绍头脑风暴法、德尔菲法和交叉影响分析法。

4.1 头脑风暴法

1. 头脑风暴法概述

头脑风暴法（Brian Storming）是借助于专家的创造性思维来获取未知或未来信息的一种直观预测方法，使专家意见不仅更集中，而且更深入、更具创造性。

头脑风暴法最早是由现代创造学的创始人，美国学者阿历克斯·奥斯本（A. F. Osborne）于1938年提出。它原指精神病患者头脑中出现的短时间的思维紊乱现象，病人会产生大量的胡思乱想。奥斯本借用这个概念来比喻思维高度活跃、打破常规的思维方式而产生大量创造性设想的状况，后被用来指无拘无束、自由奔放地思考问题的情形。此法经各国创造学研究者的实践和发展，至今已经形成了一个发明技法群，如奥斯本智力激励法、默写式智力激励法、卡片式智力激励法等，并获得了广泛的应用。

头脑风暴法早期的著名应用案例很多，例如在美国国防部制定长远科技规划时，曾邀请50名专家采取头脑风暴法开了两周会议。参加者的任务是对事先提出的长远规划提出异议，通过讨论，最终形成一个与原规划文件有较大差异的报告。在原规划文件中，只有25%～30%的意见在报告中得以保留，由此可以看到头脑风暴法的价值。

在群体决策中，由于群体成员心理相互作用的影响，易屈于权威或大多数人意见，形成所谓的"群体思维"。群体思维削弱了群体的批判精神和创造力，损害了决策的质量。为了保证群体决策的创造性，提高决策质量，在管理上发展了一系列改善群体决策的方法，头脑风暴法是较为典型的一个。实践表明，头脑风暴法可以优化决策方案，对所讨论问题通过客观、连续的分析，找到一组切实可行的方案，因而头脑风暴法在决策分析中得到了较广泛的应用。这一方法在 20 世纪 50 年代就在欧美等西方国家得到普及，甚至被看做一种万能的方法。20 世纪 60 年代后，随着运筹学和决策学的发展，它开始作为分析和决策时的一种辅助工具。尽管如此，在 20 世纪 70 年代，这种方法仍然在预测方法的应用中占有 8.1% 的比例，至今也是一种重要的，得到广泛应用的信息分析预测方法。

2. 头脑风暴法的类型

按照划分方式的不同，头脑风暴法又可划分为不同的类型。

① 按照参与者类型划分为个人头脑风暴法和集团头脑风暴法。

个人头脑风暴法通过某专家个人的创造性思维来获取未知或未来信息。它一般是在某个偶然的场合，某专家由于受到外界的刺激而萌发出一种富有创意的想法，或者找到了解决某一问题的办法。

集团头脑风暴法通过专家集体（即头脑风暴会议）的创造性思维来获取未知或未来信息。这种方法的优点是：通过信息交流和相互启发，使专家们的思维产生"共振"和"组合效应"，从而收到相互补充的效果。在信息研究工作中，集团头脑风暴法是主要的得到应用的分析预测方法。

② 按头脑风暴法的性质划分为直接头脑风暴法和质疑头脑风暴法。

直接头脑风暴法（通常简称为头脑风暴法），就是组织专家对所要预测的课题，各持己见地进行对话，以便集思广益，产生尽可能多的设想的方法，也是进行分析、提出见解、产生方案的过程和方法。

质疑头脑风暴法（也称反头脑风暴法），以头脑风暴会议的方式来进行，主要用来对已制定的计划、方案等提出异议或评论，分析其现实可行性的方法，例如，论证其无法实现的理由，指出限制其实现的因素，提出排除这些限制性因素的措施等。经过专家质疑，往往可以有效地去掉不合理或不科学的部分，补充不具体或不全面的部分，使计划、方案等趋于完善。

前者是专家的群体决策过程，尽可能激发创造性，产生尽可能多的设想；后者则是对已提出的设想、方案逐一质疑，分析其现实可行性的方法。

3. 头脑风暴法的基本程序

头脑风暴法需要通过一定的讨论程序与规则，保证这种创造性讨论的有效性。因此，讨论程序与规则构成了头脑风暴法能否有效实施的关键性因素。头脑风暴法主要有以下几个关键程序。

1）确定议题

一个好的头脑风暴法应该从对问题的准确阐述开始。因此，必须在会前确定一个目标，使与会者明确通过这次会议需要解决什么问题，但是不能限制可能的解决方案的范围。一般而言，比较具体的议题能使与会者较快产生设想，主持人也较容易掌握；比较抽象和宏观的议题引发设想的时间较长，但设想的创造性也可能较强。因此，根据研究的目标确定恰当的研究议题，是头脑风暴法取得预期效果的重要保障。

2）会前准备

为了使头脑风暴会议的效率较高，效果较好，应在会前做一点准备工作。如收集一些相关性资料预先给大家参考，以便与会者了解与议题有关的背景材料和业界动态；就参与者而言，在开会之前，对于要解决的问题一定要有所了解；会场可作适当布置，例如座位排成圆环形的环境往往比前后排排坐的环境更为有利；此外，在头脑风暴会议正式开始前还可以出一些创造力测验题供大家思考，以便活跃气氛，促进思维。

3）确定专家人选

经验表明，所选专家的人数一般以 5～15 人为宜。与会者人数太少不利于交流信息，难以形成必要的头脑风暴气氛；而人数太多，组织者难以控制会议局面。

专家的选择要与预测的对象相一致，通常由方法论专家（如信息分析与预测专家）、专业领域专家、专业领域高级分析专家和具有较高推断思维能力的演绎专家共同组成。这些专家最好是互不认识的，如果是彼此认识的，则应从同一职称或级别中挑选。在会议上不公布专家的单位、年龄、职称或职务等信息。这样，可以使每一位与会专家都能以平等身份和开放态度思考并发表意见，有利于所有专家创造性思考的展开与表达。

4）明确分工

要有一名推定的主持人，一两名记录员（秘书）。主持人的作用是在头脑风暴会议开始时重申讨论的议题和纪律，在会议进程中启发引导，掌握进程。如通报会议进展情况，归纳某些发言的核心内容，提出自己的设想，活跃会场气氛，以及让大家静下来认真思索片刻再组织下一个发言高潮等。记录员应将与会者的所有设想都及时编号，简要准确地加以记录，最好在醒目处书写出来，让与会者能够看清。记录员也应随时提出自己的设想，切忌持旁观态度。

5）规定纪律

根据头脑风暴法的原则，可规定几条纪律，要求与会者遵守。如要集中注意力积极投入，不消极旁观；不要私下议论，以免影响他人的思考；发言要针对目标，开门见山，不要客套，也不必做过多的解释；与会者之间相互尊重，平等相待，切忌相互褒贬等。

6）会后的设想处理

通过组织头脑风暴会议，往往能获得大量与议题有关的设想。至此任务只完成了一半，更重要的是要对已获得的设想进行整理、分析，以便筛选出有价值的创造性设想，在经过完善后加以开发实施。

头脑风暴法的设想处理通常安排在头脑风暴会议的次日进行。在此以前，主持人或记录员（秘书）应设法收集与会者在会后产生的新设想，以便一并进行评价处理。

设想处理的方式有两种。一种是专家评审，可聘请有关专家及与会者代表若干人（5 人左右为宜）承担这项工作；另一种是二次会议评审，即由头脑风暴会议的参与者共同举行第二次会议，集体进行设想的评价处理工作。

4. 头脑风暴法的原则

一次成功的头脑风暴除了有程序上的要求之外，更为关键的是探讨方式及心态上的转变，概括起来说就是充分、非评价性的、无偏见的交流。

1）自由畅谈

创造一种自由的气氛，参加者不应该受任何条条框框的限制，放松思想，让思维自由驰骋。从不同角度，不同层次，不同方位，大胆地展开想像，尽可能地标新立异，与众不同，做到知无不言，言无不尽，提出独创性的想法。

2）庭外判决

头脑风暴，必须坚持当场不对任何设想做出评价的原则。认真对待任何一种设想，既不能肯定某个设想，也不能否定某个设想，也不能对某个设想发表评论性的意见。一切评价和判断都要延迟到会议结束以后才能进行。这样做一方面是为了防止评判行为约束与会者的积极思维，破坏自由畅谈的有利气氛；另一方面是为了集中精力先开发设想，避免把应该在后阶段做的工作提前进行，影响创造性设想的大量产生。

3）禁止批评

绝对禁止批评是头脑风暴法应该遵循的一个重要原则。参加头脑风暴会议的每个人都不得对别人的设想提出批评意见，因为批评对创造性思维无疑会产生抑制作用。发言人的自我批评也在禁止之列，尽量少用一些自谦之词，这些自我批评性质的说法同样会破坏会场气氛，影响自由畅想。

4）追求数量

头脑风暴会议的目标是获得尽可能多的设想，追求数量是它的首要任务。参加会议的每个人都要抓紧时间多思考，多提设想。至于设想的质量问题，自可留到会后的设想处理阶段去解决。在某种意义上，设想的质量和数量密切相关，产生的设想越多，其中的创造性设想就可能越多。

5）掌握时间

会议时间由主持人掌握，不宜在会前定死。一般来说，以 20～60 分钟为宜。时间太短与会者难以畅所欲言，太长则容易产生疲劳感，影响会议效果。经验表明，创造性较强的设想一般要在会议开始 10～15 分钟后逐渐产生。美国创造学家帕内斯指出，会议时间最好安排在 30～45 分钟之间，倘若需要更长时间，就应把议题分解成几个小问题再分别进行专题讨论。

6）鼓励取长补短

除提出自己的意见外，鼓励与会者对他人已经提出的设想进行补充、改进和综合。取长补短，不同的、相同的意见进行组合或碰撞，才能创造出更多有价值的设想。

5. 头脑风暴法的优缺点

头脑风暴法是一种即兴的直观预测方法，有其自身的一些优缺点。

1）优点

① 通过直接的信息交流，有利于捕捉瞬间的思路，激发创造性思维，产生富有创见性的思想"火花"。

② 通过头脑风暴会议，获取的信息量大，考虑的因素多，所提供的计划、方案等也比较全面和广泛。

2）缺点

① 它是专家会议调查的一种类型，因而具备专家会议调查法的一些缺陷，如专家缺乏代表性，易受"权威"、会议"气氛"和"潮流"等因素的影响，易受表达能力的限制等。

② 由于是即兴发言，因而普遍存在着逻辑性不强、意见不全面、论证不充分等问题。

此外，头脑风暴法实施的成本（时间、费用等）是很高的，而且要求与会者有较好的素质，这些因素也会影响头脑风暴法实施的效果。

总的来说，头脑风暴法提供了一种有效的就特定主题集中注意力与思想进行创造性沟通的方式，无论是对于学术主题探讨或日常事务的解决，都不失为一种可资借鉴的途径。同时，由于头脑风暴法具有一定的缺陷，因此在实际应用时要注意扬长避短，有所创新。如在组织头脑风暴会议时严格遵循有关原则，严格做好专家的遴选工作，提交必要的背景性材料，会后再走访专家了解详情等。此外，也可以将头脑风暴法同其他信息分析与预测方法结合，达到相互印证、不断深入、持续优化的目的。

4.2　德尔菲法

1. 德尔菲法概述

德尔菲法由美国兰德公司于 1964 年发明并首先将其应用于技术预测，它以匿名方式通过几轮咨询，征求专家意见，预测领导小组对每一轮意见都进行汇总整理，作为参考资料再发给每位专家，供他们分析判断，提出新的论证。如此多次反复，专家意见通常会趋于一致，结论的可靠性一般也就越来越大。

德尔菲法具有三个基本特点：①匿名性。德尔菲法采用匿名形式征求意见，调查更注重于意见本身的价值，而非提出意见的人的身份，专家可以在不受任何干扰的情况下独立思考。②反馈性。德尔菲法进行专家调查需要进行多轮次，每一轮的结果都由组织者进行整理、分析和综合，然后在下轮反馈给参加调查的专家，让他们根据反馈的信息进一步发表意见。这样，每个专家都可以充分地参考别人的意见，相互借鉴。③统计性。为了科学地综合专家们的预测意见，定量表示预测结果，德尔菲法采用统计方法对专家意见进行处理，其结果往往以概率的形式出现。这样既可以反映专家意见的集中程度，又可以反映专家意见的离散程度，使所获得的结论更具有代表性。

德尔菲法本质上是建立在诸多专家的专业知识、经验和主观判断能力的基础上，因而特别适用于缺少信息资料和历史数据，而又较多地受到社会的、政治的、人为的等各种不确定性因素影响的信息研究课题。实践证明，采用德尔菲法进行信息分析与预测，可以较好地揭示出研究对象本身所固有的规律，并能够据以对研究对象的未来发展作出概率性估计。

2. 德尔菲法的实施程序

德尔菲法的实施主要包括准备阶段、反馈调查阶段和结果处理阶段等三个阶段。

1）准备阶段

准备阶段主要完成如下四个方面的工作。

① 成立领导小组，明确目标和主题。

在德尔菲法正式开始之前，应该成立课题研究领导小组。这个小组的主要任务是对运用德尔菲法进行预测的实施工作进行组织和指导；向专家提出问题和发放问卷，对各轮回收的专家意见进行汇总整理、统计分析与预测；编写和提交预测报告。该小组的成员主要由信息分析与预测人员构成。

领导小组应选择和规划预测课题，明确预测所要达到的目标，据此确定预测主题；同时应对预测目标和主题在给专家的调查咨询表中简单明了地加以说明。

② 选择专家。

专家的任务是对预测课题提出正确的意见和有价值的判断，因此选好专家是德尔菲法预测的关键。选择专家应该遵循如下原则。

• 所选专家要具有一定的代表性。除信息分析与预测专家外，还应包括与预测主题相关领域的专家，且涉及领域面要宽一点，也需要一些边缘学科、交叉学科的专家；所选专家在各领域中应有一定的代表性和知名度；不仅要有本部门的专家，而且应有外部门的专家。

• 参加预测的专家人数要适度。人数过少，缺乏代表性，信息量不足；人数过多，组织工作困难，意见难以集中。应根据问题的重要性或大小而定，一般以 15～50 人为宜。如果课题很大，或很复杂，15～50 人仍缺乏代表性，可以考虑分成若干个专家小组，但每个小组的人数仍保持在 15～50 人。

• 事先要征询所选专家的意见，确定其是否同意参加。只有充分考虑专家的自愿性，才能保证及时、准确的信息反馈。同时还要事先约请专家不要向外透露参与征询调查一事，以免相互商量，相互影响，从而导致答案雷同，起不到应用本方法进行研究所应起到的作用。

③ 准备背景资料。

背景资料是有关预测主题的各种资料，这些背景资料通过整理、加工后，与调查表一并寄给专家，以便专家能更全面、系统地考虑问题，防止因不能提供较为完备的背景资料而产生不应有的预测误差。

④ 设计调查表。

调查表是获取专家意见的工具，是进行信息分析与预测的基础。调查表设计的好坏，直接关系到预测的效果。设计调查表的基本要求是使专家理解研究课题和预测事件，而且回答方式简便。在制表之前，设计人员应对预测主题及其相关背景情况进行调查，以保证提问的针对性和有效性。在设计中应注意主题明确、中心突出、语言准确、答案便于统计处理等。同时，每一轮调查时，都需要根据上一轮专家反馈意见的统计结果，对调查表作出必要的调整。

常见的调查表类型有如下几种。

• 目标-手段调查表。设计人员在分析研究已掌握情况的基础上，确定预测对象的目标，并提出达到这些目标所可能采取的各种措施和方案。将目标列入调查表的横栏，措施和方案列入纵栏，就构成了目标-手段调查表。专家对这种调查表的回答很简单，只需在相应的目标和手段之间做出选择，或者对所提出的手段在达到目标过程中的地位打分。

• 由专家简要回答的调查表。即由调查表设计者根据预测目标提出一些问题，然后由专家简要回答。

• 由专家详细回答的调查表。这类调查表一般问题很少，但却要求专家对提问作出充分的论证、详细的说明或提出充足的依据。

2）反馈调查阶段

准备阶段的各项工作完成以后，就要进入向专家们进行正式调查的阶段。典型的德尔菲法一般包含四轮的征询调查，且在调查过程中包含着轮间反馈。

（1）第一轮调查

这一轮调查是开放型的，发给专家的调查表不带任何限制条件，只给出预测主题（目标）和有关说明，但不给出预测事件（具体问题）。其目的是请专家在不带任何框框的情况下根据目标构造预测事件，可以采取各种方式进行提问。组织者要对回收的调查表进行汇总整理，归并相同的事件、剔除次要的、分散的事件，并用准确的术语制定出事件一览表。该表可在第二轮调查时作为调查表反馈给专家。

（2）第二轮调查

将第一轮调查的统计结果和第二轮调查表再发给专家。这时，专家将根据征询表的要求，进一步作出预测并阐明自己的理由、意见。收到专家的回答后，组织者要对这一轮回收的调查表进行汇总整理，统计出专家总体意见的概率分布，初步获得预测的综合结果，并制定第三轮征询表。

（3）第三轮调查

将第二轮的统计结果连同据此修订了的调查表再发给专家。组织者往往又进一步向他们提供补充的背景材料，或补充某些问题（预测事件）。专家在收到反馈信息之后，重新进行判断，再次作出具体预测，并充分陈述理由。组织者同样要对这一轮回收的调查表进行汇总整理、统计分析与预测，得出综合预测结果，准备第四轮的反馈材料和征询表。

（4）第四轮调查

将第三轮的统计结果连同修订了的调查表再发给专家，请专家再次作出具体预测，并在必要时作出详细、充分的论证。在第四轮调查结束后，组织者依然要对回收的调查表进行汇总整理、统计分析与预测，并寻找出收敛程度较高的专家意见。在一般情况下，经过四轮的征询之后，专家的意见都能趋向集中，得到的结论也较为可靠。

上述四轮调查不是简单的重复，而是一种螺旋上升的过程。每循环和反馈一次，专家都吸收了新的信息，并对预测对象有了更深刻、更全面的认识，预测结果的准确性也逐轮提高。整个德尔菲法的调查过程可以用图 4-1 来表示。

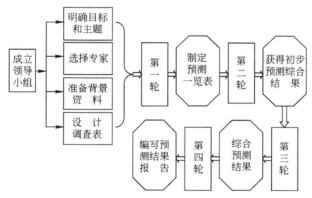

图 4-1　德尔菲法的调查过程

3）结果处理阶段

对专家的回答进行分析和处理是德尔菲法的最后阶段，也是最重要的阶段。从理论上讲，众多专家对征询事件的应答结果是一个随机变量，它的集中程度可以用概率分布来刻画。研究表明，专家意见的分布接近正态分布，并随着征询次数的增加而趋于标准正态分布。据此，可以引用系统性的数理统计方法来处理或统计专家的应答意见。通常德尔菲法采用下面几种统计处理方法。

（1）中位数法和上、下四分位数法

这一方法主要用于预测结果以时间或数量表达时的统计处理。用中位数代表专家预测意见的协调结果，即预测结果的期望值；用上、下四分位数反映专家意见的离散程度，即上四分位数表示预测期望值区间的上限，下四分位数表示预测期望值区间的下限。

例如，2001 年，17 位专家参与了对某一产品在其所属行业生产量达到一定比重的年份预测，其预测结果在水平轴上的排列如表 4-1 所示。

表 4-1　中位数和上下四分点

				下四分点↓					中位数↓
2003	2004	2005	2006		2006	2006	2007	2007	2008
2008	2008	2008	2009		2009	2009	2010	2010	
				上四分点↑					

表 4-1 中共有 17 位专家的预测结果，则位于中分点（即第⑨位）的时间预测值"2008 年"为中位数；中位数之前的四等分点位于④和⑤之间，所以"2006 年"为下四分点；中位数之后的四等分点位于⑬和⑭之间，所以"2009 年"为上四分点。本例中，上、下四分点都位于两个相等的数据之间，如果遇到上、下四分点相邻的两个数据不等的情况时，一般采用取近似值的方法来表示预测结果。

美国预测学家詹特（E. Jantsch）根据大量数理统计，得出一个根据中位数推算上下四分点的经验公式。即如果中位数年份距组织预测的年份为 x 年，则下四分点距组织预测年份为 $2x/3$ 年，上四分点为 $5x/3$ 年。例如，1964 年进行了一项预测，测得中位数为 2000 年，则 $x = 2000 - 1964 = 36$ 年，下四分点为 $1964 + 2x/3 = 1988$ 年，上四分点为 $1984 + 5x/3 = 2024$ 年。

（2）专家意见的集中程度

专家意见的集中程度通常以某一方案评分值的算术平均值、满分频率、等级值的等级和来衡量。

① 算术平均值。

首先将全部专家对所有方案的评分值用表列出（见表 4-2）。

表 4-2　方案评分值

专　家	方案评分值					
	1	2	...	j	...	n
1	C_{11}	C_{12}	...	C_{1j}	...	C_{1n}
2	C_{21}	C_{22}	...	C_{2j}	...	C_{2n}
...	...	...	...	...	...	...
i	C_{i1}	C_{i2}	...	C_{ij}	...	C_{in}
...	...	...	...	...	...	...
m	C_{m1}	C_{m2}	...	C_{mj}	...	C_{mn}

依据表 4-2，各方案评分值可按式（4-1）求出。

$$M_j = \frac{1}{m_j} \sum_{i=1}^{m_j} C_{ij}$$

（4-1）

式中，

M_j——对 j（$j=1$，2，…，n）方案全部评价的算术平均值；

m_j——参加 j 方案评价的专家数；

C_{ij}——第 i（$i=1$，2，…，m）个专家对 j 方案的评分值。

M_j 的值为 $0\sim100$。M_j 值越大，则方案就越具有重要性。

② 满分频率。

方案的满分频率是指对 j 方案打满分的专家人数与参加评估的专家人数之比，可用式（4-2）求出：

$$K_j' = \frac{m_j'}{m_j} \qquad (4-2)$$

式中，

K_j'——j 方案的满分频率；

m_j'——对 j 方案给满分的专家数；

m_j——参加 j 方案评价的专家数。

K_j' 的值为 $0\sim1$，K_j' 值越大，表明对 j 方案给满分的专家人数相对越多，方案就越具有重要性。

③ 评价等级值的等级和。

首先将全部专家对所有方案的评价等级值用表 4-3 列出。

表 4-3　方案评价等级值

专　　　家	方案评价等级值					
	1	2	…	j	…	n
1	R_{11}	R_{12}	…	R_{1j}	…	R_{1n}
2	R_{21}	R_{22}	…	R_{2j}	…	R_{2n}
…	…	…	…	…	…	…
i	R_{i1}	R_{i2}	…	R_{ij}	…	R_{in}
…	…	…	…	…	…	…
m	R_{m1}	R_{m2}	…	R_{mj}	…	R_{mn}

依据表 4-3，各方案评价等级值的等级和可按式（4-3）求出。

$$S_j = \sum_{i=1}^{m_j} R_{ij} \qquad (4-3)$$

式中，

S_j——j 方案评价等级值的等级和；

R_{ij}——第 i 个专家对 j 方案的评价等级值；

m_j——参加 j 方案评价的专家数。

S_j 的值越小，方案的相对重要性越大。

（3）专家意见的协调程度

专家意见的协调程度反映专家意见的收敛情况，通常用变异系数来表示。其计算方法如下。

① 计算全部专家对 j 方案评价的均方差，代表专家评价的离散程度，计算公式为：

$$D_j = \frac{1}{m_j} \sum_{i=1}^{m_j} (C_{ij} - M_j)^2 \qquad (4-4)$$

式中，

D_j——全部专家对 j 方案评价的均方差；

C_{ij}——第 i（$i=1, 2, \cdots, m$）个专家对 j 方案的评分值；

m_j——参加 j 方案评价的专家数；

M_j——对 j（$j=1, 2, \cdots, n$）方案全部评价的算术平均值。

② 计算全部专家对 j 方案评价的标准差，代表专家评价的变异程度，计算公式为：

$$\sigma_j = \sqrt{\frac{1}{m_j} \sum_{i=1}^{m_j} (C_{ij} - M_j)^2} \qquad (4-5)$$

式中，σ_j 为全部专家对 j 方案评价的标准差，C_{ij}，m_j，M_j 的含义同前。

③ 计算全部专家对 j 方案评价的变异系数，即专家意见的协调程度，计算公式为：

$$V_j = \frac{\sigma_j}{M_j} \qquad (4-6)$$

V_j 值越小，表明专家意见的协调程度越高，收敛性越好。

（4）专家权重

参加评估的专家的权威程度无疑会对预测结果的可信程度带来很大影响。在分析专家权重时，不但要考虑不同专家有不同的权威程度，而且在严格意义上，还要考虑同一位专家在不同的问题上其权威程度也有不同。所以我们先引入每一位专家的权重，它有两个相关因素：专家发表意见时的判断依据和专家对所回答问题的熟悉程度。表示如下：

$$P_{ij} = \frac{F_{ij} + K_{ij}}{2} \qquad (4-7)$$

式中，

P_{ij}——i 专家对 j 方案评价的权重；

F_{ij}——i 专家对 j 方案的判断系数；

K_{ij}——i 专家对 j 方案的熟悉系数。

判断系数如表 4-4 所示。

表 4-4 判 断 系 数

判 断 依 据	对专家判断的影响程度		
	大	中	小
理论分析	0.30	0.20	0.10
生产经验	0.50	0.40	0.20
参考国内学者著作	0.05	0.05	0.05
参考国外学者著作	0.05	0.05	0.05
对国外同类情况的了解	0.05	0.05	0.05
直观	0.05	0.05	0.05
判断系数 F	1.00	0.80	0.50

假设某一专家的自我评价是：生产经验的影响程度大，参考国内文献的影响程度中等，

而对国外同类情况的了解影响程度小。那么根据表中的标准便可算出判断系数：

$$F＝0.50＋0.05＋0.05＝0.60$$

　　而熟悉系数 K 的标准在 0.1 到 1.0 范围内，常给出如表 4－5 所示的关于某农作物种植调查所列的档次供选择。

表 4－5　专家对问题的熟悉系数

专　业	熟　悉　程　度									
	0.1	0.2	0.3	0.4	0.5	0.6	0.7	0.8	0.9	1.0
农作物生长习性 病虫害防治 肥料的使用 田间管理 ……										

　　（5）专家参与程度

专家参与程度用应答率和积极系数两个指标来说明。

① 应答率。

问卷发出后，往往只能回收一部分，故引入"应答率"来衡量。

$$应答率＝\frac{回收份数}{问卷总份数}$$

应答率不能太低，否则预测结果就不可靠。

② 积极系数

积极系数用以表示专家对某方案的关心程度，一般用参与某方案评价的专家人数与专家总数的比值来表示，其公式为：

$$r=\frac{m_j}{m} \tag{4-8}$$

式中，

　　r ——积极系数；

　　m_j ——对 j 方案的应答人数；

　　m ——全部专家人数。

　　实际信息研究工作中，可以根据专家权重、专家参与的积极系数对不同专家的意见进行处理后，再统计计算出四分位数和得出一般预测结果，进而由专家意见的集中程度和协调程度确定专家对研究课题判断的集中与离散情况，作为利用德尔菲法得出的预测结果的参照，并作为进一步作出决策的参考。相应的，应答率则是确定预测研究结果可用性的一个参考指标。

　　3. 德尔菲法的发展

　　德尔菲法是一种广为适用的预测方法，相对来说简单易行，费用也较低，在多数情况下可以得到比较准确的预测结果。但随着实践的发展，经典德尔菲法本身的缺陷也开始暴露出来，如缺乏严格的论证；由于采用函询方式，客观上使专家之间、调查组与专家之间的信息交流受到一定的限制，缺乏思想碰撞；容易在有限的范围内受制于习惯思维，以及受专家的学识、评价尺度、心理状态及兴趣等主观因素的制约等。德尔菲法的广泛应用促使许多预测学家对经典的德尔菲法进行改进，并开发出一些派生的德尔菲法。

这些派生方法或者是从不同角度对经典德尔菲法进行补充和改进，或者是出于实施中实际情况的需要而作出调整。这些派生方法可归纳为两类：一类是保持德尔菲法基本特点的派生德尔菲法；一类是部分改变德尔菲法基本特点的派生德尔菲法。

1) 保持德尔菲法基本特点的派生德尔菲法

这类派生德尔菲法在保持经典方法的匿名性、反馈性和统计性的特点不变的前提下作了某些改进，以克服经典方法中的某些缺陷。

(1) 列出预测事件一览表

经典方法的第一轮调查只提供空白的预测事件一览表，需要专家根据预测主题应答。通常会有一些专家由于对德尔菲法了解甚少或者由于其他原因，往往不知从哪里入手。即使提供了预测事件，也往往条理不清，难以归纳，或者太专深而使其他专家难以接受。为了克服这些缺陷，组织者可以根据已掌握的资料，或者借助于征求专家的意见，预先拟定一份预测事件一览表，在第一轮调查时提供给专家，使专家可以在第一轮调查时对该表进行有价值的补充或提出针对性的修改意见。

(2) 减少应答轮数

经典做法一般规定轮番调查四轮，这就使得预测经常要耗费一年以上的时间。派生的德尔菲法对此作了改进，即认为如果在第四轮之前专家的意见就已经协调、一致或者趋向稳定，就可以在第三轮甚至第二轮时停止调查，不再进行反馈。这样做可以缩短调查时间，显著提高效率。

(3) 以概率的形式给出事件可能实现的时间或日期

经典方法只要求专家提供一个事件可能实现的预测时间，而在派生的德尔菲法中，可以要求专家就事件实现的时间提供多个概率不同的日期。例如，给出概率分别为 10%（未必可能发生）、50%（等量可能发生）、90%（几乎肯定发生）的三个日期。组织者在进行数据处理时，可获得这三个不同日期的中位数，再以概率为 50% 的日期的中位数为预测日期，以其他两个日期的中位数作为可供参考的波动范围。

2) 部分改变德尔菲法基本特点的派生德尔菲法

(1) 部分取消匿名性

匿名性有助于发挥专家个人的长处，不受他人的直接影响。但在某些情况下，部分取消匿名性也能保持经典方法的这一优点，而且可以加快预测进程。具体做法是：先匿名征询，再进行口头讨论或辩论；或者先进行口头讨论或辩论，再匿名征询意见，两种方式交叉进行，可以显著提高效率和改善专家意见的协调性。

(2) 部分取消反馈

反馈是经典德尔菲方法的核心，具有重要的作用。但在某些情况下，可以考虑部分取消反馈。部分取消反馈的方法主要有两种：第一种方法是只向专家反馈前一轮预测结果的上下四分点，而不提供中位数。这样做有助于防止有些专家只简单地向中位数靠近，有意回避提出与众不同的新预测意见的倾向。第二种方法是在第一轮调查中，应预测事件由专家自由提出；在第二轮调查时，每个专家要对每个事件给出三种不同概率的日期，一般是分别使用10%、50%、90%表示未必可能发生、等量可能发生、几乎肯定发生，并请专家作出自我评价，组织者在进行数据处理时要分别计算三种不同概率日期的中位数；在第三轮调查时，反馈意见仅发给两种人：一种是本领域的权威专家，另一种是预测 50％ 以上概率的发生日期却没处于小组的 10％ 概率日期的中位数和 90％ 的概率日期的中位数区间的专家，后者是一些预测意见与专家群体意见与较大偏离程度的专家。这样做，可以同时保护权威专家和持不同看法的专家的不同意见，有利于提高预测的准确度。

（3）部分考虑专家的权威性，对专家的答卷数据采取加权处理。

有些问题对专家的依赖性比较强，可以适当考虑专家的权威性，通过对权威专家的答卷数据采取加权处理来提高对权威专家意见的看重率。具体做法是利用式（4 – 7）计算出专家权重，再对专家意见进行修正后纳入预测系统。

此外，人们在实践中还发展出应用德尔菲法进行预测的其他改进性举措，如根据专家参与情况进行适当的专家调整，请专家在收到全体专家意见的统计结果后的第二轮，提出进一步预测所需要的信息并予以满足等。

4.3　交叉影响分析法

1. 交叉影响分析法概述

交叉影响分析法（Cross-Impact Analysis）最早在 20 世纪 70 年代提出，后来美国未来研究所的戈登（Gordon）博士对此进行了总结和推广。

提出该方法的最初目的是为了弥补德尔菲法的不足。因为在应用德尔菲法对事件进行预测时，通常只是简单地要求专家估计某事件在未来某时间发生的概率，或预测在规定的概率下该事件可能发生的时间，而没有考虑到该事件与其他事件之间可能发生的相互交叉影响。通常情况下，在若干个相互联系的事件中，当其中的某一事件发生后，其他事件往往会受到该事件不同程度的影响。因此，在确定某事件发生的概率时，不能仅仅从该事件本身入手考虑，还要考虑其他一些已经发生或者尚未发生的事件可能造成的影响。

交叉影响分析法就是根据所预测的一系列事件，以及它们之间所存在的相互影响关系，分析当某一事件发生时，其他事件因受到影响而发生某种形式变化的一种方法。由于事件之间的相互影响关系通常用矩阵的形式来表达，而各个事件的变化程度又是用概率值来描述的，故这种方法又可称为交叉影响矩阵法或交叉影响概率法。

交叉影响分析法所要解决的问题可以这样表达：根据预测，一系列事件 D_i（D_1，D_2，D_3，…，D_m，…，D_n）可能发生，并且每个事件在未考虑交叉影响时所指定发生的概率为 P_i（P_1，P_2，P_3，…，P_m，…，P_n）；如果已知 D_m 发生，即 $P_m = 100\%$ 时，根据 D_m 对 D_1，D_2，D_3，…，D_n 的影响，求出 P_1，P_2，P_3，…，P_n 所发生的变化。

在实际的信息分析与预测中，通常会遇到被研究的若干个事件之间存在某种影响关系的情形。例如天气灾害对生产和经济的影响，新技术引进对技术开发的冲击等。将交叉影响分析法引入信息分析与预测领域，可以定量地考察被研究的各个事件之间的相互影响关系。从实践上看，交叉影响分析方法主要在三个方面发挥作用：对历史事件进行验证；对未来事件进行预测；方案（技术、产品等）的评价。

2. 交叉影响分析法的实施步骤

应用交叉影响分析法进行信息分析与预测，主要步骤包括：确定事件之间的影响关系；评定影响的程度；计算影响值；分析并得出预测结果。20 世纪后期，美国政府曾经对 15 年内使用能源政策的各种方案进行评价，下面以此为例介绍交叉影响分析法的具体实施步骤和方法。

1）确定影响关系

影响能源政策的因素很多，为讨论方便起见，经过简化后假设只有以下三种情况：

D_1——用煤炭替代石油，其概率为 $P_1=0.8$；

D_2——显著降低石油价格，其概率为 $P_2=0.4$；

D_3——提高空气和水源的质量控制标准，其概率为 $P_3=0.3$。

这些概率为不考虑交叉影响的情况下事件发生的概率。这些因素间的影响关系如表 4-6 所示。

表 4-6　交叉影响矩阵表

可能发生的事件	发生概率	诸事件的相互影响		
		D_1	D_2	D_3
D_1	0.8	—	↑	↑
D_2	0.4	↓	—	
D_3	0.3	↓	↓	—

在交叉影响矩阵表中，"↑"表示正影响，即该事件如果发生，将使受其影响的事件的发生概率提高；"↓"表示负影响，即该事件如果发生，将使受其影响的事件的发生概率降低；"—"表示无影响，即该事件发生，对其他事件没有影响，或者影响太小，可以忽略不计。

从表 4-6 可以看出，如果 D_1 发生，将对 D_2、D_3 都有正影响，说明用煤炭代替石油后，必将导致石油价格降低，同时由于煤炭是一种高污染性燃料，需要更严格地控制环境污染，必然需要抓紧控制空气、水源的质量标准。如果 D_2 发生，只对 D_1 有负影响，说明，如果降低石油价格，势必会使煤炭代替石油的可能性降低，甚至会消除 D_1 的发生，而对 D_3 没有影响。如果 D_3 发生，对 D_1 和 D_2 都有负影响，即有降低和限制作用。

2）评定影响程度

在评定事件之间的影响程度时，一般要预先制定一个影响程度分档表，然后确定具体的影响程度。

（1）影响程度分档表

当某事件发生时，对其他事件的影响程度可以制定如表 4-7 所示的分档表。分档的目的是为了便于将定性的判断予以定量化的描述，用"+"或"—"表示影响方向，用 S 表示影响程度（数值分布为 0 到 1）。在具体的应用中，可以根据实际情况的需要来制定分档表。

表 4-7　影响程度分档表

序　号	影响程度	影响程度 S	序　号	影响程度	影响程度 S
1	无影响	0	5	较强的正影响	+0.8
2	较小的负影响	−0.5	6	极强的负影响	−1
3	较小的正影响	+0.5	7	极强的正影响	+1
4	较强的负影响	−0.8			

（2）影响程度调查

采用德尔菲法对影响程度进行调查，请专家根据自己对各事件之间的影响程度的分析来填写表 4-8 所示的影响程度调查表。

表 4-8 影响程度调查表

可能发生的事件	原估计的发生概率	对其他事件的影响		
		D_1	D_2	D_3
D_1	0.8	—		
D_2	0.4		—	
D_3	0.3			—

（3）影响程度汇总

假如有 10 位专家填写了影响程度调查表，则需将专家意见汇总于影响程度汇总表（见表 4-9）中。

表 4-9 影响程度汇总表

专家编号	D_1 的影响		D_2 的影响		D_3 的影响	
	S_{12}	S_{13}	S_{21}	S_{23}	S_{31}	S_{32}
1	+0.5	+0.8	-0.8	0	-0.5	-0.5
2	+0.5	+0.8	-0.5	-0.5	-0.5	0
3	+0.5	+0.5	-0.8	-0.5	-0.5	-0.5
4	+0.5	+0.5	-0.5	-0.5	0	0
5	0	+0.8	-0.8	-0.5	-0.8	0
6	0	+0.8	-0.5	0	-0.5	0
7	0	+0.8	-0.8	0	-0.5	0
8	0	+1.0	-0.8	0	-0.5	0
9	0	+1.0	-0.5	0	0	0
10	0	+1.0	-0.8	0	-0.5	0
平均值	+0.2	+0.8	-0.68	-0.2	-0.43	-0.1

3）计算影响值

（1）计算公式

当 D_m 发生，并对 D_i 产生影响后，D_i 的概率由 P_i 变为 P_i'，则 P_i' 与 P_i 之间的关系式为：

$$P_i' = P_i + SP_i(1-P_i) \qquad (4-9)$$

式中，

P_i——D_i 的概率；

P_i'——D_i 的修正概率；

S——影响程度。

该公式所体现的函数关系可以用图 4-2 来反映。可以看出 P_i' 的取值介于 $S=1$ 和 $S=-1$ 两条曲线之间。

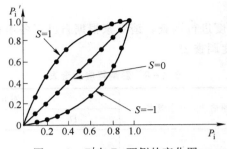

图 4-2 P'_i 在 P_i 两侧的变化图

（2） P'_i 值的计算

S 值取自于表 4-9 中的平均值，根据式（4-9）计算 P'_i 的值。

① D_1 对 D_2、D_3 的影响值：

$$P'_{12}=P_2+S_{12}P_2(1-P_2)=0.4+0.2\times0.4\times(1-0.4)=0.448$$

$$P'_{13}=P_3+S_{13}P_3(1-P_3)=0.3+0.8\times0.3\times(1-0.3)=0.468$$

② D_2 对 D_1、D_3 的影响值：

$$P'_{21}=P_1+S_{21}P_1(1-P_1)=0.8+(-0.68)\times0.8\times(1-0.8)=0.691$$

$$P'_{23}=P_3+S_{23}P_3(1-P_3)=0.3+(-0.2)\times0.3\times(1-0.3)=0.258$$

③ D_3 对 D_1、D_2 的影响值：

$$P'_{31}=P_1+S_{31}P_1(1-P_1)=0.8+(-0.43)\times0.8\times(1-0.8)=0.731$$

$$P'_{32}=P_2+S_{32}P_2(1-P_2)=0.4+(-0.1)\times0.4\times(1-0.4)=0.376$$

4）交叉影响分析

上面的影响值是根据专家评定的影响程度计算的。但是，从实践上看，不仅存在着 A 事件对 B 事件的影响，还存在着 B 事件对 A 事件的影响，即交叉影响，因此，需要对上述影响情况和影响值做进一步的分析和修正。

（1） D_2、D_3 对 D_1 的影响分析

由影响值的计算结果 $P_1=0.8$、$P'_{21}=0.691$、$P'_{31}=0.731$ 可知，$P'_{21}<P'_{31}<P_1$，D_2、D_3 对 D_1 都具有负影响。但 P'_{21}、P'_{31} 都是在假设 D_2、D_3 肯定发生的前提下得出的修正概率。联系实际情况可知，单方面显著降低国内石油价格（D_2）的可能性不大，应该否定掉 P'_{21} 这个修正概率，而取 $0.731\sim0.8$ 作为 D_1 发生概率的预测区间。

（2） D_1、D_3 对 D_2 的影响分析

由影响值的计算结果 $P_2=0.4$、$P'_{12}=0.448$、$P'_{32}=0.376$ 可知，$P'_{32}<P_2<P'_{12}$，D_1 对 D_2 是正影响，D_3 对 D_2 是负影响，但是影响都不大。D_1 对 D_2 是一种倒因果关系：石油涨价将迫使煤代石油加快实现；而煤代石油如果进展顺利，则又可反过来缓和石油的涨价。D_3 对 D_2 的影响是较小的间接影响，但也能起到一定程度的影响作用。因此，可以考虑 $0.376\sim0.448$ 作为 D_2 发生概率的预测区间。

（3） D_1、D_2 对 D_3 的影响分析

由影响值的计算结果 $P_3=0.3$、$P'_{13}=0.468$、$P'_{23}=0.258$ 可知，$P'_{23}<P_3<P'_{13}$，D_1 对

D_3 是正影响，D_2 对 D_3 是负影响，但影响很小。从经验来看，D_2 对 D_3 无影响（或有可以忽略不计的极小影响），因此，可以考虑忽略掉 D_2 的影响，取 $0.3 \sim 0.468$ 作为 D_3 发生概率的预测区间。

从以上实例可以看出，由于在计算过程中涉及的两组数据 P_i' 和 S 均是通过主观估计由专家给定的，因此交叉影响分析法主要还是一种依靠经验和直观判断进行分析预测的方法，多用于数据掌握不多的情形。该方法的优点是简单、迅速，缺点是容易忽视某些影响因素。

习题

4-1　简述头脑风暴法的原则。尝试组织一次头脑风暴法的预测活动。

4-2　德尔菲法的基本特点是什么？尝试组织一次德尔菲法的预测活动。

4-3　某市要对城市建设进行规划，邀请了 10 位城市规划方面的专家进行德尔菲法调查。依据第一轮调查筛选出 8 种方案，制定了新的调查表反馈给专家，后又将回收后的专家意见汇总成表 4-10。请依据表 4-10，算出各方案的算术平均值，找出相对重要性最大的方案，然后求出该方案专家意见的协调程度。

表 4-10　专家方案评分值汇总

专　　家	方案评分值							
	1	2	3	4	5	6	7	8
1	20	20	30	70	90	85	60	60
2	30	30	30	60	100	90	80	20
3	70	20	60	20	80	90	50	20
4	60	40	40	40	70	70	90	40
5	40	70	70	60	80	60	90	30
6	30	30	40	60	90	80	70	50
7	50	20	50	50	95	70	70	40
8	80	40	40	60	60	40	90	50
9	50	50	80	40	90	80	60	30
10	60	30	70	60	85	60	90	50

4-4　简述交叉影响分析法的概念与表达，并结合实例运用交叉影响分析法进行信息预测。

第5章 时间序列分析法

本章主要学习目标

时间序列分析法是信息分析与预测的基本定量分析研究方法，其他定量方法很多采用和借鉴了时间序列分析法的理念和技术，有的是时间序列分析法的发展。

学完本章后，你应当能够：

① 理解和掌握时间序列的概念、种类、特征；

② 学会使用时间序列分析的模型，并了解其优点与局限性；

③ 掌握各种时间序列分析方法的应用技巧。

5.1 时间序列及时间序列分析

5.1.1 时间序列概述

1. 时间序列的概念

所谓时间序列（time sequence）是指某一变量或指标的数值或统计观测值，按照时间先后顺序排列起来的一个数值序列。如某企业每月的原料消耗量、某地区历年 11 月的气温汇总、某单位历年财政支出的增长率等。时间序列由两个要素组成：一是研究对象所属的时间范围和采样单位，如某企业 2005—2006 年的月原料消耗量时间序列，所属时间范围是 2005—2006 年，单位是月；二是与各个时间相匹配的、关于研究对象的观察数值。

2. 时间序列的种类

按照组成时间序列的时间指标的不同，时间序列分为下列三种。

1）绝对时间序列

如果构成时间序列的数据是总量指标的时间序列，就称为绝对时间数列（absolute time sequence）。它反映的是研究对象的绝对水平和总规模，以及与之相应的变动趋势。按照这类序列所反映现象的性质，又可分为时期序列和时点序列。例如，我国改革开放以来 30 年的 GDP（见表 5 - 1 第一列、第二列）、某图书馆 2000—2006 年的读者接待数量的时间序列、上海股市 2007 年度每天收盘指数的时间序列等，即为绝对时间序列。

2）相对时间序列

如果构成时间序列的数据是相对值，就称它是相对时间序列（relative time sequence）或指数序列。这种序列反映了某种现象随时间变化的对比情况。选一个观察值做基准（为 100%），用绝对序列的值与基准值的比确定其他的数据。某国家近十年人口的年增长率组成的时间序列即为相对时间序列。表 5-1 第一列与第三列构成一个相对时间序列，表示我国改革开放以来每年的 GDP 的年增长率变动的情况。

3）平均时间序列

平均时间序列（average time sequence）的数据应该是与研究对象相关的平均值，它能反映被研究对象的平均发展水平。例如，烟台市 1996—2006 年的人均年耗电量组成的时间序列即为平均时间序列，再如表 5-1 第一列与第四列就构成一个平均时间序列，是改革开放以来我国人均 GDP 的变化情况。

表 5-1　改革开放以来的中国国内 GDP 变动情况

年　份	GDP 绝对值/亿元	GDP 年增长率/%	人均 GDP/元
1978	3 645.2		381
1979	4 062.6	11.44	419
1980	4 545.6	11.89	463
1981	4 891.6	7.61	492
1982	5 323.4	8.83	528
1983	5 962.7	12.01	583
1984	7 208.1	20.89	695
1985	9 016.0	25.08	858
1986	10 275.2	13.97	963
1987	12 058.6	17.36	1 112
1988	15 042.8	24.75	1 366
1989	16 992.3	12.96	1 519
1990	18 667.8	9.86	1 644
1991	21 781.5	16.68	1 893
1992	26 923.5	23.61	2 311
1993	35 333.9	31.24	2 998
1994	48 197.9	36.41	4 044
1995	60 793.7	26.13	5 046
1996	71 176.6	17.08	5 846
1997	78 973.0	10.95	6 420
1998	84 402.3	6.87	6 796
1999	89 677.1	6.25	7 159
2000	99 214.6	10.64	7 858
2001	108 068.2	8.92	8 622
2002	119 095.7	10.20	9 398
2003	135 174.0	13.50	10 542
2004	159 586.7	18.06	12 336
2005	184 739.1	15.76	14 103
2006	211 808.0	14.65	16 084

3. 时间序列的特征

各种不同的社会、经济变量由于受到不同因素的影响，在不同时间区段内，其时间序列会表现出不同的变化规律，不同的时间序列也会体现不同的统计特征。但在较长时间内，其自身的变化发展又呈现一定的规律性。总的来说，时间序列有如下基本特征。

1) 长期趋势性

时间序列含有长期趋势性。所谓的长期趋势性是指某个变量由于受到某些因素持续性的影响，在较长时间内表现出来的持续上升、持续下降、平衡发展或周期性变化等总趋势。

时间序列表现出的长期趋势体现了一种社会经济现象固有的规律性，寻找时间序列的长期趋势，并利用数学模型进行描述，可以形成一系列的趋势外推方法。

2) 季节周期性

时间序列含有季节变动因素。时间序列的季节变动是指随着四个季节的推移呈现某种周期性的变化，各年变动幅度在各个季节不一定相同，但各季节出现高峰值和低谷值的规律通常是相同的。需要指出的是，有些每年会重复出现的周期性变动，虽然没有严格遵循一年中的季节变化，但也与季节变化类似，这种变化规律也称为季节周期性。

时间序列出现季节变动的原因是多方面的。如列车发送旅客人数受寒暑假及公共节假日的影响，某些商品的销售量受季节温度变化的影响等。

3) 循环周期性

时间序列具有循环变动的特性。循环变动是指以若干年为周期的周期性变动，它与季节周期性的区别在于它的周期性较长，且没有固定的期限。例如宏观经济的繁荣和萧条就存在2~5年的短周期，同时也存在5~20年的中周期及30~50年的长周期。季节周期性与循环周期性往往重叠、交叉，每个循环周期内通常包含着一定的季节周期，而季节周期的积累又可形成新的循环周期。

4) 随机波动性

时间序列含有不规则变动的因素，这种不规则变动又称随机波动。它是指由于随机因素或突发事件而引起的变动。随机波动可分为突然性变动和随机性变动。前者是由难以预测的因素引起的，其规律难以认识和推测，如战争、地震、水灾、罢工等。后者是由偶然因素所引起的变动，这种变动既无法预计，也无法辨别，但可以利用统计方法加以处理，如一个生产线上残次产品的偶然出现就属于这种情况。

任何一个时间序列，不可能同时具有以上所有特征。一般情况下，一个特定的时间序列所具备的特征是上述四个特征中的一个，也可能是其中几个特征的组合。辨别时间序列的特征是利用时间序列预测法进行实际预测的前期工作，也是时间序列分析所关注的问题。

4. 编制时间序列的注意事项

因为时间序列将被研究对象的有关指标、数据，按时间先后顺序排列，通过它可以寻求研究对象的内在变化规律，做出相应的动态分析。因此，保证序列中数据的可比性是编制时间序列的最重要原则。建立时间序列数据时，应注意：

① 时间变量的间隔应保持相等，从而使每一个时间序列数据对应同等时期（例如一个月、一季度或一年等）内的变量值；

② 每一个时间序列数据的对象范围都保持一致（例如都是某一企业的某一变量）；

③ 同一时间序列数据所采用的统计口径、计量标准或单位应保持一致。

5.1.2　时间序列分析概述

1. 时间序列分析的概念

时间序列分析是以研究对象的历史数据为基础，将研究对象的发展变化过程表述成时间序列，首先要识别时间序列的特征，进而分析它随时间的变化趋势，建立相应的时序分析模型，并通过一系列的时间序列预测方法，推测出研究对象的未来变化趋势。

通过对时间序列长期趋势的识别，可以建立各种趋势外推预测方法；通过季节变动分析，能够找出季节变动规律，实现时间序列的季节分析预测；通过对不规则变动和循环变动的分析，采取一定方法可消除它们的影响或预先做出应对性安排；通过对序列自相关的分析，可以实现随机时间序列的分析预测。

2. 时间序列模型

时间序列模型本质上是一种复合型的模型，其特点是把一个原始数列分解为苦干个分量，并用这些分量从不同的方面反映时间数列的性质。用数学描述时间列模型特性可表示为

$$Y = T \times S \times C \times I \tag{5-1}$$

其中 Y 为时间序列，"＝"后的字母表示它所包含的影响因素，这个公式的具体含义如下。

1）T——长期趋势分量

长期趋势分量反映时间序列的总趋势，能预测研究对象在长时间上总的平滑向上或平滑向下的趋势，用来描述历史，预测未来。因为它反映长期的发展趋势，所以可用于比较粗略的长期预测，可以利用它通过最小二乘法求回归直线并用于预测。

2）S——季节变动分量

实际上是指在每年会重复出现的周期性波动。因为在社会或经济活动中，这类波动常常类似于某种季节性变化影响，所以用季节变动分量命名。设法理顺它在时间序列中的影响，可用于研究季节性的变动问题。

3）C——周期变动分量

通常指以数年为一个周期的变动量。例如火山活动周期，入托、入学高峰，传染病蔓延高峰，经济领域内的经济危机周期，等等。实质上周期性变动是一种循环式的变动，比季节性变动的周期长。

4）I——随机变动分量

随机变动分量是指无法事先预料的、偶然的随机因素引起的波动。意外事故、自然性灾害、突发故障等都是随机变动分量。

3. 时间序列分析的优点与局限性

用时间序列分析进行预测有如下优点。

① 预测时不必考虑其他因素的影响，仅从随时间变动的数值序列自身出发，建立相应的模型进行预测，避免了寻找影响因素及识别主要因素和次要因素的困难。

② 和回归分析预测方法相比，可以避免因果模型中随机扰动项（剩余项）的限定条件在社会经济实践中难以满足的矛盾。

③ 时间序列模型简单易行，资料容易取得，应用广泛。

时间序列预测方法也有其局限性，主要表现在：从时间序列本身出发，难以准确地预测到转折点的出现。因此，利用时间序列方法进行预测时，必须十分注意先行的定性分析，将定性分析和定量分析相结合才能取得较好的效果。

5.1.3　时间序列分析法的类别与特性

时间序列分析是信息分析与预测的重要方法，也是具有基础意义的定量分析方法。目前，已经发展出多种子方法，并且具有其特定的研究和使用的一系列特性。

根据对历史数据处理方法的不同，时间序列分析方法可以分为若干不同类型，如图 5-1 所示。

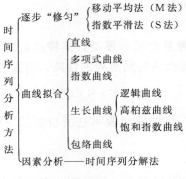

图 5-1　时间序列分析方法

表 5-2 列出了各种时间序列分析方法的主要概念、适用对象、主要特征及参数、主要适用范围等。

表 5-2　时间序列分析方法比较

方法思想	方法分类	主要适用对象	主要特征及参数	主要适用范围
修匀	M 方法	波动的时间序列	n：移平跨度	短期市场预测，对波动数列的加工处理
	S 方法		α：平滑常数	
拟合	指数增长模型	拟合发展中的加速度阶段	高速增长、没有极限	技术的扩散、经济的起飞、产品畅销等阶段的预测
	生长曲线模型	拟合单个有极限发展全过程	有上限、分阶段	技术和商品等的寿命分析和预测
	包络曲线模型	拟合依次替代的连续增长过程	由多个 S 曲线构成一个大的 S 曲线	技术发展的长期预测
还原	分解法	经济活动中的不规则时间序列	分解为四个基本因素：T、C、S、I，各有其特征	短期的市场分析和长期经济问题分析。特别是用季节指数辅助模型进行短期预测

5.2　移动平均法

移动平均法（M 法）是建立在计算算术平均数的基础上，它的处理对象是一组随时间变化而波动的数据。其基本方法是每次在时间序列上移动一步求平均值（去掉一个最早期的头部数据，加入一个新产生的末端数据）。这样的处理可对原始的无规则数据进行"修匀"，消除样本序列中的随机干扰成分，形成平滑的趋势线，突出序列本身的固有规律，从而为进一步的建模和参数估计打下基础。

移动平均法中，时间变量的取值即移平跨度可以是变动的，通常根据需要来设定。通过移动平均法，可以消除季节性变动、周期性变动和随机性变动的影响，突出长期趋势的影响，常用来分析时间序列的长期趋势，并进行预测。

移动平均法又可分为一次移动平均法、二次移动平均法。

5.2.1　一次移动平均法

一次移动平均法对原始数列分段，逐期移动，依次计算包含一定项数的时间序列平均数，形成一个平均时间数序列，并据此进行预测。

其基本公式为：

$$M_i^{[1]} = \frac{X_i + X_{i-1} + \cdots + X_{i-n+1}}{n} \tag{5-2}$$

式中，

　　[1]——一次移动平均数的标志；

　　i——周期数；

　　n——每一时间段的数据个数，称为移平跨度；

　　$M_i^{[1]}$——第 i 个周期的一次移动平均值。

n 的取值可以有两种特殊情况：

① 当 $n=1$ 时，$M_i^{[1]} = X_i$，即一次移动平均值等于原始统计数据；

② 当 $n=i$ 时，$M_i^{[1]} = \overline{X}_i$，即一次移动平均值等于全体数据的平均值。

【例 5-1】　某公司 2006 年 1—12 月的原料消耗量如表 5-3 所示。用一次平均法预测 2007 年 1 月的原材料消耗量。

表 5-3　原材料消耗量

吨

月　份	1	2	3	4	5	6	7	8	9	10	11	12
原材料消耗量	128	132	140	157	210	318	325	276	210	154	137	126

利用式（5-2）计算 $n=3$ 时的一次移动平均值。

$$\hat{X}_{i+1} = M_i^{[1]} = \frac{X_i + X_{i-1} + X_{i-2}}{3}$$

$$\hat{X}_4 = M_3^{[1]} = \frac{X_3 + X_2 + X_1}{3} = \frac{140 + 132 + 128}{3} = 133$$

$$\hat{X}_5 = M_4^{[1]} = \frac{X_4 + X_3 + X_2}{3} = \frac{157 + 140 + 132}{3} = 143$$

……

$$\hat{X}_{12} = M_{11}^{[1]} = \frac{X_{11} + X_{10} + X_9}{3} = \frac{137 + 154 + 210}{3} = 167$$

$$\hat{X}_{01} = M_{12}^{[1]} = \frac{X_{12} + X_{11} + X_{10}}{3} = \frac{126 + 137 + 154}{3} = 139$$

同理，计算 $n=5$ 的移动平均值，结果汇总如表 5-4 所示。

表 5-4   一次平均值   吨

月　份	1	2	3	4	5	6	7	8	9	10	11	12	01
原材料消耗量	128	132	140	157	210	318	325	276	210	154	137	126	
3 个月移动平均值				133	143	169	228	284	306	270	213	167	139
5 个月移动平均值						153	191	230	257	268	256	220	180

从表 5-4 可以看出，n 的取值不同，预测结果也不相同。因此，n 值的选择在一次移动平均法的预测中甚为重要。在实际应用上，通常采用这种做法，分别取几个 n 值进行试算，比较它们的预测误差，从中选择最优的 n 值用来进行预测。

通常可采用均方误差（MSE）来检验 n 值选择的效果。具体做法是先按照式（5-3）计算取不同 n 值时的均方误差 MSE。

$$\text{MSE}_{(n)} = \frac{1}{N-n} \sum_{i=n+1}^{N} (X_i - \hat{X}_i)^2 \tag{5-3}$$

以最小均方误差为标准选取移平跨度 n。

在本例中，

当 $n=3$ 时，$\text{MSE} = \frac{1}{9} \sum_{i=4}^{12} (X_i - \hat{X}_i)^2 = \frac{66\ 868}{9} = 7\ 429.8$

当 $n=5$ 时，$\text{MSE} = \frac{1}{7} \sum_{i=6}^{12} (X_i - \hat{X}_i)^2 = \frac{85\ 999}{7} = 12\ 285.6$

结果表明：当 $n=3$ 时，MSE 较小，所以取 $n=3$。预测值 $\hat{X}_{01} = 139$。

5.2.2 二次移动平均法

一次移动平均法适用于变动不太剧烈、较平稳的时间序列。为了进一步提高预测值和实际值的吻合度，可以采用在一次移动平均的基础上，再作一次移动平均的方法，称为二次移动平均法。二次移动平均法可以修正一次移动平均法存在的一些问题，还可以通过二次移动求得平滑系数。

二次移动平均是在一次移动平均的基础上，对有线性趋势的数据再进行一次移动平均，其计算公式为：

$$M_i^{[2]} = \frac{M_i^{[1]} + M_{i-1}^{[1]} + \cdots + M_{i-n+1}^{[1]}}{n} \tag{5-4}$$

式中，

[2]——二次移动平均数的标志；

$M_i^{[2]}$——第 i 个周期的二次移动平均值。

【例 5-2】 利用式（5-4）计算 $n=3$ 时例 5-1 的二次移动平均值。

$$M_5^{[2]} = \frac{M_5^{[1]} + M_4^{[1]} + M_3^{[1]}}{3} = \frac{133 + 143 + 169}{3} = 148$$

……

$$M_{12}^{[2]} = \frac{M_{12}^{[1]} + M_{11}^{[1]} + M_{10}^{[1]}}{3} = \frac{139 + 167 + 213}{3} = 173$$

两次移动平均值的结果如表 5-5 所示。

表 5-5　两次移动平均值

吨

月　份	1	2	3	4	5	6	7	8	9	10	11	12
原材料消耗量	128	132	140	157	210	318	325	276	210	154	137	126
一次移动平均值			133	143	169	228	284	306	270	213	167	139
二次移动平均值					148	180	227	273	287	263	217	173

运用两次移动平均值，可以计算出平滑系数，从而建立线性时间关系模型：

$$\widehat{X}_{i+T} = a_i + b_i \times T \tag{5-5}$$

式中，

T——由目前周期 i 到需要预测的周期之间的周期数；

$\widehat{X}_{i+T}$——$i+T$ 周期的预测值；

a_i，b_i——平滑系数。

a_i，b_i 的计算公式分别为：

$$a_i = 2M_i^{[1]} - M_i^{[2]} \tag{5-6}$$

$$b_i = \frac{2}{n-1} \times (M_i^{[1]} - M_i^{[2]}) \tag{5-7}$$

在本例中，

$$a_{12} = 2M_{12}^{[1]} - M_{12}^{[2]} = 2 \times 139 - 173 = 105$$

$$b_{12} = \frac{2}{3-1} \times (M_{12}^{[1]} - M_{12}^{[2]}) = 1 \times (139 - 173) = -34$$

$$X_{01} = X_{12+1} = a_{12} + b_{12} \times 1 = 105 - 34 = 71$$

5.3　指数平滑法

指数平滑法（S 法）是对移动平均法（M 法）的改进，它也是要对时间序列进行修匀，不同的是它不是通过求算术平均值来建立模型和做出预测，而是注重时间序列的长期数值对未来预测值的共同影响。

进一步考查移动平均法，可以发现一个明显的缺点，即在理论上对所有的数据采取了一律平等的对待，这意味着移动平均法假定在预测未来时，时间序列上不同时间的数据的价值都是相等的。由式（5-2）可以看出，每个数据的权重相等，均为 $1/n$。但在实际运行中，这是不合常理的。事实上，更通常的变动情况是，不同时刻的事件会对未来产生不同的影响，其所产生的数据在未来预测中的重要性理应存在差别。

指数平滑法修正了移动平均法的这一缺陷。它利用本期实际观察值和本期预测值，分别给予不同权数进行加权，求得一个指数平滑值，作为下一期预测值的依据。其优点是既不需要存储很多数据，又考虑了各期数据权重的差异性。根据平滑次数的不同，又分为一次指数平滑法、二次指数平滑法、三次指数平滑法。

5.3.1 一次指数平滑法

1. 基本公式

若以 a 代表权数，则原始时间序列数据的加权移动平均可表示为：

$$S_t^{[1]} = a_1 y_t + a_2 y_{t-1} + \cdots + a_n y_{t-n+1} \tag{5-8}$$

其中，$a_1 > a_2 > \cdots > a_n$ 且 $\sum_{i=1}^{n} a_i = 1$。

若 a_1，a_2，$\cdots$，a_n 呈等比数列，公比为 $\gamma = 1-a$，则权数数列可以表示为：

$$a，a(1-a)，a(1-a)^2 \cdots$$

式（5-8）可表示为：

$$S_t^{[1]} = a y_t + a\gamma y_{t-1} + \cdots + a\gamma^{n-1} y_{t-n+1} \tag{5-9}$$

同样，

$$S_{t-1}^{[1]} = a y_{t-1} + a\gamma y_{t-2} + \cdots + a\gamma^{n-1} y_{t-n} \tag{5-10}$$

由式（5-9）、（5-10）得：

$$S_t^{[1]} = a y_t + \gamma S_{t-1}^{[1]} - a\gamma^n y_{t-n} \tag{5-11}$$

由于 $a\gamma^n y_{t-n}$ 很小，可以忽略不计，于是

$$S_t^{[1]} = a y_t + (1-a) S_{t-1}^{[1]} \tag{5-12}$$

2. 初始值的计算和 a 值的确定

运用指数平滑法有两个关键的问题：一是初始值的估算；二是 a 值的确定。

1）初始值的估算

从上面的数学式中可以看出指数平滑法的一个特点：总是以前一数据作为计算的起点，计算 $S_t^{[1]}$ 时，要求知道 $S_{t-1}^{[1]}$；计算 $S_{t-1}^{[1]}$ 时，又要求知道 $S_{t-2}^{[1]}$。当数据点较多时（例如 20 个以上），因为要经过较长的平滑链，初始值的作用不很大，可以取 $S_0^{[1]} = y_1$；当数据点较少时，初始值对以后的预测值影响较大，就必须仔细研究如何正确确定初始值。一般情况下，以最初几期实际值的平均值作为初始值。

2）a 值的确定

在指数平滑法中，平滑常数 a 是一个关键量。

（1）a 的取值对预测结果的影响

a 的取值决定了数据在平滑处理和预测过程中，新旧数据所占的分配比例，对预测结果具有直接影响。由式（5-12）知：

当 $a=0$ 时，$S_t^{[1]} = S_{t-1}^{[1]}$，即平滑值维持原来的数据不变；

当 $a=1$ 时，$S_t^{[1]} = y_t$，即平滑值等于最新的观察值。

由此可见，a 值越小，过去数据的作用越大，预测值趋向就越平稳，"修匀"效果越显著；a 值越大，近期数据所占的比重越大，对变化的反映越灵敏，但"修匀"效果越不明

显。也就是说，指数平滑法中的 a 值的选择需要平衡这种关系：既要设法修匀数据以消除随机波动造成的误差，又要使最新数据可能反映的变化得到体现。

（2）a 取值与 n 值的关系

在 M 法中，"修匀"效果取决于移平跨度 n 值。比较这两种方法，a 值与 n 值对波动曲线的"修匀"作用在取值方向上正好相反。在移动平均法中，n 值越大，"修匀"效果越显著；而在指数平滑法中，a 值越小，"修匀"效果越显著。在实际的应用中，一般取

$$a = \frac{2}{n+1} \qquad (5-13)$$

（3）a 取值的经验选择

根据一般的经验，a 的取值范围通常是 $0.01 < a < 0.3$，选择时可参照如下的经验判断：

① 当认为初始值可靠程度不高时，则倾向取 a 值偏大；

② 当原始数据波动明显而迅速时，则应取 a 为偏大值（特殊情况下，甚至超过 0.3）；

③ 对于变化波动较小的时间序列，则应取较小的 a 值；

④ 对于长期较稳定，但短期不规则的波动，宜取较小的 a 值。

实际预测时，还可以根据研究人员对研究对象的了解和经验灵活处理。

3. **应用举例**

【例 5-3】　已知某企业 2006 年各月的纳税额如表 5-6 所示，试用指数平滑法预测 2007 年 1 月的纳税额。

表 5-6　某企业 2006 年纳税额　　　　　　　　　　　　　万元

月　份	1	2	3	4	5	6	7	8	9	10	11	12
纳税额	5.25	3.46	2.67	3.25	4.70	5.46	5.18	2.14	4.23	4.62	1.57	4.69

取指数平滑法初值 $S_0 = y_0 = 5.25$，令平滑常数 $a = 0.1$，代入式（5-12）得：

$$S_1 = 5.07$$
$$S_2 = 4.83$$
$$\cdots$$

逐次类推，可求出 $a = 0.1$ 时的各点指数平滑值。为作出比较，再求出 $a = 0.5$ 和 $a = 0.9$ 时各点的指数平滑值。上述计算结果均列入表 5-6 中。

表 5-7　指数平滑值汇总　　　　　　　　　　　　　万元

月　份	1	2	3	4	5	6	7	8	9	10	11	12
$a=0.1$	5.25	5.07	4.83	4.67	4.67	4.75	4.79	4.53	4.50	4.51	4.22	4.27
$a=0.5$	5.25	4.35	3.51	3.38	4.04	4.75	4.97	3.56	3.90	4.26	2.92	3.81
$a=0.9$	5.25	3.64	2.77	3.20	4.55	5.37	5.20	2.45	4.05	4.56	1.87	4.41

从表 5-7 中可以看出，取 $a = 0.1$ 时的平滑结果波动不大，趋势比较稳定，印证了前面提到的 a 取值的选择经验：对于长期较稳定，但短期不规则的波动，宜取较小的 a 值。故本例中取 $a = 0.1$ 时，2006 年 12 月的指数平滑值 4.27 万元作为 2007 年 1 月份纳税的预测值。

5.3.2 二次指数平滑法

一次指数平滑法虽然克服了移动平均法忽略各数据权重差异的缺陷,但当时间序列的变动呈现直线趋势时,用一次指数平滑法预测,仍存在着明显的滞后偏差,需用二次指数平滑法加以修正。所谓二次指数平滑是指对一次指数平滑的序列再进行一次平滑处理,即对原始时间序列数据进行二次指数平滑。其基本公式为:

$$S_t^{[2]} = aS_t^{[1]} + (1-a)S_{t-1}^{[2]} \qquad (5-14)$$

【例5-4】 根据例5-3的数据,可以计算出 $a=0.1$ 时的二次指数平滑值,汇总于表5-8。

表5-8 二次指数平滑汇总　　　　　　　　万元

月　　份	1	2	3	4	5	6	7	8	9	10	11	12
纳税额	5.25	3.46	2.67	3.25	4.70	5.46	5.18	2.14	4.23	4.62	1.57	4.69
一　次	5.25	5.07	4.83	4.67	4.67	4.75	4.79	4.53	4.50	4.51	4.22	4.27
二　次	5.25	5.23	5.19	5.14	5.09	5.06	5.04	4.99	4.94	4.90	4.83	4.77

通过两次指数平滑可以算出平滑系数,从而建立线性时间关系模型:

$$\hat{y}_{t+T} = a_t + b_t \times T \qquad (5-15)$$

式中,

$\hat{y}_{t+T}$——$t+T$ 周期的预测值;

T——由目前周期 t 到需要预测的周期之间的周期数;

a_t,b_t——平滑系数。

其中,a_t,b_t 的计算公式分别为:

$$a_t = 2S_t^{[1]} - S_t^{[2]} \qquad (5-16)$$

$$b_t = \frac{a}{1-a}(S_t^{[1]} - S_t^{[2]}) \qquad (5-17)$$

本例中,$S_{12}^{[1]} = 4.27$,$S_{12}^{[2]} = 4.77$,代入式(5-16)中,$a_{12} = 3.77$;代入式(5-17)中,$b_{12} = -0.056$。

本例中用二次指数平滑法得到的预测模型为:

$$\hat{y}_{12+T} = 3.77 - 0.056T$$

当 $T=1$ 时,可算出 2007 年 1 月的预测值:

$$\hat{y}_{13} = 3.714（万元）$$

5.3.3 三次指数平滑法

如果数据序列的变化趋势带有曲率,使用二次指数平滑法就不能很好地预测对象变化的趋势,这就需要使用三次指数平滑法。三次指数平滑法几乎适用于所有的应用性预测问题,它是对二次指数平滑序列再进行一次平滑处理,即对原始时间序列数据共进行三次指数平滑处理。其基本公式为:

$$S_t^{[3]} = aS_t^{[2]} + (1-a)S_{t-1}^{[3]} \qquad (5-18)$$

【例 5 - 5】　根据表 5 - 6 表示基本数据，可以计算出 $a=0.1$ 时的三次指数平滑值，汇总于表 5 - 9。

表 5 - 9　三次指数平滑汇总　　　　　　　　　　万元

月　　份	1	2	3	4	5	6	7	8	9	10	11	12
纳税额	5.25	3.46	2.67	3.25	4.70	5.46	5.18	2.14	4.23	4.62	1.57	4.69
一　次	5.25	5.07	4.83	4.67	4.67	4.75	4.79	4.53	4.50	4.51	4.22	4.27
二　次	5.25	5.23	5.19	5.14	5.09	5.06	5.04	4.99	4.94	4.90	4.83	4.77
三　次	5.25	5.25	5.24	5.23	5.22	5.20	5.16	5.16	5.14	5.12	5.09	5.06

通过三次指数平滑可以算出平滑系数，从而建立非线性时间关系模型：

$$\hat{y}_{t+T} = a_t + b_t \times T + c_t \times T^2 \qquad (5-19)$$

其中三个平滑系数的计算公式为：

$$a_t = 3S_t^{[1]} - 3S_t^{[2]} + S_t^{[3]} \qquad (5-20)$$

$$b_t = \frac{a}{2(1-a)^2}[(6-5a)S_t^{[1]} - 2(5-4a)S_t^{[2]} + (4-3a)S_t^{[3]}] \qquad (5-21)$$

$$c_t = \frac{a^2}{2(1-a)^2}(S_t^{[1]} - 2S_t^{[2]} + S_t^{[3]}) \qquad (5-22)$$

本例中，$S_{12}^{[1]} = 4.27$，$S_{12}^{[2]} = 4.77$，$S_{12}^{[3]} = 5.06$，代入式（5 - 20）中，$a_{12} = 3.56$；代入式（5 - 21）中，$b_{12} = -0.104$；代入式（5 - 22）中，$c_{12} = -0.001\,3$。

由此得到三次指数平滑法的预测模型为：

$$\hat{y}_{12+T} = 3.56 - 0.104T - 0.001\,3T^2$$

当 $T=1$ 时，可算出 2007 年 1 月的预测值：

$$\hat{y}_{12+T} = 3.45（万元）$$

5.4　趋势外推法

在经济社会系统的渐变性发展过程中，往往存在某种长期趋势，用适当的方法测定这个趋势，并将其以一个合适的曲线方程表现出来，作为外推预测的依据，是统计预测研究的基本方法之一。趋势外推法就是用来测定这种趋势的，它力图把握事物发展中的基本规律，在分析归纳历史数据和现时数据的基础上，建立起时间参数模型来反映某一变化的发展规律，然后依据此模型进行时间外推，推断未来的发展趋势或预测将来可能出现的事件。

趋势外推预测是基于如下两个假设：①影响预测对象过去发展的因素在很大程度上也将决定其未来走向；②预测对象的发展过程不是一个突变的过程，而是一个渐变过程。

利用趋势外推法需要解决两个问题：一是找到合适的曲线方程；二是确定趋势曲线方程中的参数。常见的趋势外推法有线性趋势外推法、二次曲线法、指数曲线法、生长曲线法等。

5.4.1 线性趋势外推法

线性趋势外推法是指在以时间为横坐标的坐标系中，事物变化的参数分布接近于一条直线，可以根据这条直线来推断未来某一时间范围内的变化情况。

线性趋势外推法的公式为：

$$y = a + bt \qquad\qquad (5-23)$$

式中，

　　y——描述事物发展的参数；

　　t——时间序列的时间编号；

　$a，b$——待定系数。

可以用最小二乘法原理求出待定系数 $a，b$ 的值，计算公式如下：

$$b = \frac{\sum\limits_{i=1}^{n} t_i y_t - \overline{y} \sum\limits_{i=1}^{n} t_i}{\sum\limits_{i=1}^{n} t_i^2 - \overline{t} \sum\limits_{i=1}^{n} t_i} \qquad\qquad (5-24)$$

$$a = \overline{y} - b\,\overline{t} \qquad\qquad (5-25)$$

其中，$\overline{y} = \dfrac{1}{n} \sum\limits_{i=1}^{n} y_i$，$\overline{t} = \dfrac{1}{n} \sum\limits_{i=1}^{n} t_i$。

时间 t 的编号可以采用不同的方式：

① 从 0 或 1 开始的顺序，如 5 个数据时，t 编号为 0-4 或 1-5；

② 将 $t=0$ 居中的对称编号，如 5 个数据时，t 依次取 -2，-1，0，1，2。

【例 5-6】 表 5-10 中给出了某厂 2002—2006 年产品销售额的数据，将表中数据拟合成直线模型，并预测 2007 年将达到的销售额。

表 5-10　2002—2006 年产品销售额　　　　　　万元

年　份	2002	2003	2004	2005	2006
销售额	30	34	42	54	70

将 t 依次取值为 1，2，3，4，5。则：

$$\overline{y} = 46，\overline{t} = 3$$

代入式（5-24）和式（5-25）得：

$$b = 10$$
$$a = 16$$

所以，它的拟合直线为

$$y = 16 + 10t$$

根据拟合直线求出 2007 年销售额的预测值为：

$$y_6 = 76 \text{（万元）}$$

5.4.2　二次曲线法

二次曲线法是指在以时间为横坐标的坐标系中，事物变化的参数分布呈抛物线形时，可以根据这条抛物线来推断未来某一时间范围内其理论值的变化情况。

二次曲线的公式为：

$$y_t = a + bt + ct^2 \tag{5-26}$$

其中，a，b，c 为待定系数，其数值可以由如下公式给出：

$$a = \frac{\sum_{i=1}^{n} y_i \sum_{i=1}^{n} t_i^4 - \sum_{i=1}^{n} t_i^2 \sum_{i=1}^{n} t_i^2 y_i}{n \sum_{i=1}^{n} t_i^4 - \left(\sum_{i=1}^{n} t_i^2\right)^2} \tag{5-27}$$

$$b = \frac{\sum_{i=1}^{n} t_i y_i}{\sum_{i=1}^{n} t_i^2} \tag{5-28}$$

$$c = \frac{n \sum_{i=1}^{n} t_i^2 y_i - \sum_{i=1}^{n} y_i \sum_{i=1}^{n} t_i^2}{n \sum_{i=1}^{n} t_i^4 - \left(\sum_{i=1}^{n} t_i^2\right)^2} \tag{5-29}$$

【例 5-7】　以表 5-11 中给出的某公司 2001—2006 年的销售额为例，将表中数据拟合成二次曲线，并预测 2007 年将达到的销售额。

表 5-11　2001—2006 年的销售额　　　　　　　　　　　　　　　　　　　万元

年　份	2001	2002	2003	2004	2005	2006
销售额	64	66	72	96	104	156

将表 5-11 中的数据代入式（5-27）、式（5-28）、式（5-29），得

$$a = 54.61$$
$$b = 24.75$$
$$c = 2.53$$

将 a，b，c 的值代入式（5-26）得到该公司销售额的二次曲线模型为：

$$y_t = 54.61 + 24.75t + 2.53t^2$$

根据拟合曲线求出 2007 年销售额的预测值为：

$$y_7 = 351.83 \text{（万元）}$$

5.4.3　指数曲线法

在许多事物的发展过程中，它们的某些特性表现为随时间的推移按指数规律或近似地按

指数规律增长或下降。在纵坐标取对数的半对数坐标系中，表现这一规律的指数曲线将会是一条直线。利用这个特性，将可以很方便地进行趋势外推预测。

已知变量随时间及有关因素增长的数学模型为：

$$\frac{dy}{dt}=ky \qquad\qquad (5-30)$$

式中，

    y——技术特性参数；

    t——时间；

    k——比例常数。

对式（5-30）求解并令 $e^k=b$，得：

$$y=a\times b^t \qquad\qquad (5-31)$$

对式（5-30）两边取常用对数，得：

$$\lg y=\lg a+t\lg b \qquad\qquad (5-32)$$

对于时间序列数据而言，其标准方程为：

$$\sum\lg y=N\times\lg a+\lg b\times\sum t \qquad\qquad (5-33)$$
$$\sum t\lg y=\lg a\times\sum t+\lg b\times\sum t^2 \qquad\qquad (5-34)$$

联立式（5-33）、式（5-34）得方程组，即可求得系数 a，b。如果把时间 t 的原点设在时间序列的中央，则有 $\sum t=0$。上述两式又可简化为：

$$\lg a=\frac{\sum\lg y}{N} \qquad\qquad (5-35)$$

$$\lg b=\frac{\sum t\lg y}{\sum t^2} \qquad\qquad (5-36)$$

设时间点 t 与其相邻的时间点 $t+1$ 对应的值分别为 y_t 和 y_{t+1}，则有：

$$\frac{y_{t+1}}{y_t}=\frac{ab^{t+1}}{ab^t}=b \qquad\qquad (5-37)$$

由此可知，指数曲线的增长率是 b。

在指数曲线的对数形式（见式（5-32））中，若记 $Y=\lg y$，$A=\lg a$，$B=\lg b$，则指数曲线又可转化为直线形式：

$$Y=A+Bt \qquad\qquad (5-38)$$

在普通直角坐标系中，以 y 为纵轴，t 为横轴，或在半对数直角坐标系中以 $\lg y$ 为纵轴，t 为横轴描点作图，就可按直线模型的方法对指数曲线进行模拟和预测。

5.4.4 生长曲线法

生长曲线法是基于对事物发展过程的认识而产生的，它与指数曲线法的不同之处在于：指数曲线法只能拟合事物发展中的一定时期或阶段，不能反映事物发展的全过程，而生长曲线法则用于拟合和说明事物发展的全过程。由于生长曲线的形状大致呈"S"形，故又称为

S 生长曲线或 S 曲线。

对不同领域的观察和研究表明，各种成长过程都具有一些基本的共性，其基本特征一是发展的全过程要经历萌芽、发展、成熟、衰亡等几个阶段；二是发展过程中存在一个上限或极限。除此之外，在实际中又存在着各种各样的具体的生长过程及其动态变化，为了尽可能准确地拟合这些过程及其变化特征，提出了多种不同形式的生长模型，在这里，选择比较有代表性的三种加以介绍，即逻辑曲线法、高柏兹曲线法、饱和指数曲线法。

1. 逻辑曲线法

1）数学模型

美国生物学家和人口学家皮尔（Pearl）通过对生物繁殖和生长过程的大量研究，提出了一个模拟生物生长过程的逻辑曲线，用公式表示为：

$$y = \frac{k}{1 + ae^{-bt}} \tag{5-39}$$

式中参数条件：$k > 0$，$a > 0$，$b > 0$。

2）数学特征

该逻辑曲线有如下数学特征：

① 当 $t \to \infty$ 时，$y \to k$，即 k 是 y 变化的上限；

② 曲线单调，无极值，即没有一阶导数 $y' = 0$ 的点；

③ 存在唯一的拐点，即二阶导数 $y'' = 0$ 对应的点：

$$y = \frac{k}{2}, \quad t = \frac{1}{b}\ln a$$

④ 曲线对于拐点是上、下对称的；

⑤ 通过改变 a 或 b 的数值，可以对它的形状和位置独立地进行控制。b 值可改变曲线的形状（斜率或上升程度），a 值可改变曲线的位置，故 b 是主要影响参数。

3）模型系数的确定

确定系数 k，a，b 的方法有很多种，常用的有线性回归法、三段和值法等。对于这些方法，此处不再赘述。

2. 高柏兹曲线法

1）数学模型

英国统计学家和数学家高柏兹（B. Gompertz）提出了另一个生长曲线模型。其数学表达式为

$$y = ka^{b^t} \tag{5-40}$$

式中：a，b，k 是常系数，t 是时间变量，且有 $k > 0$，$0 < a < 1$，$0 < b < 1$。

这个式子的建立是基于这样一个理论：事物经过发生、发展和成熟三个演变阶段，每个阶段的发展速度又不相同，在发生阶段发展速度较慢，发展阶段的发展速度加快，成熟阶段的发展速度又趋减慢。

2）数学特征

该曲线有如下数学特征：

① 当 $t\to\infty$ 时，$a^{b^t}\to1$，$y\to k$；$t\to-\infty$ 时，$a^{b^t}\to0$，$y\to0$。即 y 值在 $0\sim k$ 之间变化，k 为上限；

② 曲线单调，无极值，即没有一阶导数 $y'=0$ 的点；

③ 存在唯一的拐点，即二阶导数 $y''=0$ 对应的点：

$$y=\frac{k}{\mathrm{e}},t=-\frac{\ln(-\ln a)}{\ln b}$$

④ 由于 $\frac{k}{\mathrm{e}}<\frac{k}{2}$，故高柏兹曲线的拐点位置比逻辑曲线的拐点位置更低，且拐点前后两部分是不对称的；

⑤ $t=0$ 时，$y=ka$，即曲线与 y 轴的交点为 $(0,ka)$。

3）模型系数的确定

确定系数 k，a，b 的方法有很多种，常用的有线性回归法与三段和值法。

（1）线性回归法

① 根据事物发展的规律确定上限 k 值。

② 对曲线进行线性变换。

令 $Y=\ln\left[\ln\left(\frac{y}{k}\right)\right]$，对式（5-40）两边取自然对数，则

$$Y=\ln(\ln a)+(\ln b)t$$

③ 用最小二乘法求出系数。

（2）三段和值法

对式（5-40）两边取常用对数，并令 $Y=\lg y$，$K=\lg k$，$A=-\lg a$，$B=b$，则有：

$$Y=K-AB^t \tag{5-41}$$

在求出 B，A，K 后，即可得到高柏兹曲线的系数 a，b，k。

3. 饱和指数曲线法

1）数学模型

饱和指数曲线的表达式为：

$$y=k-ab^t \tag{5-42}$$

式中：$k>0$，$a>0$，$0<b<1$。

2）数学特征

当 $t=0$ 时，$y=k-a$；当 $t\to\infty$ 时，$y\to0$。即以 $y=k$ 为渐近线，k 为上限。

在上述条件下，式（5-42）中 ab^t 项是一呈下降趋势的指数函数，常数项 k 减去这一下降的曲线值，便得到一条上升且有极限的曲线，即饱和指数曲线，又称为修正指数曲线。

3）模型系数的确定

通常用三段和值法确定模型系数，具体计算方法与逻辑曲线模型系数的三段和值法完全相同。

5.5 时间序列分解法

时间序列分解法的基本思想是将时间序列上构成波动的不同因素分离开来，对各因

素分别进行分析。这种方法有助于说明各种社会经济活动中的数量指标发生变动的分量原因，既有利于准确、定量地预测，又有利于针对实践提出进行控制和管理的举措和建议。

5.5.1 时间序列分解法模型

前面提到时间序列通常是由四个因素构成的，长期趋势分量 T、季节变动分量 S、周期变动分量 C 和随机变动分量 I。

若以 Y_t 表示时间序列值，T_t、S_t、C_t、I_t 分别表示趋势、季节变动、周期变动和随机变动，则时间序列可以分解为以下三种模式。

加法模式：

$$Y_t = T_t + S_t + C_t + I_t \tag{5-43}$$

乘法模式：

$$Y_t = T_t \times S_t \times C_t \times I_t \tag{5-44}$$

混合模式：

$$Y_t = T_t \times S_t \times C_t + I_t \tag{5-45}$$

在实际预测中最常用的是乘法模式。在该模式中，Y_t，T_t 有相同的单位，其他因素的变化均是比例值。为了求出各因素对时间序列值影响的大小，可分别使用分解出 T_t 与 C_t、从 $S_t \times I_t$ 中分解出 S_t、从 $T_t \times C_t$ 序列中分离出 C_t 的方法得出：

$$M_t = \frac{Y_t + Y_{t-1} + Y_{t-2} + Y_{t-3}}{4} = T_t \times C_t \tag{5-46}$$

$$\frac{Y_t}{M_t} = \frac{T_t \times S_t \times C_t \times I_t}{T_t \times C_t} = S_t \times I_t \tag{5-47}$$

$$\frac{M_t}{T_t} = \frac{T_t \times C_t}{T_t} = C_t \tag{5-48}$$

其中，从 $S_t \times I_t$ 中分解出 S_t 的方法是要将式（5-47）所得系列 $S_t \times I_t$ 逐年逐季排列起来，然后将各年相同季节的 $S_t \times I_t$ 相加进行平均，这样就可以消除 $S_t \times I_t$ 的随机变动因素，同时保留季节变动因素，从而求得各因素对时间序列值的影响。

5.5.2 常用时间序列分解法

利用时间序列分解法进行预测的常用方法有：平均数趋势预测法和季节比率法。

1. 平均数趋势预测法

平均数趋势预测法主要适用于受季节变化影响但变化并不明显的时间序列，是分析具有季节变化的时间序列的最简单的方法。

平均数趋势预测法是先对历年的同月或同季的历史数据求平均数，并利用所求出的平均数，消除其中的趋势成分，求出季节指数，最后建立季节模型进行预测，这种方法仅仅适用于呈稳定增长趋势的情况。

1）求各年同月的平均数

以 r_i 表示各年第 i 月的同月平均数，则：

$$r_i = \frac{1}{n}[y_{(1,i)} + y_{(2,i)} + \cdots + y_{(n,i)}] \tag{5-49}$$

2）求各年的月平均数

以 $\bar{y}_t$ 表示第 t 年的月平均数，则：

$$\bar{y}_t = \frac{1}{12}[y_{(t,1)} + y_{(t,2)} + \cdots + y_{(t,12)}] \tag{5-50}$$

3）建立趋势预测模型，求趋势值

根据各年的月平均数，建立年趋势直线模型。

t 以年为单位，则：

$$T_t = a + bt \tag{5-51}$$

式中，参数 a，b 用最小二乘法求得，时间原点取时间序列的中间年。

t 以月为单位，则：

$$T_t = a_0 + b_0 t \tag{5-52}$$

式中，$a_0 = a + \frac{b}{24}$，$b_0 = \frac{b}{12}$，以 7 月份为新原点。

4）求季节指数

先计算同月平均数与原点年该月的趋势值的比值 f_i，再消除随机干扰，经修正后可得季节指数 F_i。

$$f_i = \frac{r_i}{T_i} \tag{5-53}$$

$$F_i = q \times f_i \quad (q \text{ 为修正系数}) \tag{5-54}$$

5）求预测值

首先，用月趋势直线模型求未来月份的趋势值：$T_t = a_0 + b_0 t$。

接着，利用平均数趋势预测模型求预测值：

$$y_t = (a_0 + b_0 t) F_i \tag{5-55}$$

2. 季节比率法

季节比率法用来分析具有趋势变化和季节变化的时间序列，并在此基础上进行进一步的预测。该方法通过分析数据的趋势变化和季节变动规律，建立趋势变动模型，求出季节系数，然后再用季节系数去修正反映趋势变化的模型。基本步骤如下。

1）计算同季平均值和各季总平均值

同季平均值是历年同季数据之和除以总年数。以 g_i 表示各年第 i 季的同季平均数，则：

$$g_i = \frac{1}{n}[y_{(1,i)} + y_{(2,i)} + \cdots + y_{(n,i)}] \tag{5-56}$$

各季总平均值是历年全部季度总的数据除以总季数，以 G_i 表示各季总平均值，则：

$$G_i = \frac{\sum\limits_{i=1,\, j=1}^{n,\, 4} y_{(i,\, j)}}{4n} \tag{5-57}$$

2）计算季节系数

季节系数 f_i 等于同季平均值与各季总平均值之比，即：

$$f_i = \frac{g_i}{G_i} \tag{5-58}$$

3）计算预测值

以各季的季节平均值分别乘以季节系数即可得到预测值，即：

$$\hat{y}_i = g_i \times f_i \tag{5-59}$$

习题

5-1　简述时间序列的基本特征。

5-2　详细描述时间序列模型的特性。

5-3　某公司 2006 年 1—10 月产品销售量如表 5-12 所示。试分别以 3 个月和 5 个月为移平跨度，预测 11 月份的产量。

表 5-12　公司 1～10 月产品销售量

月　　份	1	2	3	4	5	6	7	8	9	10
销售量/件	4 232	4 560	4 321	4 612	4 624	4 589	4 633	4 627	4 668	4 671

5-4　某厂 1996—2006 年的产品产量如表 5-13 所示。试用一次指数平滑法预测 2007 年的产品产量（取 $a=0.2$，初始值为 13）。

表 5-13　1996—2006 年的产品产量

年　　份	1996	1997	1998	1999	2000	2001	2002	2003	2004	2005	2006
产量/万台	13	14	15	11	16.5	18	12	23	30	37	45

5-5　表 5-14 给出了某公司最近 6 年来的纳税额，用线性趋势外推法将表中数据拟合成直线，并预测 2007 年的纳税额。

表 5-14　2001—2006 年纳税额

年　　份	2001	2002	2003	2004	2005	2006
纳税额/万元	27	30	36	45	57	72

5-6　简述逻辑曲线的数学特征。

5-7　时间序列分解法主要有哪几种方法？

5-8　某图书馆三年来各季接待读者的数据如表 5-15 所示，试用季节比率法预测 2007 年第一季度的读者接待人数。

表 5-15 读者接待人数   万人

年度 \ 季度	1	2	3	4
2004	16.9	8	11.3	8.8
2005	13.5	7.2	11.6	8.4
2006	14	8.2	12.8	8.8

第6章 回归分析预测法

6.1 概述

6.1.1 相关分析与回归分析

众所周知，联系是普遍存在的，事物与事物之间客观存在着各种各样的相互联结、相互制约、相互依存的关系。其中，有的联动关系是以定量形式存在的，就像商品价格与市场供求之间，消费与收入之间，固定资产投资与国民收入增长之间的关系，等等。通过数量分析来研究不同事物和现象之间的联系，以把握其变化和相互作用与影响，对于经济生活中的生产、运营、管理，以及其他社会实践活动，都有着重要的理论意义和实践价值。

各种相关变量之间的关系可以分为两类：一类是确定的函数关系；另外一类是不确定的相关关系。

预测学中的相关回归分析所研究的是不确定的相关关系。这种关系有两个显著特点：第一，变量之间确实存在着联动变化关系。当一个变量发生变化时，会引起另一个变量发生相应的变化。例如，子女的身高在很大的程度上受到父母的身高的影响；第二，变量之间的相关关系是不确定的，具有一定的随机性，而且，通常对因变量产生影响的自变量不止一个，例如，孩子的身高不仅受父母的影响，还会受到后天的营养情况、体育锻炼情况、睡眠时间等因素的影响。

相关回归分析预测法，又称为回归分析法，就是从各种现象之间的因果关系出发，通过对与预测对象有联系的事物或现象的变动趋势进行分析，进而推算预测对象的未来数量状态的一种预测方法。具体来说，就是采取适当的方式，根据散布的数据点求出理想的回归直线或曲线，建立起确定的回归方程以进行预测。实际信息研究工作中，在应用回归分析法之前，一般先进行相关分析，相关分析的任务是判断两个或两个以上的变量之间是否存在着相关关系，以及相关的密切程度。也就是说，相关分析是前提，在相关分析的基础上拟合出回归模型，进而进行推算和做出预测。

6.1.2 回归分析的类型

回归分析是一种非常重要的定量分析方法，在预测分析中占有十分重要的地位。按照不同的标准，可以将回归分析分为不同的类型。

1. 根据回归模型中自变量的数量划分

可以分为一元回归模型和多元回归模型。一元回归模型是指与因变量对应的只有一个自变量；多元回归模型则是指与因变量对应的有一个以上的自变量。

2. 根据回归模型是否有线性特征划分

可以分为线性回归模型和非线性回归模型。线性回归模型是指因变量与自变量之间的联动关系是直线型的；非线性回归模型是指因变量与自变量之间的变动关系是曲线型的。

3. 根据自变量分布与时间的关系划分

1）与时间无关的相关关系

在这种关系中，变量之间的相关关系与时间无关。例如，车间的生产效率在一定时期内主要与生产技术相关。虽然站在历史的角度上看，随着时代的发展和技术的演进，生产效率会随着时间的发展而进步，但在一定时期内，生产效率与生产技术之间存在着显著的相关关系，而与时间无关。

2）有时间滞后性的相关关系

在这种关系中，自变量与因变量的联动变化关系有一个时间差。例如，一个装饰材料生产商发现，某一个季度的装饰材料销售量与他所在营业地区的若干个季度前所颁发的房屋建筑许可证的数目之间有显著的相关关系。

3）时间序列关系

在这种关系中，时间成为自变量，因变量与时间的相关关系服从一定的函数分布，也可以说因变量自身随着时间的变化而呈现出一定的变化规律和发展趋势。例如，一年之中某地区的降水量，就随着月份的变化而呈现出一定的规律。

4. 根据回归模型是否带虚拟变量划分

可以分为普通回归模型和带虚拟变量的回归模型。普通回归模型是指自变量都是数量变量；带虚拟变量的回归模型是指自变量中既有数量变量又有品质变量。例如，农作物的单位产量不仅受施肥量、降水量等数量变量的影响，还会受到地势、土质、政府政策等品质变量的影响。

本章将详细介绍一元线性回归预测法、多元线性回归预测法，并对非线性回归预测法进行简要介绍。

6.1.3 一般回归模型和回归分析的基本步骤

1. 一般回归模型

线性回归模型是回归分析预测中的基础模型，许多非线性回归模型也要通过适当的变换（取对数、变量替换等），使之转换为线性模型。线性回归模型的一般形式为：

$$y_i = a + b_1 x_{1i} + b_2 x_{2i} + \cdots + b_k x_{ki} + u_i \quad (i=1, 2, \cdots, n) \quad\quad (6-1)$$

式中，

y_i——第 i 组因变量；

k——自变量的数目；

u_i——第 i 组随机误差项；

n——样本容量；

x_{1i}，x_{2i}，$\cdots$，x_{ki}——自变量；

a，b_1，b_2，$\cdots$，b_k——回归模型参数。

随机误差项 u_i 是第 i 组观测值中 y_i 的实际数据和由方程所得的估计值 y'_i 之差。事物之间的联系十分复杂，很难用有限数量的变量和确定的函数形式来准确反映和描述，所以需要设置随机误差项。造成随机误差的可能原因包括：

① 自变量没有充分包含所有的影响因素；

② 变量数据中存在某种程度的误差；

③ 模型与现实的偏离而造成的误差；

④ 其他随机因素造成的误差。

2. 回归分析的一般步骤

1）根据对客观现象的定性认识初步判断现象之间的相关性

根据一定的理论和实践经验，对事物和现象进行定性分析，以判断变量之间是否具有相关关系，并判断相关关系的大致类型。这一步骤是进行相关分析的理论基础和重要前提，否则很可能会使进一步得出的模型没有实际应用意义。

如果经过初步分析，认为两个变量之间不存在相关关系，则不能使用回归分析法进行预测；如果预测人员经研究发现，用一个以上的解释变量才能保证预测的有效性，那就应该采用多元回归分析法进行预测；如果分析后发现变量的关系是非线性的，就应该进行非线性回归分析。

2）绘制散点图

根据收集到的数据，利用直角坐标系把变量间相对应的值用坐标点的形式描绘出来，根据数据点分布的形态判断变量间相关关系的类型，以初步推测回归模型。

3）进行回归分析，拟合出回归模型

如果上面的分析表明变量之间存在着明显的相关关系，就可以进行回归分析，进而确定回归关系的类型，初步计算出回归模型。

因为计算回归模型时与假设检验、相关性检验等过程中所需要的数据有一些是相同的，因此，在拟合回归模型的过程中，也要为下一步不同类型检验的计算做出必要准备。

4）对回归模型进行检验

通常包括以下 5 部分的检验内容。

① 经济意义检验：检验回归模型的参数在经济意义上的合理性。

② 拟合优度检验：说明回归模型对于样本观测值的拟合程度，主要是计算相关系数以判断变量间的相关程度。

③ 相关系数的显著性检验：根据观测值的组数和给定的显著性水平，判断相关系数是否具有显著性，即判断相关系数分析的有效性。

④ 自相关检验：检验观测值是否存在序列相关或自相关，如果存在，则不宜用回归法进行分析预测。

⑤ 异方差检验：检验每组观测值受随机因素影响的程度是否相同，即检验随机误差项

u_i 是否具有相同的方差。

  5）进行回归预测

  如果通过分析确定回归模型能够有效地反映变量之间的相关关系，就可以利用该模型进一步做出预测了。

  事物之间相互联结、相互影响的关系十分普遍，任何事物的发展变化都受制于各种复杂因素的作用，同时又影响着其他事物的发展。所以，利用这种普遍存在的相关关系进行分析和预测，有着十分重要的价值。通过相关分析，明确事物之间的相关关系，把事物发展变化的主要影响因素找出来，再利用回归分析拟合出适当的回归模型用以分析和预测，是信息分析预测工作的重要手段。

  当然，任何方法都有其自身的局限性。回归分析法的局限性之一就是需要大量的数据。实际工作中，数据量的多少又取决于任务的性质、经费的多少、工作条件等诸多因素。一般而言，可靠的预测至少需要 20～50 组观测值。此外，回归分析法的计算量和资料储存的工作量也都是非常大的，而且一旦获得新的数据点，就要重新计算回归方程。再者，回归分析法赋予每一组数据的权值都是一样的，所以无法强调重点区间的数据影响，也不能突出新近数据所可能包含的新的变动、新的趋势，从而使预测结果的价值受到限制。

6.2 一元线性回归分析与预测

6.2.1 一元线性回归分析数学模型

  一元线性回归方程的一般形式为：

$$y_i = a + bx_i + u_i \qquad\qquad (6-2)$$
$$y'_i = a + bx_i \qquad\qquad (6-3)$$

式中，

  y_i——第 i 组被解释变量的实际值；

  x_i——第 i 组数组的解释变量；

  y'_i——根据回归方程推算出来的第 i 组被解释变量的估计值；

 $a，b$——回归模型参数；

  u_i——第 i 组随机误差项。

  式（6-2）用以完整地表示解释变量和被解释变量之间的相关关系，但该模型主要在理论上存在，通过有限样本是无法求得的。我们只能通过有限的样本对总体做出推测，求出回归方程式（6-3）以用于分析和预测。式（6-3）的解释变量没有包含的影响因素及其他随机因素的影响都作为随机误差项 u_i 而存在，在计算中表现为 u_i，即被解释变量的实际值与估计值的差。

  参数的估计方法通常有两种：最小二乘法和最大似然估计。其中最常用的是最小二乘法（Ordinary Least Squares，OLS）。最小二乘法要求各散点到回归直线的垂直距离的平方和最小，也就是要求随机误差的平方和最小，即：

$$\sum u_i^2 = \sum (y_i - y'_i)^2 = 最小值$$

也就是：

$$\sum (y_i - a - bx_i)^2 = 最小值$$

由微分学的极值原理可知，当 $\sum (y_i - y_i')^2$ 分别对 a 和 b 的一阶偏导数为零时，其数值可以达到最小。通过数学推导可以得出标准方程组：

$$\begin{cases} \sum y_i = na + b\sum x \\ \sum x_i y_i = a\sum x_i + b\sum x_i^2 \end{cases}$$

利用这个方程组可以求出参数 a 和 b：

$$b = \frac{n\sum x_i y_i - \sum x_i \sum y_i}{n\sum x_i^2 - (\sum x_i)^2} \qquad (6-4)$$

$$a = \bar{y} - b\bar{x} \qquad (6-5)$$

式中，

$\bar{y}$——被解释变量的平均值；

$\bar{x}$——解释变量的平均值。

将 a 和 b 的值代入式（6-3）就求出了回归方程。

另外也可以用离差形式的公式来计算参数 a 和 b：

$$b = \frac{\sum (x_i - \bar{x})(y_i - \bar{y})}{\sum (x_i - \bar{x})^2} \qquad (6-6)$$

$$a = \bar{y} - b\bar{x} \qquad (6-7)$$

【例 6-1】　表 6-1 列出了某市 1997—2006 年，居民收入和居民食品消费支出的资料。试根据此表对该城市居民收入与食品支出的关系进行回归分析，并预测 2007 年居民收入为 42 亿元时的食品消费支出。

表 6-1　居民收入和食品消费支出表

年　份	居民收入 x/亿元	食品消费支出 y/亿元
1997	20	2.48
1998	22	2.58
1999	24	2.88
2000	27	2.88
2001	29	3.08
2002	31	2.88
2003	30	2.98
2004	34	3.38
2005	37	3.58
2006	40	3.88
合　计	294	30.6

① 首先，对预测对象进行简略的分析。观察表中数据，可以看出两个变量同时呈现出较平稳的增长趋势。有可能存在线性相关关系。

② 进一步利用散点图来判断两个变量之间有无相关关系及其相关关系类型。根据散点图（见图 6-1）能够进一步看出 x 和 y 的分布呈线性相关，可以进行回归分析。

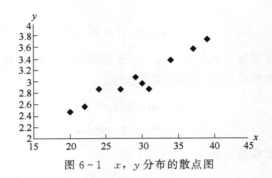

图 6-1　x，y分布的散点图

③ 根据表 6-1 给出的资料进行计算，确定回归方程。计算资料如表 6-2 所示。

表 6-2　回归参数计算表

年　份	居民收入 x/亿元	食品消费支出 y/亿元	xy	x^2
1997	20	2.48	49.6	400
1998	22	2.58	56.76	484
1999	24	2.88	69.12	576
2000	27	2.88	77.76	729
2001	29	3.08	89.32	841
2002	31	2.88	89.28	961
2003	30	2.98	89.4	900
2004	34	3.38	114.92	1 156
2005	37	3.58	132.46	1 369
2006	40	3.88	155.2	1 600
合　计	294	30.6	923.82	9 016

将表 6-2 中计算出的数据代入式（6-4）：

$$b=0.065$$

将表 6-2 中计算出的数据代入式（6-5）：

$$a=1.15$$

回归直线方程为：

$$y=1.15+0.065x$$

回归系数 b 为 0.065，表明当居民收入增加 1 亿元时，用于食品的消费支出将会增加0.065 亿元。

6.2.2　一元线性回归模型假设与检验

1. 一元线性回归模型的假设

一元线性回归模型的建立要求满足若干假设条件，以保证模型的统计性质及其有效性。这些假设条件包括如下 5 项。

① 随机误差项 u_i 的数学期望（均值）为零，即：

$$E(u_i)=0 \quad (i=1, 2, \cdots, n)$$

相当于

$$E(y_i - y_i') = 0 \quad (i=1, 2, \cdots, n)$$

式中，$E(u_i)$——随机误差项 u_i 的数学期望。

② 各随机误差项 u_i 具有相同的方差——σ^2。σ^2 为一常数，与观测值的组数 i 无关，每组预测值受随机因素影响的程度相同，即：

$$D(u_i) = \sigma_{u_i}^2 = \sigma^2 \quad (i=1, 2, \cdots, n)$$

式中，$D(u_i)$ 与 $\sigma_{u_i}^2$——随机误差项 u_i 的方差。

③ 不同的随机误差项 u_i 与 u_j 之间没有相关关系，即：

$$\text{cov}(u_i, u_j) = 0 \quad (i \neq j; \ i=1, 2, \cdots, n; \ j=1, 2, \cdots, n)$$

式中，$\text{cov}(u_i, u_j)$——随机误差项 u_i 与 u_j 的协方差。

④ 随机误差项 u_i 与解释变量 x_i 之间不相关，也就是说，随机误差是解释变量所无法解释的，即：

$$\text{cov}(x_i, u_i) = 0 \quad (i=1, 2, \cdots, n)$$

⑤ 随机误差项 u_i 服从正态分布，即：

$$u_i \sim \text{N}(0, \sigma^2) \quad (i=1, 2, \cdots, n)$$

式中，$\text{N}(0, \sigma^2)$——正态分布；

$\qquad$ 0——随机误差项 u_i 的期望值 $E(u_i)$；

$\qquad$ σ^2——随机误差项 u_i 的方差。

一元线性回归模型只有满足以上 5 项假设条件，才可以用于分析和预测，并具有实用价值。

2. 经济意义检验

经济意义检验是要检验回归模型的参数在经济意义上的合理性，主要是根据经济理论和实际经验对模型参数进行判断，检查参数的符号和大小是否符合实际情况。经济意义检验是一项最基本的检验，如果通不过此项检验，就没有必要进行其他的检验和分析，更不能将模型用于预测。

【例 6 - 2】 对例 6 - 1 中拟合出的回归模型进行经济意义检验。

（1）对模型参数的符号进行检验

模型参数 b 为 0.065，符号为正，意味着居民收入的增加会引起居民食品消费支出的增加，这是符合实际的。

（2）对参数的大小进行检验

参数参数 b 为 0.065，意味着居民收入每增加 1 亿元，居民食品消费支出会相应地增加 0.065 亿元，根据后面相关系数的计算结果（参见例 6 - 3），这是大体上符合实际的。

3. 拟合优度及相关系数检验

拟合优度用来说明回归模型对样本预测值的拟合程度，在相关回归分析中，一般采用计算相关系数的办法来分析拟合优度。相关系数是表明解释变量 x 和被解释变量 y 之间是否具有相关关系，以及相关程度的指标，同时，也可以说明回归模型的拟合优度及模型是否具有应用价值。

相关系数的计算关系到三种方差。

1）总方差

即被解释变量自身的方差，表明了被解释变量自身与期望值的偏离程度。其计算公式为：

$$\sigma_{y-\overline{y}}^2=\frac{\sum(y_i-\overline{y})^2}{n} \tag{6-8}$$

2）剩余方差

剩余方差表明观测值或原始数据点 $(x_i，y_i)$ 与拟合出来的回归直线 $y=a+bx$ 的离散程度。其计算公式为：

$$s_{y-y'}^2=\frac{\sum(y_i-y_i')^2}{n} \tag{6-9}$$

3）估计值方差

估计值方差表明拟合出来的回归直线上的各理论值与期望值的偏离程度。其计算公式为：

$$\sigma_{y'-\overline{y}}^2=\frac{\sum(y_i'-\overline{y})^2}{n} \tag{6-10}$$

以上三种方差的关系如图6-2所示。

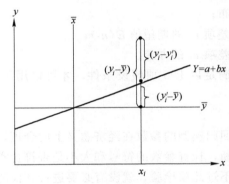

图6-2 方差分析图

即：

$$\sigma_{y-\overline{y}}^2=s_{y-y'}^2+\sigma_{y'-\overline{y}}^2$$

也就是：

$$\frac{\sum(y_i-\overline{y})^2}{n}=\frac{\sum(y_i-y_i')^2}{n}+\frac{\sum(y_i'-\overline{y})^2}{n}$$

或者：

$$\sum(y_i-\overline{y})^2=\sum(y_i-y_i')^2+\sum(y_i'-\overline{y})^2$$

由此可见，被解释变量自身的方差或者说总方差等于剩余方差与估计值方差之和。也可以理解为，总方差可以分为剩余方差和估计值方差两部分。在总方差一定的前提下，剩余方差越小则估计值方差越大；剩余方差越大，则估计值方差越小。剩余方差反映了原始数据点与回归直线的密切程度，剩余方差越小，回归直线的代表性越高；剩余方差越大，原始数据点越偏离回归直线，回归直线的拟合度越差。

相关系数就是用总方差中估计值方差所占比重的平方根来说明解释变量与被解释变量的相关程度的。其计算公式为：

$$R = \sqrt{\frac{\sum (y_i' - \overline{y})^2}{\sum (y_i - \overline{y})^2}} \tag{6-11}$$

由于在回归分析的计算中，一般只计算剩余方差而不计算估计值方差，所以相关系数的一般计算公式为：

$$R = \sqrt{\frac{\sum (y_i - \overline{y})^2 - \sum (y_i - y_i')^2}{\sum (y_i - \overline{y})^2}}$$
$$= \sqrt{1 - \frac{\sum (y_i - y_i')^2}{\sum (y_i - \overline{y})^2}} \tag{6-12}$$

一般情况下，通过相关系数判断变量间相关程度的标准如下：

① 当 $R = 0$ 时，x 和 y 不相关或者不存在线性相关关系；

② 当 $0 < |R| \leqslant 0.3$ 时，x 和 y 为微弱相关；

③ 当 $0.3 < |R| \leqslant 0.5$ 时，x 和 y 为低度相关；

④ 当 $0.5 < |R| \leqslant 0.8$ 时，x 和 y 为中度相关；

⑤ 当 $0.8 < |R| < 1$ 时，x 和 y 为高度相关；

⑥ 当 $R = 1$ 时，x 和 y 完全相关，即所有的数据点都分布在回归直线上。

相关系数还有一种计算方法：积差法。该方法是利用解释变量和被解释变量的离差乘积和离差平方来计算的，计算公式如下：

$$R = \frac{\frac{\sum (x_i - \overline{x})(y_i - \overline{y})}{n}}{\sqrt{\frac{\sum (x_i - \overline{x})^2}{n}} \sqrt{\frac{\sum (y_i - \overline{y})^2}{n}}}$$
$$= \frac{\sum (x_i - \overline{x})(y_i - \overline{y})}{\sqrt{\sum (x_i - \overline{x})^2 \cdot \sum (y_i - \overline{y})^2}} \tag{6-13}$$

【例 6-3】 对例 6-1 中的回归模型进行显著性检验，即计算相关系数。

根据该市居民收入和居民食品消费支出的资料计算两者之间的相关系数。计算方法如表 6-3 所示。

表 6-3 相关系数计算表

年 份	居民收入 x_i	消费支出 y_i	估计值 y_i'	$(y_i - y_i')^2$	$(y_i - \overline{y})^2$	$(x_i - \overline{x})^2$
1997	20	2.48	2.450	0.001	0.336	88.36
1998	22	2.58	2.580	0.000	0.230	54.76
1999	24	2.88	2.709	0.029	0.032	29.16
2000	27	2.88	2.904	0.001	0.032	5.76
2001	29	3.08	3.034	0.002	0.000	0.16
2002	31	2.88	3.164	0.081	0.032	2.56

年　份	居民收入 x_i	消费支出 y_i	估计值 y_i'	$(y_i-y_i')^2$	$(y_i-\bar{y})^2$	$(x_i-\bar{x})^2$
2003	30	2.98	3.099	0.014	0.006	0.36
2004	34	3.38	3.359	0.000	0.102	21.16
2005	37	3.58	3.553	0.001	0.270	57.76
2006	40	3.88	3.748	0.017	0.672	112.36
合　计	294	30.6	—	0.146	1.716	372.4

将表6-3中的数据代入式（6-12），则有：

$$R=0.957$$

由此可见该市居民收入和居民食品消费支出之间为正相关关系，且高度相关。

4. 相关系数的显著性检验

相关系数是一元线性回归模型中用来衡量解释变量和被解释变量之间相关程度的指标。一般说来，相关系数越大，说明两个变量之间的关系越密切。但是对于相关系数的绝对值要达到什么程度才能说两个变量之间的相关关系是显著的，则随观测值组数不同和所要求的显著性水平不同，有着不同的衡量标准。只有根据具体的条件和要求对相关系数进行显著性检验，才能判断其是否具有显著相关性。具体检验步骤如下。

① 计算出相关系数 R。

② 查出相关系数的临界值 $R_\alpha(n-2)$。

根据回归模型中的观测值组数 n 确定自由度 $(n-2)$，给定显著性水平 α（例如，当取 $\alpha=0.05$ 时，置信要求为 0.95），从相关系数临界值表中查出临界值 $R_\alpha(n-2)$。

③ 比较 R 和 $R_\alpha(n-2)$。

若 $|R| \geqslant R_\alpha(n-2)$，则说明两变量之间的相关关系显著，可以通过检验；若 $|R| \leqslant R_\alpha(n-2)$，则说明两变量之间的相关关系不显著，不能通过检验，这时拟合出的回归模型就不能用于预测，应进一步分析具体原因，对模型进行修整或重新拟合。

【例6-4】 对例6-1和例6-3中的拟合优度检验中的相关系数进行显著性检验。

由上面的计算已知 $R=0.957$，查相关系数显著性检验表得 $R_{(0.05)} \times (10-2)=0.632$，进一步进行比较：$|R| > R_{(0.05)} \times (10-2)$，这显示该地区的居民收入和居民食品消费支出之间的相关关系显著，检验通过。

5. 自相关检验

一元线性回归模型假设随机误差项 u_i 和 u_j 之间不存在相关关系（即不存在序列相关或自相关），$\text{cov}(u_i, u_j)=0$，$(i \neq j)$。若回归模型不满足这一假设条件，就会得出无效的回归参数和统计检验结果，致使预测结果不准确甚至错误，因此需要对回归模型进行自相关检验。此处只介绍一种最常用的检验方法：DW 检验（Durbin - Watson 检验），这种检验只适用于检验一阶自相关的情形，当模型存在滞后的被解释变量时，则不适用。

设随机误差项 u_i 一阶自相关，用公式表示为：

$$u_i=\rho u_{i-1}+\nu_i \tag{6-14}$$

式中，

　　ρ——u_i 的自相关系数，$|\rho| \leqslant 1$；

ν_i——u_i 自相关模型的随机误差项。

DW 检验步骤如下。

① 提出原假设 H_0：$\rho=0$，即 u_i 不具有一阶自相关形式。

备择假设 H_1：$\rho\neq0$，即 u_i 具有一阶自相关形式。

② 计算统计量 DW：

$$DW=\frac{\sum_{i=2}^{n}(u'_i-u'_{i-1})^2}{\sum_{i=1}^{n}(u'_i)^2} \tag{6-15}$$

式中，u'_i——u_i 的估计值。

当样本足够大时，有：

$$DW\approx2(1-\rho) \tag{6-16}$$

对于式（6-16）：

- 当 $\rho=0$，即 u_i 不存在自相关时，DW=2；
- 当 $\rho=1$，即 u_i 完全正自相关时，DW=0；
- 当 $\rho=-1$，即 u_i 完全负自相关时，DW=4。

③ 查 DW 检验临界值表：根据显著性水平 α，观测值的组数 n 和解释变量个数（一元线性回归中为 1），查 DW 检验临界值表，得出相应的临界值 d_L（下限值）和 d_U（上限值）。

④ 比较判断。

表 6-4　DW 检验差别表

DW 值	检 验 结 果
$0<DW<d_L$	拒绝原假设，u 存在正自相关
$d_L\leqslant DW\leqslant d_U$	不能确定 u 是否存在自相关
$d_U<DW<4-d_U$	接受原假设，u 无自相关
$4-d_U\leqslant DW\leqslant 4-d_L$	不能确定 u 是否存在自相关
$4-d_L<DW<4$	拒绝原假设，u 存在负自相关

从表 6-4 可以看出，DW 检验的最大弊端是存在着无结论区域。无结论区域的大小与观测值组数 n 及解释变量的个数 m 有关。当 n 一定时，m 越大，检验的无结论区域就越大；m 越小，无结论区域就越小。如果 DW 统计量落在了该区域，就无法判断回归模型是否存在自相关。遇到这种情况，需要增加样本容量，重新计算 DW 统计量，然后再进行检验，或者利用其他方法进行自相关检验，否则就无法运用回归模型进行预测。

【例 6-5】　对例 6-1 至例 6-4 中的随机变量进行自相关检验，计算结果如表 6-5 所示。

表 6-5　自相关检验计算表

y	y'	u_i	u_i^2	u_i-u_{i-1}	$(u_i-u_{i-1})^2$
2.48	2.449 7	0.030 3	0.000 9		
2.58	2.579 5	0.000 5	0.000 0	−0.029 9	0.000 9
2.88	2.709 4	0.170 6	0.029 1	0.170 1	0.028 9

y	y'	u_i	u_i^2	$u_i - u_{i-1}$	$(u_i - u_{i-1})^2$
2.88	2.904 2	−0.024 2	0.000 6	−0.194 8	0.037 9
3.08	3.034 0	0.046 0	0.002 1	0.070 1	0.004 9
2.88	3.163 9	−0.283 9	0.080 6	−0.329 9	0.108 8
2.98	3.099 0	−0.119 0	0.014 2	0.164 9	0.027 2
3.38	3.358 7	0.021 3	0.000 5	0.140 3	0.019 7
3.58	3.553 5	0.026 5	0.000 7	0.005 2	0.000 0
3.88	3.748 3	0.131 7	0.017 4	0.105 2	0.011 1
合　计			0.146 0		0.239 5

将表 6-5 中的数据代入式（6-16），有：

$$DW = 1.640\ 5$$

本例中，$a=0.05$，$n=10$，$m=2$，DW 检验表自由度最小为 15，所以只能取 $a=0.05$，$n=15$，$m=2$ 时的临界值，则：$d_L=1.08$，$d_U=1.36$。

可见，$d_U < DW < 4 - d_U$，即在本例中随机误差项 u_i 不存在自相关，得出的回归模型是有效的，可以用相关回归法进行分析和预测。

6. 异方差检验

在一元线性回归的基本假设中，要求各随机误差项 u_i 具有相同的方差的 σ^2，σ^2 为一常数，与观测值的组数 i 无关，每组预测值受随机因素影响的程度相同，即：

$$D(u_i) = \sigma^2 \quad (i=1, 2, \cdots, n) \tag{6-17}$$

如果随机误差项 u_i 不符合这一假设，则称 u_i 具有异方差性。例如，为了研究家庭收入与储蓄的关系，可以建立以下回归模型：

$$y_i = a + bx_i + u_i \tag{6-18}$$

式中，

　　y_i——第 i 户的储蓄；

　　x_i——第 i 户的收入；

　　u_i——随机误差项。

该模型中，随机误差项 u_i 就具有异方差性，高收入家庭的储蓄变动倾向比低收入家庭的储蓄变动倾向大得多。原因是低收入家庭在必要支出后剩余较少，因此其储蓄行为比较有规律，差异性较小。而高收入家庭在必要支出外剩余较多，有更多的选择余地，所以，储蓄的差异性较大。由此，对该储蓄回归模型来说，随机误差项 u_i 具有异方差性。

若随机误差项具有异方差性，就会得出无效的回归参数和统计检验结果，致使预测结果不准确甚至错误，因此需要对回归模型进行异方差检验。检验异方差的方法有很多种，包括：图示检验、Goldfeld-Quandt 检验、戈里瑟（GleiseR）检验和帕克（PaRk）检验等。这里只介绍图示检验法中的 $u^2 - x$ 散点图方法。

在求出一元线性回归模型之后，就可以计算出 u_i^2，$u^2 = (y_i - y_i')^2$，然后绘制 $u^2 - x$ 散点图。若散点图的分布呈斜率为零的直线，就说明随机误差项 u_i 不具有异方差性；否则，

就认为 u_i 具有异方差性。常见的 $u^2 - x$ 散点图形式如图 6-3 所示。

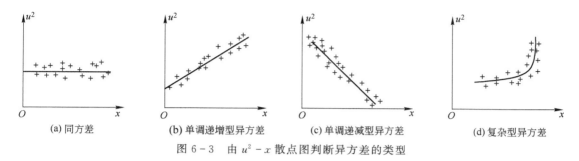

图 6-3　由 $u^2 - x$ 散点图判断异方差的类型

【例 6-6】　利用已有数据资料对例 6-5 进行异方差检验，即检验随机误差项是否具有相同的方差，以分析每组观测值受随机因素的影响程度是否相同。

根据表 6-5 的数据和解释变量 x_i 的数据资料，绘制散点图 6-4。

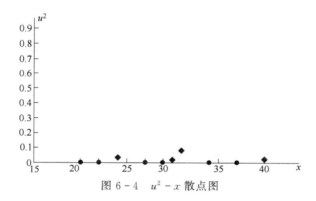

图 6-4　$u^2 - x$ 散点图

图 6-4 中散点分布形状是斜率为零的直线，说明该回归模型中的随机误差项是同方差的，已经计算出的回归模型参数和统计检验结果是有效的。

6.2.3　回归分析法预测及置信区间

拟合出回归方程，并通过各项检验之后，就可以对被解释变量 y 进行估计和预测了，而且可以根据需要，给出一个在一定概率保证程度下的回归估计的置信区间，确定预测值的波动范围。

由于一般情况下拟出的回归方程的相关系数都不是 100%，而且回归方程是在过去样本的基础上推算出来的，所以预测出的结果不会是 100% 精确。因为 x 和 y 之间是一种不完全的相关关系，那么对于每一个给定的 x 都有多个可能的 y 发生值与之相对应。从理论上讲，y 的这些可能发生值，以用回归方程预测出来的 y' 为中心形成正态分布，而对应每一个给定的 x 值的 y 值形成的正态分布，可以假定它们是同方差的（即 y 分布的方差相同）。这样，就可以在得出按回归方程给出的预测值 y' 和估计标准误差以后，利用标准化正态分布曲线的 t 分布数值表，以一定的概率和自由度查出预测值的置信区间。

置信区间是指在一定的置信要求下（例如，当取 $\alpha = 0.05$ 时，置信要求为 0.95），对于给定的 x 值，它的实际发生值有 [$100 \times (1 - \alpha)\%$] 的可能性落在该区间内时在回归直线两侧划出的置信带。

置信区间上限的计算公式为:

$$y+(t_{a/2,n-k}) \cdot \frac{\sum(y_i-y'_i)^2}{n-k} \cdot \left[1+\frac{1}{n}+\frac{(x-\overline{x})^2}{\sum(x_i-\overline{x})^2}\right] \qquad (6-19)$$

置信区间下限的计算公式为:

$$y-(t_{a/2,n-k}) \cdot \frac{\sum(y_i-y'_i)^2}{n-k} \cdot \left[1+\frac{1}{n}+\frac{(x-\overline{x})^2}{\sum(x_i-\overline{x})^2}\right] \qquad (6-20)$$

式中,

x——给定的解释变量值;

y——用回归方程求出的与 x 对应的被解释变量值;

$(t_{a/2,n-k})$——概率为 $1-\alpha$,自由度为 $n-k$ 时的 t 分布值,一元线性回归时 $k=2$;

$\dfrac{\sum(y_i-y'_i)^2}{n-k}$——估计标准误差。

需要说明的是,因为回归方程是在过去样本的基础上拟合出来的,所以对于给定的解释变量,x 越接近于 $\overline{x}$,置信区间宽度越小,预测越精准有效;x 距离 $\overline{x}$ 越远,置信区间宽度越大,也就意味着利用回归方程预测的能力越差。

【例 6-7】 使用前面例子中拟合出并已经通过各项检验的回归模型进行预测。

利用回归直线和估计标准差预测 2007 年该市居民收入为 42 亿元的食品消费支出,取 $\alpha=0.05$。

居民收入为 42 亿元时的食品消费支出估计值:

$$y=3.878（亿元）$$

当 $\alpha=0.05$ 时,查 t 分布表得 $(t_{0.025}, 8)=3.182$,在前面的计算中已经得出估计标准误差为 0.135,在表 6-3 中计算出 $\sum(x_i-\overline{x})^2=372.4$,代入式 (6-19) 和式 (6-20) 得出:

置信区间上限=4.534（亿元）
置信区间下限=3.222（亿元）

即该市居民收入为 42 亿元时,居民食品消费支出有 95% 的概率在 3.222 亿到 4.534 亿之间。

6.3 多元线性回归分析与预测

6.3.1 多元线性回归分析模型

在信息分析与预测中,研究对象的变化往往是由多个因素引起的,而不是只受单一因素的影响。少数情况下,多个因素能够分出明显的主次,使得研究人员可以研究一个主要影响因素,忽略次要因素的影响,分析被研究对象与主要影响因素之间的相关关系。但在实际工作中,更多情况是一个解释变量往往与多个解释变量有关。研究一个被解释变量与多个解释变量之间的线性相关关系以进行预测的方法,就是多元线性回归分析预测法。一元线性回归分析作为学习和运用回归分析方法的基础，只是回归分析方法中的一种特例。在掌握了一元线性回归分析方法之后，我们还需要进一步学习和讨论多元线性回归的问题。

多元线性回归分析模型的一般形式为：

$$y_i=b_0+b_1x_{1i}+b_2x_{2i}+\cdots+b_{mi}+u_i \quad (i=1,2,\cdots,n) \tag{6-21}$$

$$y'_i=b_0+b_1x_{1i}+b_2x_{2i}+\cdots+b_{mi} \quad (i=1,2,\cdots,n) \tag{6-22}$$

式中，

y_i——被解释变量的实际值；

y'_i——被解释变量的估计值；

x_{ji}——解释变量 $(j=1,2,\cdots,m)$；

u_i——随机误差项，$u_i=y_i-y'_i$；

b_j——回归模型系数 $(j=0,1,\cdots,m)$。

式（6-21）和式（6-22）的关系类同于式（6-2）和式（6-3）之间的关系，这里不再赘述。多元线性回归分析模型的原理与一元线性回归分析模型的原理基本相同，但计算要复杂得多。为了简便计算的需要，引入了矩阵这一数学工具，计算过程则可以借助计算机完成。具体的回归参数的推导与计算过程如下。

将 n 组观测值代入式（6-21）得：

$$\begin{cases} y_1=b_0+b_1x_{11}+b_2x_{21}+\cdots+b_mx_{m1}+u_1 \\ y_2=b_0+b_1x_{12}+b_2x_{22}+\cdots+b_mx_{m2}+u_2 \\ \qquad\qquad\qquad\vdots \\ y_n=b_0+b_1x_{1n}+b_2x_{2n}+\cdots+b_mx_{mn}+u_n \end{cases} \tag{6-23}$$

设

$$Y=\begin{pmatrix} y_1 \\ y_2 \\ \vdots \\ y_n \end{pmatrix}_{n\times1} \quad X=\begin{pmatrix} 1 & x_{11} & x_{21} & \cdots & x_{m1} \\ 1 & x_{12} & x_{22} & \cdots & x_{m2} \\ \vdots & \vdots & \vdots & \ddots & \vdots \\ 1 & x_{1n} & x_{2n} & \cdots & x_{mn} \end{pmatrix}_{n\times(m+1)} \quad B=\begin{pmatrix} b_0 \\ b_1 \\ \vdots \\ b_m \end{pmatrix}_{(m+1)\times1} \quad U=\begin{pmatrix} u_1 \\ u_2 \\ \vdots \\ u_n \end{pmatrix}_{n\times1}$$

则方程组（6-23）可以表示为：

$$\begin{pmatrix} y_1 \\ y_2 \\ \vdots \\ y_n \end{pmatrix}=\begin{pmatrix} 1 & x_{11} & x_{21} & \cdots & x_{m1} \\ 1 & x_{12} & x_{22} & \cdots & x_{m2} \\ \vdots & \vdots & \vdots & \ddots & \vdots \\ 1 & x_{1n} & x_{2n} & \cdots & x_{mn} \end{pmatrix}\begin{pmatrix} b_0 \\ b_1 \\ \vdots \\ b_m \end{pmatrix}+\begin{pmatrix} u_1 \\ u_2 \\ \vdots \\ u_n \end{pmatrix}$$

简写为：

$$Y=X\cdot B+U$$

根据最小二乘法原理，多元线性回归方程应使模型的剩余离差平方和最小：

$$\begin{aligned} Q&=\sum u_i^2 \\ &=\sum(y_i-y'_i)^2 \\ &=\sum(y_i-b_0-b_1x_{1i}-b_2x_{2i}-\cdots-b_{mi}x_{mi})^2 \end{aligned}$$

＝最小值

根据多元函数的极值原理可得：

$$\begin{cases} \dfrac{\partial Q}{\partial b_0} = 2\sum(y_i - b_0 - b_1 x_{1i} - b_2 x_{2i} - \cdots - b_{mi} x_{mi})(-1) = 0 \\ \dfrac{\partial Q}{\partial b_1} = 2\sum(y_i - b_0 - b_1 x_{1i} - b_2 x_{2i} - \cdots - b_{mi} x_{mi})(-x_{1i}) = 0 \\ \qquad\qquad\vdots \\ \dfrac{\partial Q}{\partial b_m} = 2\sum(y_i - b_0 - b_1 x_{1i} - b_2 x_{2i} - \cdots - b_{mi} x_{mi})(-x_{mi}) = 0 \end{cases}$$

化简后得：

$$\begin{cases} nb_0 + b_1\sum x_{1i} + b_2\sum x_{2i} + \cdots + b_m\sum x_{mi} = \sum y_i \\ b_0\sum x_{1i} + b_1\sum x_{1i}^2 + b_2\sum x_{2i}x_{1i} + \cdots + b_m\sum x_{mi}x_{1i} = \sum x_{1i}y_i \\ \qquad\qquad\vdots \\ b_0\sum x_{mi} + b_1\sum x_{1i}x_{mi} + b_2\sum x_{2i}x_{mi} + \cdots + b_m\sum x_{mi}^2 = \sum x_{mi}y_i \end{cases}$$

用矩阵表示为：

$$\begin{pmatrix} n & \sum x_{1i} & \sum x_{2i} & \cdots & \sum x_{mi} \\ \sum x_{1i} & \sum x_{1i}^2 & \sum x_{2i}x_{1i} & \cdots & \sum x_{mi}x_{1i} \\ \vdots & \vdots & \vdots & \ddots & \vdots \\ \sum x_{mi} & \sum x_{1i}x_{mi} & \sum x_{2i}x_{mi} & \cdots & \sum x_{mi}^2 \end{pmatrix} \begin{pmatrix} b_0 \\ b_1 \\ \vdots \\ b_m \end{pmatrix} = \begin{pmatrix} \sum y_i \\ \sum x_{1i}y_i \\ \vdots \\ \sum x_{mi}y_i \end{pmatrix} \tag{6-24}$$

而

$$\begin{pmatrix} n & \sum x_{1i} & \sum x_{2i} & \cdots & \sum x_{mi} \\ \sum x_{1i} & \sum x_{1i}^2 & \sum x_{2i}x_{1i} & \cdots & \sum x_{mi}x_{1i} \\ \vdots & \vdots & \vdots & \ddots & \vdots \\ \sum x_{mi} & \sum x_{1i}x_{mi} & \sum x_{2i}x_{mi} & \cdots & \sum x_{mi}^2 \end{pmatrix} =$$

$$\begin{pmatrix} 1 & 1 & \cdots & 1 \\ x_{11} & x_{12} & \cdots & x_{1n} \\ \vdots & \vdots & \ddots & \vdots \\ x_{m1} & x_{m2} & \cdots & x_{mn} \end{pmatrix} \begin{pmatrix} 1 & x_{11} & x_{21} & \cdots & x_{m1} \\ 1 & x_{12} & x_{22} & \cdots & x_{m2} \\ \vdots & \vdots & \vdots & \ddots & \vdots \\ 1 & x_{1n} & x_{2n} & \cdots & x_{mn} \end{pmatrix}$$

$$\begin{pmatrix} \sum y_i \\ \sum x_{1i}y_i \\ \vdots \\ \sum x_{mi}y_i \end{pmatrix} = \begin{pmatrix} 1 & 1 & \cdots & 1 \\ x_{11} & x_{12} & \cdots & x_{1n} \\ \vdots & \vdots & \ddots & \vdots \\ x_{m1} & x_{m2} & \cdots & x_{mn} \end{pmatrix} \begin{pmatrix} y_1 \\ y_2 \\ \vdots \\ y_n \end{pmatrix}$$

所以矩阵式（6-24）可以表示为：

$$(\boldsymbol{X}^T\boldsymbol{X}) \cdot \boldsymbol{B} = \boldsymbol{X}^T\boldsymbol{Y} \tag{6-25}$$

而回归系数列矩阵 B 的计算公式为：

$$B = (X^T X)^{-1} X^T Y \qquad (6-26)$$

式中，

X^T——矩阵 X 的转置矩阵；

$(X^T X)^{-1}$——矩阵 $(X^T X)$ 的逆矩阵。

【例 6-8】　某地区 A 公司 a 商品近年的销售额统计资料如表 6-6 所示。根据表中资料进行回归分析，建立回归方程。

表 6-6　a 商品销售额统计资料

年　　份	销售额/十万元	居民总收入/百万元	商品单价/元
1997	4.787 5	80	251
1998	5.068 0	82	241
1999	5.011 5	84	249
2000	5.179 5	87	250
2001	5.067 0	88	259
2002	5.011 0	87	258
2003	5.347 5	90	252
2004	5.066 5	91	269
2005	5.291 0	92	259
2006	5.178 5	93	268
合计	51.008 0	874	255 6

该公司通过调查分析，预计 2007 年该地区的居民总收入为 94 000 000 元，商品单价调整为 270 元，请预测 2007 年 a 商品的销售额。

通过对表中数据进行初步分析，发现销售额与居民总收入、商品单价之间呈现出较为一致的联动变化关系。根据经济规律和现实经验，推测销售额与居民总收入、商品单价之间存在线性相关关系，建立模型如下：

$$y'_i = b_0 + b_1 x_{1i} + b_2 x_{2i}$$

式中，

y'_i——a 商品市场销售额；

x_1——该地区居民总收入；

x_2——a 商品单价。

矩阵表达式为：$Y = X \cdot B$

其中：

$$Y = \begin{pmatrix} 4.787\ 5 \\ 5.068\ 0 \\ \vdots \\ 5.178\ 5 \end{pmatrix} \quad X = \begin{pmatrix} 1 & 80 & 251 \\ 1 & 82 & 241 \\ \vdots & \vdots & \vdots \\ 1 & 93 & 268 \end{pmatrix} \quad B = \begin{pmatrix} b_0 \\ b_1 \\ b_2 \end{pmatrix}$$

$$B = (X^T X)^{-1} X^T Y = \begin{pmatrix} 4.960\ 0 \\ 0.056\ 8 \\ \vdots \\ -0.018\ 9 \end{pmatrix}$$

则回归方程为：

$$y'_i = 4.96 + 0.056\ 8 x_1 - 0.018\ 9 x_2$$

6.3.2 多元线性回归分析假设及检验

多元线性回归的基本假设及检验与一元线性回归大体相同，满足这些假设和进行相应检验同样是保证回归模型的有效性及顺利进行预测工作的必要条件。

1. 多元线性回归分析的基本假设

1）基本假设 1

随机误差项 u_i 的期望值（均值）为零，即：

$$E(u_i) = 0$$

2）基本假设 2

随机误差项 u_i 同方差，即：

$$D(u_i) = \sigma^2$$

在多元线性回归分析中，常用估计标准误差 S 作为 σ 的无偏估计量。估计标准误差在对回归系数进行显著性检验，以及利用方程进行区间预测时都会用到，其计算公式为

$$S = \sqrt{\frac{\sum (y_i - y'_i)^2}{n - m - 1}}$$

3）基本假设 3

不同的随机误差项 u_i 和 u_j 之间不存在相关性，即：

$$\mathrm{cov}(u_i, u_j) = 0 \quad (i \neq j; i, j = 1, 2, \cdots, n)$$

4）基本假设 4

随机误差项 u_i 与解释变量之间不存在相关性，即：

$$\mathrm{cov}(x_{ji}, u_i) = 0 \quad (j = 1, 2, \cdots, m; i = 1, 2, \cdots, n)$$

5）基本假设 5

随机误差项 u_i 服从正态分布，即

$$u_i \sim \mathrm{N}(0, \sigma^2) \quad (i = 1, 2, \cdots, n)$$

6）基本假设 6

解释变量 $x_1, x_2, \cdots, x_m$ 之间不存在显著的相关性，即不存在多重共线性。此假设反映在矩阵上表现为 X 必须为行满秩矩阵，进而 $X^T X \neq 0$，此假设是得出回归系数列矩阵 B 的充分必要条件。

2. 多元线性回归分析检验

拟合出多元线性回归方程之后,同样需要对其进行检验以确定模型的质量及是否可以用于预测。多元线性回归方程的检验同一元线性回归方程的检验一样,包括经济意义检验、拟合优度检验、相关系数显著性检验、自相关检验和异方差检验等。除此之外,多元线性回归方程的检验还应包括回归系数的显著性检验和多重共线性检验。已经在一元线性回归分析一节介绍的检验方法及步骤此处将不再重复,下面,重点介绍拟合优度检验、回归系数的显著性检验和多重共线性检验。

1) 拟合优度检验

多元线性回归方程的拟合优度检验可以使用可决系数进行,其计算公式为:

$$R^2 = \frac{\sum (y'_i - \overline{y})^2}{\sum (y_i - \overline{y})^2}$$
$$= 1 - \frac{\sum (y'_i - y_i)^2}{\sum (y_i - \overline{y})^2} \tag{6-27}$$

在多元线性回归分析中,可决系数 R^2 的大小与解释变量的个数有着密切的关系,解释变量的个数越多,可决系数就越大。因此,在检验多元线性回归模型的拟合优度时,需要对可决系数作出调整,将其调整为修正自由度的可决系数 $\overline{R}^2$:

$$\overline{R}^2 = 1 - \frac{n-1}{n-m-1}(1-R^2) \tag{6-28}$$

根据式 (6-28),$\overline{R}^2 < R^2$。$\overline{R}^2$ 比 R^2 更适合作为评价多元线性回归方程拟合度的指标。需要说明的是,回归模型的检验并不是只为了追求较高的 $\overline{R}^2$ 值。对于多元线性回归分析来说,更加重要的是得到可信任的回归系数。因此在建立和检验回归模型时,应着重考察各个回归系数的合理性与显著性,正确表现解释变量与被解释变量之间的关系。

2) 回归系数的显著性检验

对回归系数进行检验的常用方法是 t 检验,检验步骤如下。

(1) 提出假设

提出原假设 H_0:$b_j = 0$　$(j=1, 2, \cdots, m)$

备择假设 H_1:$b_j \neq 0$　$(j=1, 2, \cdots, m)$

(2) 计算统计量 t_{b_j}

$$t_{b_j} = \frac{b_j}{S_{b_j}} = \frac{b_j}{S \cdot \sqrt{c_{jj}}} \tag{6-29}$$

式中,

　　b_j——回归系数 $(j=1, 2, \cdots, m)$;

　S_{b_j}——回归系数的估计标准误差,$S_{b_j} = S \cdot \sqrt{c_{jj}}$;

　c_{jj}——矩阵 $(X^T X)^{-1}$ 主对角线的第 j 个元素,$(j=1, 2, \cdots, m)$;

　　S——回归模型的估计标准误差。

(3) 查临界值

根据给出的显著性水平 α,在 t 分布表中查出临界值 $t_{\frac{\alpha}{2}}(n-m-1)$。

（4）比较判断

若 $t_{b_j} \geqslant t_{\frac{\alpha}{2}}(n-m-1)$，则拒绝原假设，接受备择假设，即 b_j 显著不为零，解释变量 x_j 对被解释变量有显著影响；若 $t_{b_j} \leqslant t_{\frac{\alpha}{2}}(n-m-1)$，按受原假设，即 b_j 显著为零，解释变量 x_j 对被解释变量的影响不显著，应该考察 x_j 是否应该包含在回归模型中。

3）多重共线性检验

检验多重共线性的常用方法是逐步回归法，其检验步骤如下。

① 计算各解释变量之间的相关系数，确定是否存在多重共线性及其程度；

② 如果多重共线的情况严重，则求出每个解释变量与被解释变量的一元线性回归方程，根据实际情况，结合各个方程的可决系数 $\bar{R}^2$，选择一个最合理的一元线性回归方程作为初始回归模型；

③ 以初始回归模型为基础，逐个引入其他解释变量，根据可决系数的变化决定新引入的解释变量对被解释变量的影响是否显著。如果引入新变量后，可决系数变化明显，则说明该变量可以作为独立的解释变量存在于模型中；反之，则说明该变量不是一个独立的解释变量，可以用其他解释变量的线性组合代替，即与其他解释变量间存在共线关系。

【例6-9】 对例6-8中的回归模型的拟合优度和回归系数的显著性进行检验。

（1）检验模型的拟合优度，即计算可决系数 $\bar{R}^2$。

首先进行表6-7所示的计算。

表 6-7 可决系数计算表

y_i	y_i'	$y_i-\bar{y}$	$(y_i-\bar{y})^2$	$y_i'-\bar{y}$	$(y_i'-\bar{y})^2$
4.787 5	4.767 2	−0.313 3	0.098 2	−0.333 6	0.111 3
5.068 0	5.069 6	−0.032 8	0.001 1	−0.031 2	0.001 0
5.011 5	5.032 2	−0.089 3	0.008 0	−0.068 6	0.004 7
5.179 5	5.183 8	0.078 7	0.006 2	0.083 0	0.006 9
5.067 0	5.070 7	−0.033 8	0.001 1	−0.030 1	0.000 9
5.011 0	5.032 8	−0.089 8	0.008 1	−0.068 0	0.004 6
5.347 5	5.316 5	0.246 7	0.060 9	0.215 7	0.046 5
5.066 5	5.052 4	−0.034 3	0.001 2	−0.048 4	0.002 3
5.291 0	5.298 0	0.190 2	0.036 2	0.197 2	0.038 9
5.178 5	5.184 9	0.077 7	0.006 0	0.084 1	0.007 1

根据表6-7，可得：

$$\sum (y_i'-\bar{y})^2 = 0.224\ 3$$
$$\sum (y_i-\bar{y})^2 = 0.226\ 9$$

有：

$$R^2 = 0.988\ 5$$
$$\bar{R}^2 = 0.985\ 3$$

由此可见，该回归模型的拟合度是非常高的。

（2）回归系数的显著性检验

$$(\boldsymbol{X}^{\mathrm{T}}\boldsymbol{X})^{-1}=\begin{pmatrix} 97.241\ 6 & 0.157\ 8 & -0.434\ 0 \\ 0.157\ 8 & 0.014\ 8 & -0.005\ 7 \\ -0.434\ 0 & -0.005\ 7 & 0.003\ 6 \end{pmatrix}$$

主对角线上的元素分别为：

$$c_{11}=97.241\ 6,\ c_{22}=0.014\ 8,\ c_{33}=0.003\ 6$$

回归模型的估计标准误差为：

$$S=0.02$$

则回归系数 b_j 的估计标准差为：

$$S_{b_0}=0.190\ 1,\ S_{b_1}=0.002\ 3,\ S_{b_2}=0.001\ 2$$

构造回归系数 b_j 显著性检验的统计量：

$$t_{b_0}=26.094\ 4,\ t_{b_1}=24.241\ 5,\ t_{b_2}=-16.239\ 4$$

查 t 分布表得 $t_{\frac{\alpha}{2}}(10-2-1)=2.365$。

$$|\ t_{b_0}\ |,\ |\ t_{b_1}\ |,\ |\ t_{b_2}\ |>t_{\frac{\alpha}{2}}(10-2-1)$$

回归方程的系数全部通过显著性检验。

6.3.3　多元线性回归预测

建立起多元线性回归方程并通过各项检验之后，就可以利用回归方程进行预测了，给定一组解释变量 $\boldsymbol{X}_0$：

$$\boldsymbol{X}_0=(1,\ x_{10},\ x_{20},\ \cdots,\ x_{m0})$$

则可以得出被解释变量的估计值 y_0：

$$y_0=\boldsymbol{X}_0\cdot\boldsymbol{B} \tag{6-30}$$

若给出置信度 α，也可以对被解释变量做出相应置信区间的预测：

$$y_0\pm t_{\frac{\alpha}{2}}(n-m-1)\cdot S\cdot\sqrt{1+\boldsymbol{X}_0(\boldsymbol{X}^{\mathrm{T}}\boldsymbol{X})^{-1}\boldsymbol{X}_0^{\mathrm{T}}} \tag{6-31}$$

【例 6-10】　利用上例中已经拟合出并通过各项检验的回归模型进行预测，即预计 2007 年该地区的居民总收入为 94 000 000 元，商品单价调整为 270 元时 a 商品的销售额。

将 $\boldsymbol{X}=(1,94,270)$ 代入回归方程，当置信度为 $\alpha=0.05$ 时，置信区间为：

$$y_0\pm t_{\frac{\alpha}{2}}(n-m-1)\cdot S\cdot\sqrt{1+\boldsymbol{X}_0(\boldsymbol{X}^{\mathrm{T}}\boldsymbol{X})^{-1}\boldsymbol{X}_0^{\mathrm{T}}}$$
$$=5.204\pm0.023\ 8$$

即置信区间为 (5.181，5.227)。

当 2007 年该地区居民收入为 94 000 000 元，商品单价为 270 元时，在 $\alpha=0.05$ 的显著性水平上，a 商品 2007 年销售额（单位：十万元）的预测区间为（5.181，5.227）。

多元线性回归分析与预测的计算量非常庞大，利用手工计算既困难也难以保证其准确性，建议使用统计软件来完成计算。本节例题的计算就是利用 Excel 工具完成的。

6.4 非线性回归分析与预测

在信息分析与预测工作中，有些研究对象与影响因素之间的关系是线性的，但是也有很多研究对象与其影响因素之间的关系呈现出非线性的特点。在这种情况下，就需要建立非线性回归模型进行分析预测。许多曲线方程经过特定变换可以转化为线性方程，进而利用线性相关回归分析的方法建立模型。求出回归模型后，采取与前面的变量变换相反的转换过程，将变量还原为原变量，并据此进行预测。我们所讨论的非线性回归模型主要指能够通过变量变换转换为线性模型的情况。也有很多的曲线，如罗吉斯曲线、修正指数增长曲线等，是不可线性化的曲线回归模型。

下面，对相关回归分析中常用的曲线模型及其线性转换的方式进行简单介绍。

1. 直接换元线性相关

这一类非线性模型通过简单的变量代换，可以直接转换为线性模型。这一类模型在换元过程中不会使被解释变量变形，可以直接采用最小二乘法计算回归系数，进而进行检验和预测。

1）双曲线模型

$$y = a + \frac{b}{x}$$

令 $x' = \frac{1}{x}$，则得到线性模型：

$$y = a + bx' \tag{6-32}$$

2）二次曲线模型

$$y = a + bx^2$$

令 $x' = x^2$，则：

$$y = a + bx' \tag{6-33}$$

3）对数函数模型

$$y = a + b\lg x$$

令 $x' = \lg x$，则：

$$y = a + bx' \tag{6-34}$$

上述三种曲线模型只要经过简单转换，就可以按照线性回归模型的方法和步骤进行计算。当然，要对计算结果进行转换后才可以用于预测。

2. 间接代换非线性回归模型

这一类模型通常需要经过取对数然后变换变量的方式，间接地转换为线性回归模型。在取对数的过程中，因变量的形态发生改变，使得变形后模型的最小二乘法估计无法完全达到原模型的残差平方和最小的要求，造成了这类模型与原数据之间有一定的偏差。

常用的间接代换非线性回归模型如下。

1）指数函数模型

$$y = a \cdot b^x$$

两边取对数：$\lg y = \lg a + x \cdot \lg b$

令：$y' = \lg y$，$a' = \lg a$，$b' = \lg b$，则：

$$y' = a' + b'x \tag{6-35}$$

2）幂函数

$$y = a \cdot x^b$$

两边取对数：$\lg y = \lg a + b \cdot \lg x$

令：$y' = \lg y$，$a' = \lg a$，$x' = \lg x$，则：

$$y' = a' + bx' \tag{6-36}$$

通过变量变换使非线性模型转换为线性模型之后，就可以采用最小二乘法进行参数估计和确定模型参数，然后通过做相反的变量代换还原为非线性模型，进而进行预测。

习题

6-1　最小二乘法的基本原理是什么？线性回归分析的基本步骤是什么？

6-2　线性相关回归分析的基本假设是什么？为什么要提出这些假设？

6-3　某地区每年的教育经费受很多因素的影响，但根据理论分析和实际经验来看，主要是受该地区财政收入的影响。表6-8是根据当地统计部门公布的数据整理而成的，试对该地区教育经费的变化规律进行研究并确立回归模型，预测2008年该地区财政收入为4 900.50亿元时的教育经费。

表6-8　某地区财政收入及教育经费统计数据

年　份	序　号	财政收入/亿元	教育经费/亿元
1993	1	597.725	1.676
1994	2	746.115	3.624 5
1995	3	845.89	4.073
1996	4	929.92	3.755
1997	5	1 083.125	4.74
1998	6	1 332.595	7.544 5
1999	7	1 728.025	10.377 5
2000	8	2 333.5	11.443 5
2001	9	2 874.7	13.417 5
2002	10	3 342.525	15.01
2003	11	3 657.135	17.568 5

2004	12	3 848.36	21.791
2005	13	4 028.96	26.170 5
2006	14	4 411.41	32.537 5
2007	15	4 717.32	39.237 5

6-4　某市钢材消费量和国内生产总值的统计数据如表 6-9 所示。试依据表 6-9 中数据分析该市钢材消费量和国内生产总值的关系，判断相关性，建立相关方程式，并利用所建立的回归方程预测当该市 GDP 达到 1 500 亿元时的钢材消费量。

表 6-9　某市钢材消费量和生产总值的统计数据

编　　号	钢材消费量/万吨	GDP/亿元	编　　号	钢材消费量/万吨	GDP/亿元
1	274.5	455	9	512.5	777.5
2	214.5	425.5	10	658	958.5
3	269	471	11	769.5	1 025.5
4	349	548.5	12	780.5	1 055.5
5	486	642	13	892.5	1 143
6	494	751	14	881	1 155.5
7	403.5	697	15	980	1 001.5
8	369	651.5	16	951	1 217.5

6-5　1995—2004 年某省居民消费支出与国民可支配收入的资料如表 6-10 所示，试对表中数据进行分析，判断该省居民消费支出和国民可支配收入之间的关系类型。若为线性相关关系，试建立回归方程，并预测当国民可支配收入为 1 000 亿元时的居民消费支出。

表 6-10　某省居民消费支出与国民可支配收入统计资料　　　　　　　　　亿元

年　份	国民可支配收入	消费支出	年　份	国民可支配收入	消费支出
1998	320	280	2003	535	440
1999	350	300	2004	625	510
2000	385	330	2005	715	590
2001	410	350	2006	825	680
2002	460	390	2007	945	775

6-6　A 公司是一家生物科技研发公司，其收入与研发经费、研究人员数量的统计数据如表 6-11 所示，试分析 A 公司的收入是否与研究人员数量、科研经费之间存在线性相关关系。若存在请建立二元线性回归模型。该公司计划在 2008 年将研究经费增加到 1 000 万元，研究人员增加到 53 人，利用回归模型预测该公司 2008 年的公司收入。

表 6-11　收入、研究人员与科研经费的统计数据

年　份	收入/百万元	研究人员/人	研究经费/百万元
1998	44	35	5
1999	44	36	5

2000	46	38	6
2001	46	39	6
2002	47	40	6
2003	47	40	7
2004	49	41	7
2005	50	42	7
2006	50	43	7
2007	52	44	8

6-7 A 企业 a 产品 1999—2002 年利润率与单位成本统计数据如表 6-12 所示。试对表中数据进行分析，配以适当的曲线回归模型，预测 2003 年单位成本降为 32 元时的利润率。

表 6-12 a 产品利润率与单位成本统计数据

年　份	利润率/%	单位成本/(元/件)	年　份	利润率/%	单位成本/(元/件)
1999	5	47.5	2003	9	39.5
2000	6.5	44	2004	10	37.5
2001	7.5	42	2005	11	35
2002	8	41	2006	12.5	33

第7章 平衡结构分析法

本章主要学习目标
学完本章后，你应当能够：
① 理解平衡分析预测法的基本原理；
② 掌握决策树法的基本方法与步骤；
③ 熟悉本章中介绍的几种主要的平衡表并能够利用其进行有关信息的分析；
④ 熟悉投入产出表的基本结构，能够理解和计算各种基本系数，可以利用其进行分析和预测。

7.1 平衡结构分析法概述

7.1.1 平衡与平衡结构分析

物质世界中的事物、现象之间都存在着联系，并且相互影响、相互作用，广义的平衡就是指事物之间这种相互联系、相互作用的状态与规律。预测学上所讲的平衡主要是指各个相互联系的因素之间数量上的合理的对应关系，以及社会经济现象、有关经济指标之间的数量变化上的比例关系，如投入与产出、收入与支出等。

平衡结构分析法是分析事物之间相互关系的一种方法，它通过分析事物之间是否平衡，揭示事物之间平衡或不平衡的状态和原因，指导人们研究事物之间平衡的规律与条件，从而促进事物之间的平衡发展。平衡结构分析法主要应用于编制国民经济计划、部门计划、企业计划等。它通过相互联系的指标和数值来表现经济现象之间的比例关系；通过任务的完成与时间进度之间的对比指数来反映经济现象的发展速度；通过相互联系的指标来表现事物发展过程中局部的和整体的平衡关系。

平衡结构分析的基本方法是建立结构图、平衡关系式和编制平衡表。决策树（对称关系树）就是一种典型的、应用广泛的结构图分析法。一般情况下，平衡关系式是编制平衡表的基础，例如，会计恒等式：资产＝负债＋所有者权益，正是资产负债表编制的核心基础。

平衡关系式是用等式表示数值、指标之间平衡关系的式子。如：

期初库存＋本期入库＝本期出库＋期末库存
资产＝负债＋所有者权益
增加值＝总产出－中间投入

平衡表不同于一般的统计报表，它必须包括两两对应、相互平衡的数值与指标，如收入与支出、来源与使用等。关于平衡表的详细介绍将在本章第三节给出。

7.1.2　平衡与预测

预测就是要根据事物过去发展变化的客观过程和规律来研究和预测事物的未来。而事物之间这种相互联系的普遍性质和保持动态平衡的客观要求，正是预测工作和各种预测方法的基本依据。事物之间的平衡联系及结构也是检验各种预测方法得出的预测结果的合理性的重要标准。

平衡结构分析不仅是预测的依据，其本身也是一种基本的预测方法。利用社会现象或经济指标之间的平衡关系来推算所要估计的指标数值就是平衡分析预测法。常用的平衡分析预测法可以划分为如下 6 大类。

① 过程分析法：根据经济现象的起源和形成过程揭示预测对象发展趋势的一种方法。

② 目标（定额）法：就是对预测目标按某种经济定额计算其数值的方法。定额是在一定的生产技术条件下，对特定资源的利用和消耗方面所规定的应遵守和应达到的标准。

③ 比例法：根据社会经济现象的内在联系，从某一时期的某类指标的实际比例推算其他指标。

④ 商品库存平衡法：根据商品收购、销售和库存增减的平衡关系来推算有关指标。

⑤ 货币收支平衡法：根据货币收支平衡原理，推算货币、资金运营的有关指标。

⑥ 供需平衡法：根据一定时期社会商品供求平衡规律来推算有关社会商品供应量与需求量之间的有关指标。

平衡结构分析法的相关内容非常多，本章仅介绍最基本的平衡结构分析方法，包括决策树法、平衡表分析法和投入产出法。决策树法主要是根据事物发展的纵向联系和规律来进行预测，用树形结构来表现预测对象的发展趋势；平衡表分析法则是平衡分析法最典型、最直观的运用与体现；投入产出法又叫部门联系平衡法，是在国民经济平衡表的基础上发展起来的，可以体现不同部门之间生产和消耗的平衡关系。

需要说明的是，本章所要介绍的平衡结构分析法不同于西方经济中常用的均衡分析法，两者在概念和应用上都存在着很大差别。

7.2　决策树法

7.2.1　决策树法概述

人们所面对的决策环境有的具有确定性，或者说是存在较大的确定性，有的则充满不确定性，决策的风险也就随着这种不确定性的存在而存在。在这种风险决策的情况下，决策者对信息分析预测工作就有着更加强烈的需求。决策树法是一种重要的结构化分析和风险型决策方法。在许多决策中，由于某些随机性因素的存在和影响，使得决策者无法确知未来，但可以测算或估计未来可能发生的各种情况的概率。风险型决策方法就是指预测各种不确定事件发生的先验概率，据之采用期望效果最好的方案作为最优决策方案的方法。在风险型决策信息分析中，决策者往往通过调查、经验或估计等途径获得各种情况的发生概率，采用期望值作为判别不同方案效果优劣的准则。

当决策备选方案涉及的是多个互相排斥的方案时，一般可以采用决策树法。这种方法通过绘制决策树，将各种可供选择的方案、各种方案对应的不同状态、不同状态发生的概率及相应的结果都清晰地表现在一张树形图上，以供决策人员进行比较、分析、决策。它采用系统分析和结构化的方法，将决策对象分为不同层级的各个单元。决策树法的基本原理是：如果决策对象作为一个整体系统必须满足一定条件，则它的各个子单元也必须满足相应条件；如果每一级都能达到规定的目标，则最高级也可达到既定目标。

决策树法是风险决策中的常用方法。它具有非常突出的优点，能使决策问题形象化、直观化、思路明晰，便于分析、思考和集体探讨。特别在多级的决策中，可以把复杂的问题以简单明确的形式表现出来，使问题层次分明、一目了然。这种分析和表示方法，不仅是信息分析工作人员的有力工具，也是一种有利于决策者直观了解和准确把握主要观点、思路等的简便方法。

7.2.2 决策树的基本结构

决策树就是针对决策局面的一种图解，共包括决策点、方案分支、状态点、概率分支、结果点等 5 个基本部分，如图 7-1 所示。

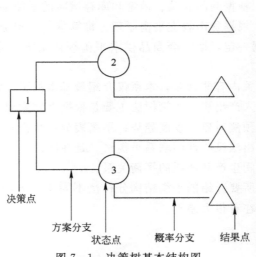

图 7-1 决策树基本结构图

1) 决策点

决策点位于决策树的最左端，是决策树的起点。决策点意味着在这一点决策者面临着不同的方案选择，例如，A 公司准备在市场上推出新产品，这种决策预期就是一个决策点。

2) 方案分支

方案分支是由决策点引出的若干分支线。每个分支代表一个备选方案，分支上标明该方案的名称。如上面的 A 公司拟推出的产品就可能面临 a 产品和 b 产品两个不同的可选择方案。

3) 状态点

状态点是画在方案分支末端的圆圈结点。每个方案分支线的末端都是一个状态点，表示在此要分析采取此方案可能会遇到不同情况。比如说，A 公司不论是推出 a 产品，还是推出 b 产品，每个方案都有三种可能状态：销路好、销路差和销路一般。

4）概率分支

概率分支是在状态点之后引出的若干分支。每个状态点之后引出若干条概率分支，表示不同方案将会面临的不同情况，以及各种情况出现的概率。在概率分支上可以标明各种情况出现的概率。

5）结果点

结果点是决策树末端的三角结点。每个概率分支的末端都有一个结果点，表示各个方案在不同可能状态下的损益值。假设 A 公司推出 a 产品后，销路很好的概率为 60%，销路一般的概率是 40%，那么就可以把根据市场分析得出的这一方案的两种不同情况的期望利润额分别标示在相应的结果点上。

在绘制决策树时，采用的是自左向右的顺序。绘制好决策树之后，用反推决策树的方式进行分析（自右向左），最后选定最佳解决方案。一般的决策问题都有多个方案，每个方案又有多个不同的可能状态，决策树由左至右，层层展开，由简至繁，组成一个结构清晰的树形图。利用绘制好的决策树进行分析、决策，要采取自右至左的顺序，即根据右端的损益值和概率分支上标示的概率，计算出不同方案的期望损益值；根据各个方案的损益值的大小对不同的方案进行取舍，在落选的方案分支上画上"∥"符号，表示舍去不选，这一过程称为"剪枝"。最后决策树上只留下一个方案分析，也就是最具有可行性的决策方案。

7.2.3　单级决策

有些决策问题，只需要进行一次决策选择，便可选出最优方案，这种决策叫做单级决策。单级决策树是一种最简单的决策树，我们使用一个具体的例子来说明单级决策及决策树方法的基本步骤。

【例 7 - 1】　A 公司现有甲、乙、丙三种产品可供开发。如果开发甲产品，需要投资 25 万元；如开发乙产品，需要投资 23 万元；如开发丙产品，需投资 15 万元。甲、乙、丙三种产品为同类型产品，预测该类型产品的市场需求状态有三种可能：销路好、销路差和销路一般，各种可能性的概率分别为 0.3、0.3 和 0.4。试用决策树法对该问题进行分析。

1）对决策问题进行分析

该决策有三种可供选择方案：开发甲产品、开发乙产品和开发丙产品。每种方案都对应着三种可能状态：销路好、销路差和销路一般。

2）画出决策树枝干

该问题的决策树枝干如图 7 - 2 所示。

3）确定基本数据

在这一步中，需要估计不同方案的可能状态所对应的损益值，以及每种状态出现的概率。在估计中，应参考以往的历史数据，并对各种影响因素加以周全考虑。

经过考察和分析，该决策问题相关的基本数据如表 7 - 1 所示。

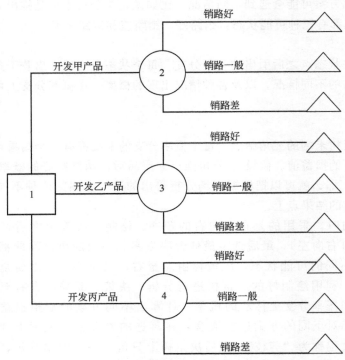

图 7-2 A公司产品开发的决策树枝干图

表 7-1 A公司产品开发决策所需基本数据　　　　　　　　　万元

决策方案	预 计 收 入		
	销路好（概率：0.3）	销路一般（0.4）	销路差（0.3）
开发甲产品	65	45	25
开发乙产品	35	55	15
开发丙产品	20	15	35

把基本数据填到决策树中，如图 7-3 所示。

4）计算各点的期望收入

点②：65×0.3＋45×0.4＋25×0.3＝45

点③：35×0.3＋55×0.4＋15×0.3＝37

点④：20×0.3＋15×0.4＋35×0.3＝22.5

在收入中减去各自的成本投入，则三种方案的期望损益分别为：

开发甲产品：45－25＝20（万元）

开发乙产品：37－23＝14（万元）

开发丙产品：22.5－15＝7.5（万元）

5）提出决策

从上面的分析和计算可以看出，开发甲产品的期望收益最高，为 20 万元，所以 A 公司选择投资开发甲产品将是一种较为优化的决策方案。

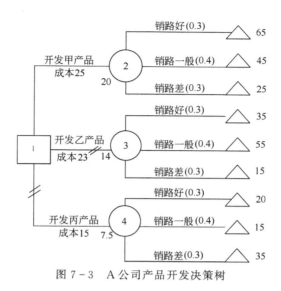

图 7 - 3 A公司产品开发决策树

7.2.4 多级决策

对有些决策问题，需要进行两次或两次以上的决策选择，才能选出最优方案，这种决策称为多级决策，表现在决策树图形上为决策树图包含两级或两级以上的决策点。多级决策问题比较复杂，而利用决策树进行分析、决策能够更好地发挥决策树方法形象、直观、层次分明的优势。在这种决策问题的决策树中，第一级决策点下的方案分支末端不是连接着状态点，而是子决策点，这一点与单级决策树是不同的，但多级决策树的基本步骤和原理同单级决策树是一致的。

【例 7 - 2】 B公司是一家生产纸浆的企业，由于生产工艺落后，目前的经营陷入困境之中。为了扭转经营困难局面，公司管理层计划采用新的纸浆生产工艺。取得新工艺有两个途径（即方案分支）可以选择：一个是自行研究，研究成功的可能性是 0.6；另一个是向其他企业购买专利，购买专利谈判成功的可能性是 0.8。不论是自行研发还是购买专利，后续生产规模都有两个方案可供选择：一是维持原来的生产规模，产量不变；二是扩大生产规模，增加产量。如果自行研发和购买专利谈判失败，则只能采用原工艺进行生产，并维持原产量不变。根据市场调研部门预测，今后五年内该种纸浆价格下降的可能性是 0.1，保持目前中等水平的可能性是 0.5，上涨的可能性是 0.4。

试用决策树法对不同方案进行分析和选择。

1）对决策问题进行分析

该项决策有两个方案可供选择：自行研究和购买专利。在自行研究和购买专利两个总备选方案的下级，又根据市场走向和预期收益的不同分别有两个子方案可供选择：产量不变和增加产量。每个子方案都分别对应着三种可能状态：价格下降、中等价格和价格上涨。

2）画出决策树枝干

该问题的决策树枝干如图 7 - 4 所示。

3）确定基本数据

通过计算，各个方案在不同价格情况下的损益值如表 7 - 2 所示。

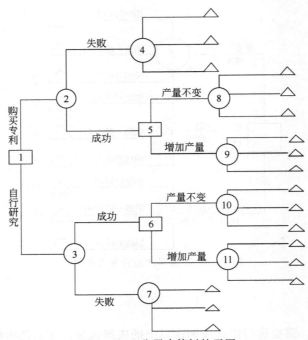

图 7 - 4　B公司决策树枝干图

表 7 - 2　B公司不同方案的预期损益值　　　　　　　　　　　　　　万元

概率（p）	采用原工艺生产	购买专利成功（$p=0.8$）		自行研究成功（$p=0.6$）	
		产量不变	产量增加	产量不变	产量增加
低价格（0.1）	−50	−150	−250	−150	−250
中价格（0.5）	50	100	100	50	−300
高价格（0.4）	150	200	300	250	650

把基本数据填制到决策树中，如图 7 - 5 所示。

4）计算各点的期望收入

（1）计算子决策点及二级状态点的期望损益值

点④：$0.1×(−50)+0.5×50+0.4×150=80$

点⑧：$0.1×(−150)+0.5×100+0.4×200=115$

点⑨：$0.1×(−250)+0.5×100+0.4×300=145$

145＞115，所以删去产量不变的子方案，将点⑨的期望损益值转移到点⑤。

点⑤：145

点⑦：$0.1×(−50)+0.5×50+0.4×150=80$

点⑩：$0.1×(−150)+0.5×50+0.4×250=110$

点⑪：$0.1×(−250)+0.5×(−200)+0.4×650=135$

135＞110，所以删去自行研究方案成功下产量不变的子方案，将点⑪的期望损益值转移到点⑥。

点⑥：135

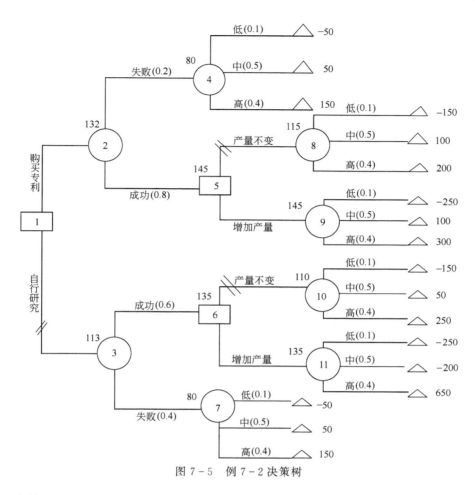

图 7-5　例 7-2 决策树

（2）计算一级状态点的期望损益值

点②：$0.2 \times 80 + 0.8 \times 145 = 132$

点③：$0.6 \times 135 + 0.4 \times 80 = 113$

5）提出决策

通过上面的分析和计算可见，B 公司向外购买专利方案的期望收益为 132 万元；而自行研究方案的期望收益为 113 万元，两个方案相比，向外购买专利方案更可行。所以分析的最后结果是选择向外购买专利；并且若是谈判成功，应采取增加产量的子方案。

实际运用决策树方法进行决策信息分析时，不仅要对可供选择的方案有着准确的把握，还要能够对各种方案可能的不同状态出现的概率、各个方案的损益值进行准确计算，这就要求信息分析人员进行充分的信息收集和全面深入的分析研究，从而使决策树分析的结果准确、可靠。通常，信息分析预测人员还会结合其他基本方法进行分析，决策树法主要用于对可供选择的方案的一般性评估。

7.3 平衡表分析法

7.3.1 平衡表分析法概述

1. 平衡表的概念与应用

平衡表是反映出事物之间在变化发展中所反映的动态平衡或者平衡倾向的一种重要工具，是分析、计划与预测的重要方法。平衡表不同于一般意义上的统计表，其区别在于：平衡表的数据必须包括收入与支出、来源与使用、供应与需求等两两对应的关系，其指标体系是相互对应平衡的指标。平衡表主要有收付式平衡表、并列式平衡表和棋盘式平衡表三种形式。在常见的平衡表中，资产负债表是收付式平衡表，能源平衡表是并列式平衡表，而投入产出表则是棋盘式平衡表。

平衡表的应用极为广泛。在国民经济发展中，各产业部门间的发展和产值要保持一定的动态与静态比例关系；在区域经济发展规划中，要保证各个区域经济发展的协调一致；国民收入分配和再分配时的协调要保持平衡；在企业发展中，财务资金、人力资源的分配和利用要维持一种动态平衡状况；不同区域间的物资流量要保持相对平衡等，都需要有效的平衡分析方法和工具。不同领域、不同范围的结构分析与协调平衡问题都可以借助于平衡表来分析和实现。平衡表的重要性不仅体现在它可以正确反映事物之间的本质联系和平衡倾向，更体现在可以利用它去研究事物之间在变化发展中的平衡结构与规律性，在此基础上促进事物之间有计划、按比例地协调发展。

2. 平衡表预测

平衡表可以反映事物之间的相互联系与平衡状况，这种平衡相对稳定并且具有很强的规律性。依据平衡表可以分析、预测事物的发展趋势，以及事物之间的相互影响与变化。下面用实例来说明如何利用平衡表进行分析与预测。

【例 7-3】 2007 年某地区玉米的生产、消费与积累的情况如表 7-3 所示。

表 7-3 2007 年某地区玉米生产、消费与积累平衡表　　　　　　　　　　万吨

项　　目	数　量	项　　目	数　量
上年结余	40	生产性消费	1 100
本年生产	2 700	生活消费	1 100
进口和从外地输入	20	积累和后备	280
		出口输出	210
		意外损失	2
		年末结余	68
合　　计	2 760	合　　计	2 760

根据对 2008 年气候等情况的记录、观察和历年的数据分析，预测 2008 年的玉米产量为 2 900 万吨。假定进口和从外地输入的数量不变，试预测 2008 年该地区玉米消费和积累情况的变化。

根据表 7-3 的资料，2008 年该地区的生产生消费、生活消费、积累和后备、出口和输出外地及年末结余的数量分别可以扩大为：

生产性消费　　　　　$2\,900 \times \dfrac{1\,100}{2\,700} = 1\,181.481$（万吨）

生活消费　　　　　　$2\,900 \times \dfrac{1\,100}{2\,700} = 1\,181.481$（万吨）

积累和后备　　　　　$2\,900 \times \dfrac{280}{2\,700} = 300.741$（万吨）

出口输出　　　　　　$2\,900 \times \dfrac{210}{2\,700} = 225.556$（万吨）

年末结余　　　　　　$2\,900 \times \dfrac{68}{2\,700} = 73.037$（万吨）

假设意外损失不变的话，以上各项还可以增加为：

生产性消费　　　　　$1\,181.481 + \left(2\,900 \times \dfrac{2}{2\,700} - 2\right) \times \dfrac{1\,100}{2\,700} = 1\,181.544$（万吨）

生活消费　　　　　　$1\,181.481 + 0.148 \times \dfrac{1\,100}{2\,700} = 1\,181.544$（万吨）

积累和后备　　　　　$300.741 + 0.148 \times \dfrac{280}{2\,700} = 300.756$（万吨）

出口输出　　　　　　$225.556 + 0.148 \times \dfrac{210}{2\,700} = 225.567$（万吨）

年末结余　　　　　　$73.037 + 0.148 \times \dfrac{68}{2\,700} = 73.041$（万吨）

以上就是对于 2008 年该地区玉米消费、积累情况的预测。当然，预测的结果不是必须要严格符合上一年的比例，经过综合考察与论证之后，也可以对上述的预测数据进行调整。比如，一般来说，居民的生活消费所用玉米数量比较稳定，可以考虑在预测中维持 2007 年的水平，而把增加的部分转移到出口输出或结余上：

生活消费　1 100（万吨）

出口输出　$225.567 + (1\,181.544 - 1\,100) = 307.111$（万吨）

从上例可以看出，根据平衡表进行预测的数学原理和计算都是比较简单的。当然，随着平衡表的应用领域、范围等的不同，预测表本身大小、格式等的不同，计算的复杂程度会有所不同。实践表明，虽然平衡表没有复杂的数学原理，但它的确能很好地反映事物之间的平衡关系，计算简单、形式明确，是一种易于把握和利用的分析工具与预测方法。

7.3.2　常用平衡表概述

1. 国际收支平衡表

1）概念

国际收支平衡表是反映一定时期一国同外国的全部经济往来的统计报表。它是对一个国家与其他国家进行经济交流过程中所发生的贸易、资本往来及储备资产的实际动态所作的系统记录，是国际收支核算的重要工具。国际收支平衡表是分析各国经济发展状况和趋势的重要工具之一。它不仅可以反映一国对外经济活动的规模、特点及该国在国际经济活动中的地位，也可以反映出该国经济结构的性质、范围和发展趋势。

国际收支平衡表的编制与分析对一国的经济管理和宏观经济调控具有重要的意义。通过对国际收支平衡表的分析，能够系统、准确地掌握本国对外经济贸易的综合情况，找出造成国际收支顺、逆差的原因，以便采取正确的调节措施。其次，它能使本国政府充分掌握其外汇资金来源和运用方面的资料，特别是官方的储备变动情况，以便编制切实可行的外汇预算计划。而且它能使编制国全面地了解本国的国际经济地位，制订出与本国国力相适应的贸易、投资、经济援助、借贷等方面的对外经济政策。此外，国际收支平衡表也有助于经济学家、企业家、信息分析人员等进行经济分析和研究。

2）国际收支平衡表的主要项目

国际收支平衡表主要包括经常项目、资本项目、储备资产、净误差与遗漏项目等。下面，以我国国际平衡表的情况为例进行说明。

（1）经常项目

经常项目包括货物和服务贸易往来、收益项目及经常转移。

① 货物贸易是指通过一国海关的进出口货物，其数据来源于海关的进出口统计资料，并根据国际收支统计口径的要求，以商品所有权变化为原则对出口、进口进行调整，按离岸价格进行统计。

② 服务贸易又称为无形贸易，包括运输、旅游、通信、建筑、保险、国际金融服务、计算机和信息服务、专有权利使用费和特许费、各种商业服务、个人文化娱乐服务及政府服务等。

③ 收益项目包括职工报酬和投资收益（指直接投资、证券投资和其他投资的收益和支出，直接投资的收益再投资也计算在内）。服务贸易和收益项目又称为非贸易往来项目。

④ 经常转移包括所有非资本转移的单方面转让，如侨汇、个人汇款、无偿捐赠、赔偿等项目。

（2）资本项目

资本项目又称为资本和金融项目，包括资本项目和金融账户。

① 资本账户包括移民转移、债务减免等资本性转移。

② 金融账户包括直接投资、证券投资和其他投资。

• 直接投资是指外国、我国港澳台地区在我国和我国在外国、我国港澳台地区以独资、合资、合作及合作勘探开发等方式进行的投资。

• 证券投资是指外国、我国港澳台地区购买（或我国买回）我国（包括地方政府和企业）发行的股票、债券等有价证券和我国（政府、企业、私人）买卖外国、我国港澳台地区发行的股票债券等有价证券。

• 其他投资指直接投资和证券投资以外的投资，包括贸易信贷（指我国出口商对国外进口商提供的延期收款或预收货款，以及我国进口商对国外出口商的预付货款或延期付款）、贷款（指我国金融机构以贷款和拆放等形式导致的对外资产增减，以及我国境内机构从境外借入的各类贷款）、货币及存款（指我国境内金融机构存放境外资金和库存外汇现金的变化，以及海外私人存款、银行短期资金及向国外出口商和私人借款等短期资金变动）等。

（3）储备资产

储备资产是指一国政府拥有的可以直接用于对外支付的储备资产，主要包括黄金储备、外汇储备、在国际货币基金组织的储备头寸、特别提款权和使用基金信贷等。

（4）净误差与遗漏项目

从理论上讲，经常项目差额与资本项目差额相加应为国际储备的变动额。在实践中，由于资料来源不一、不全及错漏、统计口径与方式不同等原因，借贷两方无法轧平。为了使收支平衡表轧平，在国际收支平衡表中设立了净误差与遗漏项目。

国际收支平衡表一般格式如表 7-4 所示。

表 7-4　2006 年中国国际收支平衡表　　　　　千美元

项　　目	行　次	差　　额	贷　方	借　方
一、经常项目	1	249 865 995	1 144 498 935	894 632 940
A. 货物和服务	2	208 912 147	1 061 681 544	852 769 397
a. 货物	3	217 746 060	969 682 307	751 936 247
b. 服务	4	−8 833 913	91 999 237	100 833 150
1. 运输	5	−13 353 741	21 015 285	34 369 026
2. 旅游	6	9 627 296	33 949 000	24 321 704
3. 通信服务	7	−26 202	737 871	764 073
4. 建筑服务	8	702 918	2 752 639	2 049 721
5. 保险服务	9	−8 282 919	548 176	8 831 094
6. 金融服务	10	−746 042	145 425	891 467
7. 计算机和信息服务	11	1 218 860	2 957 711	1 738 851
8. 专有权利使用费和特许费	12	−6 429 577	204 504	6 634 081
9. 咨询	13	−555 066	7 834 142	8 389 208
10. 广告、宣传	14	490 073	1 445 032	954 960
11. 电影、音像	15	15 954	137 433	121 480
12. 其他商业服务	16	8 432 227	19 693 334	11 261 106
13. 别处未提及的政府服务	17	72 306	578 685	506 379
B. 收益	18	11 754 607	51 239 761	39 485 153
1. 职工报酬	19	1 989 500	4 319 493	2 329 993
2. 投资收益	20	9 765 108	46 920 268	37 155 160
C. 经常转移	21	29 199 241	31 577 630	2 378 390
1. 各级政府	22	−146 541	64 714	211 255
2. 其他部门	23	29 345 782	31 512 916	2 167 135
二、资本和金融项目	24	10 036 765	653 276 252	643 239 487
A. 资本项目	25	4 020 115	4 102 477	82 362
B. 金融项目	26	6 016 650	649 173 775	643 157 125
1. 直接投资	27	60 265 011	87 285 179	27 020 168
1.1 我国在外直接投资	28	−17 829 655	717 771	18 547 426
1.2 外国在华直接投资	29	78 094 666	86 567 408	8 472 742
2. 证券投资	30	−67 557 571	45 601 579	113 159 150
2.1 资产	31	−110 418 771	2 740 379	113 159 150
2.1.1 股本证券	32	−1 454 000	224 000	1 678 000

项　目	行　次	差　　额	贷　方	借　方
2.1.2　债务证券	33	−108 964 771	2 516 379	111 481 150
2.1.2.1　（中）长期债券	34	−106 736 771	2 516 379	109 253 150
2.1.2.2　货币市场工具	35	−2 228 000	0	2 228 000
2.2　负债	36	42 861 200	42 861 200	0
2.2.1　股本证券	37	42 861 200	42 861 200	0
2.2.2　债务证券	38	0	0	0
2.2.2.1　（中）长期债券	39	0	0	0
2.2.2.2　货币市场工具	40	0	0	0
3.　其他投资	41	13 309 210	516 287 017	502 977 807
3.1　资产	42	−31 808 716	15 755 781	47 564 497
3.1.1　贸易信贷	43	−26 148 450	0	26 148 450
长期		−1 830 392	0	1 830 392
短期		−24 318 059	0	24 318 059
3.1.2　贷款	44	4 927 570	8 311 514	3 383 945
长期		−2 947 000	0	2 947 000
短期		7 874 570	8 311 514	436 945
3.1.3　货币和存款	45	−9 904 244	1 191 615	11 095 858
3.1.4　其他资产	46	−683 592	6 252 652	6 936 244
长期		0	0	0
短期		−683 592	6 252 652	6 936 244
3.2　负债	47	45 117 926	500 531 236	455 413 310
3.2.1　贸易信贷	48	13 227 047	13 227 047	0
长期		925 893	925 893	0
短期		12 301 154	12 301 154	0
3.2.2　贷款	49	11 037 860	438 447 496	427 409 636
长期		4 093 262	13 707 777	9 614 515
短期		6 944 598	424 739 720	417 795 121
3.2.3　货币和存款	50	10 709 837	33 998 998	23 289 161
3.2.4　其他负债	51	10 143 182	14 857 695	4 714 513
长期		3 862 519	4 297 088	434 568
短期		6 280 663	10 560 607	4 279 944
三、储备资产	52	−247 025 415	446 585	247 472 000
3.1　货币黄金	53	0	0	0
3.2　特别提款权	54	135 744	135 744	0
3.3　在基金组织的储备头寸	55	310 841	310 841	0
3.4　外汇	56	−247 472 000	0	247 472 000
3.5　其他债权	57	0	0	0
四、净误差与遗漏	58	−12 877 344	0	12 877 344

资料来源：中国国家外汇管理局. http：//www.safe.gov.cn/model _ safe/tjsj/tjsj _ detail.jsp

　　对国际收支平衡表的分析通常可以分为以下几种类型。

① 静态分析：实际上是对国际收支平衡表的项目分析。在分析国际收支平衡表时，首先，要分析国际收支总差额及官方储备变动状况，国际收支究竟是顺差还是逆差，顺差逆差的大小情况；其次，应分析各项局部差额，了解各项局部差额对国际收支差额的贡献度；再次，应逐项分析各子项目，以便掌握各子项目对各分部项目的影响；最后，分析各项局部差额的平衡情况，如贸易差额与劳务、转移收支能否相抵，经常差额与长、短期资本流动的关系等。例如，根据我国 2006 年国际收支平衡表，我国当年国际收支经常项目盈余 2 498.7 亿美元，资本项目盈余约 100.4 亿美元，呈现"双顺差"，国际储备逆差约 2 470.3 亿美元，与往期同比增长迅速。而在经常项目中，货物项目顺差约 2 177.5 亿美元，服务项目逆差约 88.3 亿美元。进一步对服务项目进行分析：旅游业和其他商业服务两个项目的顺差额最大；运输、保险服务、专有权利使用费和特许费项目逆差数额最大，说明我国在这些服务业的国际竞争力还相对较弱。结合历年国际收支平衡表的变动，还可以对我国不同产业国际竞争力变动的情况加以认识。

② 动态分析：又称纵向分析，是指将一国若干连续时期的国际收支平衡表并列在一起，以发展的眼光来分析国际收支的各个项目及总体的收支及差额的变化，分析其发展是否正常、均衡，以及差距所在，并研究有效促进均衡发展国际经济交往的措施。例如，对我国 2004—2006 年三年的国际收支平衡表进行动态分析，以货物项目为例，2004 年货物项目实现贸易顺差 589.8 亿美元；2005 年顺差 1 341.9 亿美元，同比增长 128%；2006 年顺差 2 177.5 亿美元，同比增长 62%。可以看出，连续三年以来，我国货物贸易净出口持续快速增长，表明了我国商品的国际竞争力急剧上升的态势。

③ 比较分析：比较分析也称横向分析，即将本国的国际收支平衡表的全部或部分项目与其他国家的国际收支平衡表的全部或特定项目相比较，分析异同所在，以借鉴其他国家的经验，为己所用。例如，可以把我国的国际收支平衡表与美国的国际收支平衡表进行比较，分析两国的国际收支状况和经济贸易特点，以及两国之间的差异及其形成原因，并与两国的经济发展政策和运行状况联系起来，为我国制定贸易政策和宏观经济调控提供经验和参照。在国际贸易谈判中，这种比较分析也有重要的意义。

2. 供需平衡表

平衡表也是进行供需平衡分析的重要工具。供应与需求的平衡分析是一项十分重要的工作，各个行业、领域、部门都有供应与需求平衡分析的特定对象与任务，这也是各项经济生产活动得以正常进行的前提。常见的供需平衡表有：物资供需平衡表、人力资源供需平衡表、能源供需平衡表等。物资供需平衡表包括的范围非常广泛，如粮食供需平衡表、企业产品的市场供应与需求平衡表、资金供需平衡表、原材料供应需求平衡表等。下面，以世界小麦供需平衡表的分析为例，说明供需平衡表在信息分析中的使用。

粮食供应与需求平衡表在国家的农业生产规划、国内国际粮食贸易、期货投资等活动中有着非常重要的地位与作用，而在期货投资中，作为特定期货商品的粮食供需平衡表更是投资者的基本分析工具。表 7-5 是 2007 年 8 月 10 日美国农业部提供的世界小麦月度供需平衡表，此表对世界范围内小麦期初库存、产量、进口量、饲料用量、总消费量、出口量、期末库存等数据就 2007 年 7 月和 8 月的预测数据进行比较，并以此比较来预测小麦市场的走势。

表7-5 世界小麦供需平衡表（美国农业部月度预测）　　　　百万吨

| 国家
（或地区） | 月 份 | 供 应 | | | 需 求 | | | 期末库存 |
| | | | | | 国 内 | | 出 口 | |
		期初库存	产 量	进 口	饲 料	总 计		
世 界	7	124.15	612.27	105.22	103.3	619.87	107.57	116.55
	8	124.9	610.4	105.92	102.69	620.51	108.75	114.78
中 国	7	35.84	105	0.5	4	100.5	2.5	38.34
	8	35.56	105	0.5	4	100.5	2.5	38.06
美 国	7	12.4	58.19	2.72	5.85	33.37	28.58	11.38
	8	12.4	57.53	2.72	4.9	32.41	29.26	10.99
阿 根 廷	7	0.31	14	0	0.08	4.9	9	0.41
	8	0.31	14	0	0.08	4.9	9	0.41
澳大利亚	7	3	23	0.08	4	6.7	15	4.38
	8	3.2	23	0.08	4	6.7	15.5	4.08
加 拿 大	7	6.9	22.5	0.28	4.6	9.1	15	5.57
	8	6.92	21.5	0.28	4.4	8.9	15	4.8
欧盟25国	7	14.48	126.63	6	57	122.5	12	12.61
	8	14.48	124.93	6.5	57.5	122.9	11.5	11.51
巴 西	7	0.62	3.8	6.8	0.2	10.5	0.01	0.71
	8	0.73	3.6	6.8	0.1	10.4	0.01	0.72
中东部分国家	7	6.48	20.27	9.65	1.1	29.64	0.55	6.22
	8	6.48	20.27	9.65	1.1	29.64	0.55	6.22
北 非	7	9.99	13.78	16.95	0.15	33.88	0.16	6.69
	8	10.19	13.78	16.95	0.15	34.18	0.16	6.59
巴基斯坦	7	3.15	21.70	0.20	0.40	21.90	0.50	2.65
	8	3.15	21.70	0.20	0.40	21.90	0.50	2.65
东 南 亚	7	1.99	0.00	10.05	1.12	10.02	0.41	1.61
	8	1.99	0.00	10.05	1.12	10.02	0.41	1.61
印 度	7	2.00	68.00	6.00	0.30	72.70	0.30	3.00
	8	2.00	68.00	6.00	0.30	72.70	0.30	3.00
独联体12国	7	15.57	86.09	4.04	21.01	73.15	17.46	13.09
	8	15.17	86.07	4.44	21.56	73.90	17.99	13.79
俄 罗 斯	7	3.81	44.90	1.20	14.10	37.30	9.50	3.11
	8	3.81	44.90	1.20	14.10	37.10	10.00	2.81
哈萨克斯坦	7	4.28	11.50	0.02	2.70	7.60	5.00	3.20
	8	4.28	13.50	0.02	2.80	8.10	5.00	4.70
乌 克 兰	7	2.41	14.30	0.10	2.10	11.50	2.80	2.51
	8	2.41	14.00	0.10	2.10	11.50	2.80	2.51

资料来源：美国农业部. 2006/07 年度世界小麦供需平衡表. 农业展望，2007（8）：46.

利用小麦供需平衡表进行分析时，不仅要从不同角度对平衡表进行全面分析，更要考虑到平衡表以外的其他因素（如气候、贸易政策变化等）的影响，还要重视对连续若干期平衡表的纵向、动态分析。

如表 7-5 所示，小麦供需平衡表在结构上包括三个主要部分：供应、需求和期末库存。供应栏又由期初库存、产量和进口三部分构成；需求则由消费和出口两部分组成，其中消费部分单独列示了用于养殖的饲料部分。

在商品经济中，供求关系决定了商品价格的基本走势，期货市场中期货商品价格的长期变化和总体趋势也符合这一规律。在对供需平衡表进行分析时，如果发现产量下降、消费增长等现象，预期出现供应吃紧甚至供应不足的前景时，供求关系变化可能会促使价格形成上涨趋势；反之，则预示着价格下降的可能。在对供需平衡表进行分析时，可以采用以下的分析方法。

① 可以对平衡表中各个国家（或地区）小麦的产量、消费量、进出口数量等进行逐一分析，以把握不同国家（或地区）的小麦生产与消费状况，为国际粮食生产、贸易等活动提供依据。

② 可以将世界总量、各个国家（或地区）的供应、需求、期末库存各项的历年数据集中起来进行纵向分析，从而发现产量、消费、进出口状况等的变化趋势和规律，分析引起小麦供应、需求增加的原因，为预测未来的供需情况提供参考和依据。

③ 可以有针对性地对表中特定国家（或地区）的数据进行分析。例如可以对中国的小麦产量、消费量、库存量的历年数据进行分析，并绘制出趋势图，直观地反映中国历年来的小麦供需关系的变化情况和发展趋势。

④ 利用比率分析法进行分析。例如，可以将世界总量或特定国家（或地区）的年末库存除以消费项，得出库存消费比这一比率值，该比率可以很好地反映出供需状况。

除上述基本分析外，还可以进行其他方面的比较分析。此外，还需要关注其他重大影响因素的出现，如石油价格上升和环境保护压力增大，导致玉米被大量用来生产燃料酒精，从而对包括小麦在内的相关粮食产品的供需关系产生直接影响；再如，全球气候变暖和生物育种技术、作物栽培技术等的发展，也会对小麦生产与供应发生重大影响，从而改变已有的平衡关系。

3. 流量平衡表

流量平衡表是运输、邮电、通信类企业、部门常用的一种平衡表。它反映了物资、客员、信息等在不同地区、区域间的流向与流量状况。通过建立流量平衡表可以把握区域间物资、客员、信息等的流向、流量的规律，据此规划相关企业、部门的发展。流量平衡表的一般格式如表 7-6 所示。

表 7-6　流量平衡表

收到方＼发出方	R_1	R_2	R_3	发出量合计
R_1	—	F_{12}	F_{13}	X_1
R_2	F_{21}	—	F_{23}	X_2
R_3	F_{31}	F_{32}	—	X_3
收到量合计	Y_1	Y_2	Y_3	$\sum X_i = \sum Y_i$

表7-6中各项符号的含义如下：

R_i——代表不同的地区或区域；

T_{ij}——发出方 R_i 到收到方 R_j 的发出量；

Y_j——收到方 R_j 的收到量总和，如：$Y_1 = F_{21} + F_{31}$

$$Y_2 = F_{12} + F_{32}$$
$$Y_3 = F_{13} + F_{23}$$

X_i——发出方 R_i 的发出量总和，如：$X_1 = F_{12} + F_{13}$

$$X_2 = F_{21} + F_{23}$$
$$X_3 = F_{31} + F_{32}$$

【例7-4】 甲、乙、丙三地间2006年8月份的乘客流量如表7-7所示。

表7-7 三地乘客流量平衡表 人

收到方 发出方	甲	乙	丙	发出量合计
甲	—	3 000	6 000	9 000
乙	2 000		4 000	6 000
丙	2 400	4 600	—	7 000
收到量合计	4 400	7 600	10 000	22 000

绘制出不同时期的甲、乙、丙三地的流量平衡表，可以采取不同的方法对其进行分析，以发现规律和变化趋势，指导交通等部门的工作和客运公司的经营。比如，对流量平衡表采取横向比较的分析方法，比较甲、乙、丙三地间的乘客流向与流量，发现甲地的乘客发出量是最大的，而其中发往丙地的流量最多，可以进一步分析其乘客流动的原因与周期，以更好地计划和开展甲、丙两地间的客运工作；也可以对流量平衡表采取纵向比较法，例如，比较2006年1—12月份三地乘客流量平衡表的变化，分析乘客流量变化的原因及趋势，为交通运输部门提供客运市场信息，这些信息也可以使其他部门、企业受益，比如各地的行政管理部门和旅游、住宿、餐饮业等。

利用国际收支平衡表、供需平衡表、流量平衡表等进行平衡表分析时，还要结合其他信息分析手段，才能得出客观、全面地认识和进行准确的信息分析。

7.4 投入产出法

7.4.1 投入产出法概述

1. 概念

投入产出法又叫部门联系平衡法，是反映经济系统各部分（部门、行业、产品等）之间投入与产出的数量依存关系的经济数量分析方法。投入产出法是研究国民经济综合平衡和经济预测的重要方法，在许多经济信息分析预测工作中有着重要的应用价值。

投入产出法中的投入是指国民经济各部门在生产中所投入的各种原材料、能源、服务等中间投入，以及劳动报酬、税息、营业盈余和固定资产折旧等最初投入，最初投入在投入产出表中也表现为部门生产的增加值。产出是指各部门经济生产的成果（产品或服务）及分配去向，如各部门生产的产品去向包括：生产消费、生活消费、积累和出口等。

投入产出法是美国经济学家瓦西里·列昂惕夫（Wassily Leontief）于 1936 年首先提出的，并且他因此获得 1973 年诺贝尔经济学奖。在第二次世界大战以后，投入产出法开始受到美国政府的重视和应用，并很快在世界各个国家得到了广泛的传播，据不完全统计，到 1979 年，世界上大约有 90 个国家编制了投入产出表。我国从 1974 年开始编制投入产出表，1987 年国务院明确规定以后每 5 年编制一次全国投入产出表，这样投入产表的编制成为了一种制度和国民经济核算体系的一个有机组成部分。

2. 投入产出法的分类

按不同的标准，投入产出法可以分为不同的类别。

1）按照所反映时间的不同

可以分为静态投入产出分析和动态投入产出分析。静态投入产出分析是指研究某一个时期的投入产出平衡关系；动态投入产出分析是研究若干时期的投入产出关系与变化。

2）按计量单位划分

可以分为价值型投入产出分析和实物型投入产出分析。价值型投入产出分析以货币为计量单位；实物型投入产出分析以实物为计量单位。

3）按资料范围划分

可以分为世界范围、国家、地区、部门、公司的投入产出分析；也可以分为宏观模型和微观模型。

4）按资料性质和内容划分

可以分为报告期投入产出分析和计划期投入产出分析。报告期投入产出分析是根据报告期的实际数据和统计资料编制；计划期投入产出分析是对以后某一时期的预测或计划。

静态价值型投入产出分析是各种投入产出分析的基本型方法，其他类型的投入产出分析的原理与静态价值型投入产出分析是一致的，下面主要对静态价值型投入产出分析进行详细的讲解。

投入产出分析是在编制投入产出表的基础上实现的。投入产出表是投入产出法的基础，编制了投入产出表之后才能计算相关系数，对部门之间或产品之间的技术经济联系进行定量分析。投入产出分析法的基本步骤是：首先收集数据编制投入产出表，然后建立相应的投入产出模型，最后进行计算、分析。利用投入产出分析法可以对一些综合性的指标，以及各部门的指标进行中长期的经济预测，为管理决策、政策制定和宏观经济调控等提供依据。

7.4.2　投入产出表

投入产出表也称部门联系平衡表或产业关联表，是根据国民经济各部门生产中的投入来源、产品或服务的分配去向排列而成的一张棋盘式平衡表。其一般格式如表 7-8 所示。

投入产出表的行（横向）表示产出，列表示投入。整个表由经济总量和四个象限组成。表的最下面的一行和最右面的一列表示经济总量，即总投入（行）和总产出（列）。表的左方栏目（每一行的标题）称为主栏；上方栏目（每一列的标题）称为宾栏。

表 7 - 8　静态价值型投入产出表

投入 / 产出		中间产出					最终产出 Y_i	总产出 X_i
		部门 1	部门 2	…	部门 n	小计		
中间投入	部门 1	x_{11}	x_{12}	…	x_{1n}	$\sum x_{1j}$	Y_1	X_1
	部门 2	x_{21}	x_{22}	…	x_{2n}	$\sum x_{2j}$	Y_2	X_2
	…	…	…	…	…	…	…	…
	部门 n	x_{n1}	x_{n2}	…	x_{nn}	$\sum x_{nj}$	Y_n	X_n
	小　计	$\sum x_{i1}$	$\sum x_{i2}$	…	$\sum x_{in}$			
固定资产折旧		D_1	D_2	…	D_n			
新创造价值	劳动报酬	V_1	V_2	…	V_n			
	纯收入	M_1	M_2	…	M_n			
	小　计	N_1	N_2	…	N_n			
总投入		X_1	X_2	…	X_n			

① 主栏的中间投入部分与宾栏的中间产出部分交叉而成的象限称为第一象限。这一象限揭示了国民经济各部门之间相互依存、相互制约的技术经济联系，是投入产出表的核心。象限中的每一个数字都具有双重含义：从横向上看，它表示每个部门的产品或服务提供给各个产品部门使用的数量，也就是作为中间投入使用的数量；从纵向上看，它表示每一个产品部门在生产过程中消耗的各个产品部门的产品或服务的数量。

② 第一象限向右延伸，与宾栏的最终产出栏相交而成的象限称为第二象限。这一象限由各部门产品的最终产出构成，最终产出包括最终消费、出口、资本形成、积累等项目。第二象限说明了各部门最终产出或服务的构成项目及数量。

从横向上看，第一象限和第二象限说明了各部门产品或服务的分配流向，即：

中间产出＋最终产出＝总产出

③ 第一象限向下延伸，与主栏的固定资产折旧、劳动报酬、纯收入等栏相交而成的象限称为第三象限。这一象限反映了各部门总产出中的最初投入（固定资产折旧）和新创造的价值（劳动者报酬、社会纯收入等）的构成及数量，从另一个角度看，新创造价值也是在部门生产中劳动者和社会的一种投入。除了固定资产折旧项目之外，这一象限实际上也反映了国民收入的初次分配。

从纵向上看，第一象限和第三象限反映了各部门产品或服务的价值构成，即：

中间投入＋固定资产折旧＋新创造价值＝总投入

④ 第二象限向下延伸，第三象限向右延伸，两个象限相交而成的象限称为第四象限，也就是主栏中固定资产折旧和新创造价值栏与宾栏中最终产出栏相交而成的象限。从理论上讲，这一象限应该反映国民收入的再分配，但实际上，资金运动和再分配的过程是极为复杂的，难以用有限的栏目和线性运算充分地表现它们，所以，在投入产出分析中常将此象限省略，而通过其他方式显示和分析国民收入的再分配情况。

7.4.3　投入产出模型

利用投入产出表进行经济信息分析预测研究，可以通过建立投入产出数学模型进行，并且需要结合有关系数的分析来获得更深入的认识。

1. 投入产出表行模型

利用投入产出表横向的平衡关系（中间产出＋最终产品＝总产出）建立的数学模型称为投入产出行模型。从表 7-8 可以看出，在第一象限和第二象限构成的矩形的产品分配流向表中，有 n 个方程式存在：

$$\begin{cases} x_{11}+x_{12}+\cdots+x_{1n}+Y_1=X_1 \\ x_{21}+x_{22}+\cdots+x_{2n}+Y_2=X_2 \\ \vdots \\ x_{n1}+x_{n2}+\cdots+x_{nn}+Y_n=X_n \end{cases}$$

简略表示为

$$\sum_{j=1}^{n} x_{ij} + Y_i = X_i \quad (i=1,2,\cdots,n) \tag{7-1}$$

式中，x_{ij}——从行的方向看，表示本期生产中第 i 个部门生产的产品或服务分配给第 j 个部门使用，用于生产消耗的数量；从列的方向看，表示在生产过程中，第 j 个部门直接消耗的第 i 个部门的产品或服务的数量；

$\sum_{j=1}^{n} x_{ij}$——第 i 个部门本期生产的中间产出合计；

Y_i——第 i 个部门本期生产所提供的最终产品；

X_i——第 i 个部门本期生产的总产出。

在投入产出模型的建立过程中，需要引入直接消耗系数 a_{ij} 和直接消耗系数矩阵。直接消耗系数 a_{ij} 表示每生产一单位的 j 产品或服务要消耗的第 i 种产品或服务的数量，其计算公式为

$$a_{ij}=\frac{x_{ij}}{X_j}$$
$$x_{ij}=a_{ij} \cdot X_j \tag{7-2}$$

将式（7-2）代入式（7-1）得：

$$\sum_{j=1}^{n} a_{ij} \cdot X_j + Y_j = X_j$$

用矩阵表示为：

$$\begin{pmatrix} a_{11} & a_{12} & \cdots & a_{1n} \\ a_{21} & a_{22} & \cdots & a_{2n} \\ \vdots & \vdots & & \vdots \\ a_{n1} & a_{n2} & \cdots & a_{nn} \end{pmatrix}\begin{pmatrix} X_1 \\ X_2 \\ \vdots \\ X_n \end{pmatrix}+\begin{pmatrix} Y_1 \\ Y_2 \\ \vdots \\ Y_n \end{pmatrix}=\begin{pmatrix} X_1 \\ X_2 \\ \vdots \\ X_n \end{pmatrix}$$

简写为：

$$AX + Y = X \tag{7-3}$$

式中，X——总产出列向量；

Y——最终产出列向量；

A——直接消耗系数矩阵；投入产出表的直接消耗系数矩阵具有以下两种重要性质：

- 所有元素为正，即 $a_{ij} \geqslant 0$（$i, j = 1, 2, \cdots, n$）；

- 各列元素之各小于1，即：$\sum_{i=1}^{n} a_{ij} \leqslant 1$（$j = 1, 2, \cdots, n$）。

移项得：

$$Y = (I - A) \cdot X \tag{7-4}$$

式中，$(I - A)$——列昂惕夫矩阵。

可以证明，$(I - A)$ 为非奇异矩阵，即列昂惕夫矩阵可逆。

式（7-4）两边同乘以 $(I - A)^{-1}$，得：

$$X = (I - A)^{-1} \cdot Y \tag{7-5}$$

式中，$(I - A)^{-1}$——列昂惕夫逆矩阵，又称为完全需求系数矩阵或国民经济技术结构矩阵。

式（7-4）和式（7-5）即为投入产出的行模型。式（7-4）用于已知总产出时推算、预测最终产出；式（7-5）用于已知最终产出时推算总产出。

2. 投入产出表列模型

利用投入产出表的纵向平衡关系（中间投入＋固定资产折旧＋新创造价值＝总投入）建立的数学模型称为投入产出列模型。第一象限和第三象限组成的矩阵反映了各部门总产出的价值形成过程，也就是总投入的构成。n 列对应着 n 个方程：

$$\begin{cases} x_{11} + x_{21} + \cdots + x_{n1} + D_1 + V_1 + M_1 = X_1 \\ x_{12} + x_{22} + \cdots + x_{n2} + D_2 + V_2 + M_2 = X_2 \\ \vdots \\ x_{1n} + x_{2n} + \cdots + x_{nn} + D_n + V_n + M_n = X_n \end{cases}$$

简略表示为：

$$\sum_{i=1}^{n} x_{ij} + D_j + V_j + M_j = X_j \quad (j = 1, 2, \cdots, n) \tag{7-6}$$

式中，$\sum_{i=1}^{n} x_{ij}$——第 j 个部门的中间投入合计，也是指第 j 个部门在生产中对各部门的中间产出的消耗；

D_j——本期生产中第 j 个部门提取的固定资产折旧；

V_j——本期生产中第 j 个部门劳动者的报酬；

M_j——本期生产中第 j 个部门创造的社会纯收入；

X_j——第 j 个部门生产的总投入，也即总投入。

将直接消耗系数代入式（7-6），得：

$$\sum_{i=1}^{n} a_{ij} X_j + D_j + V_j + M_j = X_j \quad (j=1, 2, \cdots, n) \tag{7-7}$$

设 $D_j + V_j + M_j = N_j$，则式（7-7）可以表示为：

$$\sum_{i=1}^{n} a_{ij} X_j + N_j = X_j \quad (j=1, 2, \cdots, n) \tag{7-8}$$

用矩阵表示为

$$\begin{pmatrix} \sum\limits_{i=1}^{n} a_{i1} & 0 & \cdots & 0 \\ 0 & \sum\limits_{i=1}^{n} a_{i2} & \cdots & 0 \\ \vdots & \vdots & \ddots & \vdots \\ 0 & 0 & \cdots & \sum\limits_{i=1}^{n} a_{in} \end{pmatrix} \begin{pmatrix} X_1 \\ X_2 \\ \vdots \\ X_n \end{pmatrix} + \begin{pmatrix} N_1 \\ N_2 \\ \vdots \\ N_n \end{pmatrix} = \begin{pmatrix} X_1 \\ X_2 \\ \vdots \\ X_n \end{pmatrix} \tag{7-9}$$

设 $\boldsymbol{C} = \begin{pmatrix} \sum\limits_{i=1}^{n} a_{i1} & 0 & \cdots & 0 \\ 0 & \sum\limits_{i=1}^{n} a_{i2} & \cdots & 0 \\ \vdots & \vdots & \ddots & \vdots \\ 0 & 0 & \cdots & \sum\limits_{i=1}^{n} a_{in} \end{pmatrix}$，称为中间投入系数矩阵，

则矩阵式（7-9）可以简略表示为：

$$\boldsymbol{C} \cdot \boldsymbol{X} + \boldsymbol{N} = \boldsymbol{X}$$

移项整理得：

$$\boldsymbol{N} = (\boldsymbol{I} - \boldsymbol{C}) \boldsymbol{X} \tag{7-10}$$

可以证明 $(\boldsymbol{I} - \boldsymbol{C})$ 为非奇异矩阵，式（7-10）两边左乘 $(\boldsymbol{I} - \boldsymbol{C})^{-1}$，得：

$$\boldsymbol{X} = (\boldsymbol{I} - \boldsymbol{C})^{-1} \cdot \boldsymbol{N} \tag{7-11}$$

式（7-10）和式（7-11）称为投入产出表的列模型。其中，式（7-10）用于已知各部门生产的总投入时，估计和推算固定资产折旧和生产中的新创造价值；式（7-11）用于已知各部门固定资产折旧和新增加价值时，推算总投入。

7.4.4　投入产出法基本系数

在投入产出分析中，除了行模型与列模型提供的基本分析外，还可以利用基本系数进行分析，从而完善和深化信息分析预测结果。

1. 完全消耗系数

直接消耗系数表明了某部门生产过程中对各部门产品或服务的直接消耗。但是国民经济

中各部门之间的联系错综复杂，不同部门间除了直接消耗关系，还存在着多层的间接消耗关系。直接消耗与间接消耗之和构成完全消耗，完全消耗系数才能全面地反映各部门之间的联系。完全消耗系数说明为了得到某一部门的一个单位的最终产品而对各部门产品或服务的完全消耗量。一般用 b_{ij} 来表示完全消耗系数，用 $\boldsymbol{B}$ 来表示完全消耗系数矩阵。

完全消耗系数矩阵的计算公式为：

$$\boldsymbol{B}=(\boldsymbol{I}-\boldsymbol{A})^{-1}-\boldsymbol{I} \tag{7-12}$$

需要说明的是，完全消耗系数和完全需求系数是两个不同的概念。完全需求系数一般用 $\overline{b}_{ij}$ 来表示，用 $\overline{\boldsymbol{B}}$ 来表示完全需求系数矩阵。两者之间的区别首先在于用途方面的不同，完全消耗系数用来说明各个部门之间在生产中的完全消耗与被消耗的关系，完全需求系数用来在最终产出已知的情况下推算总产出；其次，完全需求系数属于行模型，完全消耗系数既不属于行模型，也不属于列模型，而是用来说各生产部门之间的技术经济联系的，属于行列交互的模型；最后，通过这两个系数的结合使用，能够对投入产出的经济信息有一个更深入和整体化的认识与把握。

2. 影响力系数

影响力系数是反映当某一部门增加一个单位的最终产出时，对各部门的产品及服务需求的波及程度，也可以理解为第 j 个部门最终需求增加一个单位产出时对各部门产生的需求影响程度。一般用 f_j 表示影响力系数，其计算公式为

$$f_j = \frac{\sum\limits_{i=1}^{n} \overline{b}_{ij}}{\dfrac{1}{n}\sum\limits_{j=1}^{n}\sum\limits_{i=1}^{n} \overline{b}_{ij}} \tag{7-13}$$

式中，

$\sum\limits_{i=1}^{n} \overline{b}_{ij}$ ——完全需求系数矩阵各列元素之和；

$\dfrac{1}{n}\sum\limits_{j=1}^{n}\sum\limits_{i=1}^{n} \overline{b}_{ij}$ ——完全需求系数矩阵各列元素之和的平均数。

由于完全需求系数 $\overline{b}_{ij}$ 是从最终需求的角度，说明当第 j 种产业增加 1 个单位的最终产出时（如消费，投资，出口），对第 i 种产业产品的完全需求量，因而 f_j 可以反映各列产品的最终产出对各行产品的带动作用。当 $f_j > 1$ 时，表明第 j 个部门的生产对国民经济的影响程度超过各部门影响力的平均水平；当 $f_j = 1$ 时，表明第 j 个部门的生产对国民经济的影响程度等于各部门影响力的平均水平；$f_j < 1$ 时，则说明第 j 个部门的生产对国民经济的影响程度小于各部门影响力的平均水平。f_j 越大，对各部门产出的拉动作用越大，反之亦然。因此，影响力系数是产业分析的一个基本指标，在经济信息分析预测中有着基础性意义。

3. 感应度系数

感应度系数是反映国民经济各部门均增加一个单位的最终产出时，某一部门由此受到的需求感应程度，也就是该部门为满足其他部门的生产而提供的产出量。如果某一部门提供给其他部门的投入使用越多，那么其感应度越大。也就是说，感应度系数反映的是该部门对其他部门的支撑作用，即产业部门的前向关联度。一般用 e_i 表示感应度系数，其计算公式为：

$$e_i = \frac{\sum\limits_{j=1}^{n} \overline{b}_{ij}}{\frac{1}{n} \sum\limits_{i=1}^{n} \sum\limits_{j=1}^{n} \overline{b}_{ij}} \tag{7-14}$$

式中，$\sum\limits_{j=1}^{n} \overline{b}_{ij}$ ——完全需求系数矩阵各行元素之和；

$\dfrac{1}{n} \sum\limits_{i=1}^{n} \sum\limits_{j=1}^{n} \overline{b}_{ij}$ ——完全需要系数矩阵各行元素之和的平均数。

当感应度系数大于 1 时，表示该部门受到的感应程度高于社会平均感应度水平；当感应度系数等于 1 时，表示该部门受到的感应程度等于社会平均感应度水平；当感应度系数小于 1 时，表示该部门受到的感应程度低于社会平均感应度水平。

影响力系数和感应度系数在分析部门间的比例关系上有着不同的作用：影响力系数表现的是各部门变化对其他部门变化的拉动效应，感应度系数表现的是各部门对其他部门变化的敏感程度，利用这两个系数可以综合地分析各部门在国民经济中的地位和作用。

7.4.5　投入产出法预测实例

【例 7-5】　某地区 2007 年甲、乙、丙三个生产部门的投入产出如表 7-9 所示。

表 7-9　2006 年某地区投入产出表　　　　　　　　　万元

		中间产出				最终产出			总产出
		甲	乙	丙	小计	消费	积累与后备	小计	
中间投入	甲	400	500	600	1 500	2 200	600	2 800	4 300
	乙	800	6 600	1 600	9 000	5 100	3 900	9 000	18 000
	丙	1 300	900	1 300	3 500	2 700	1 900	4 600	8 100
	小　计	2 500	8 000	3 500	14 000	10 000	6 400	16 400	30 400
固定资产折旧		500	1 600	600	2 700				
新创造价值	劳动报酬	700	3 300	1 500	5 500				
	社会纯收入	800	5 000	2 400	8 200				
	小　计	1 500	8 300	3 900	16 400				
总　投　入		4 500	17 900	8 000	30 400				

① 计算三部门间的直接消耗系数矩阵；

② 计算三部门间的完全消耗系数矩阵；

③ 假设经过分析，2008 年甲、乙、丙三部门的计划总产出分别确定为：$X_1 = 5\,600$ 万元，$X_2 = 24\,700$ 元，$X_3 = 15\,200$ 万元，试预测 2008 年三部门的最终产出。

1. 计算直接消耗系数矩阵

根据直接消耗系数的计算公式为：$a_{ij} = \dfrac{x_{ij}}{X_j}$

据此计算得：

$$a_{11}=\frac{400}{4\ 500}=0.089$$

$$a_{12}=\frac{500}{17\ 900}=0.028$$

$$a_{13}=\frac{600}{8\ 000}=0.075$$

同理计算得：a_{21}，a_{22}，a_{23}，a_{31}，a_{32}，a_{33}。则直接消耗系数矩阵为

$$A=\begin{pmatrix} 0.089 & 0.028 & 0.075 \\ 0.178 & 0.369 & 0.2 \\ 0.289 & 0.050 & 0.163 \end{pmatrix}$$

2. 计算完全消耗系数矩阵

首先计算列昂惕夫矩阵：

$$(I-A)=\begin{pmatrix} 1 & 0 & 0 \\ 0 & 1 & 0 \\ 0 & 0 & 1 \end{pmatrix}-\begin{pmatrix} 0.089 & 0.028 & 0.075 \\ 0.178 & 0.369 & 0.2 \\ 0.289 & 0.050 & 0.163 \end{pmatrix}=\begin{pmatrix} 0.911 & -0.028 & -0.075 \\ -0.178 & 0.631 & -0.2 \\ -0.289 & -0.05 & 0.837 \end{pmatrix}$$

再计算列昂惕夫逆矩阵，即完全需求系数矩阵：

$$(I-A)^{-1}=\begin{pmatrix} 1.147 & 0.06 & 0.117 \\ 0.458 & 1.639 & 0.433 \\ 0.423 & 0.119 & 1.261 \end{pmatrix}$$

完全消耗系数矩阵为：

$$(I-A)^{-1}-I=\begin{pmatrix} 0.147 & 0.06 & 0.117 \\ 0.458 & 0.639 & 0.433 \\ 0.423 & 0.119 & 0.261 \end{pmatrix}$$

3. 预测

当 $X_1=5\ 600$ 万元，$X_2=24\ 700$ 万元，$X_3=15\ 200$ 万元时，设三部门的最终产出分别为 Y_1，Y_2，Y_3，$Y=\begin{pmatrix} Y_1 \\ Y_2 \\ Y_3 \end{pmatrix}$，

则：

$$Y=(I-A)X=\begin{pmatrix} 0.92 & -0.02 & -0.08 \\ -0.18 & 0.63 & -0.21 \\ -0.32 & -0.05 & 0.86 \end{pmatrix}\begin{pmatrix} 5\ 600 \\ 24\ 700 \\ 15\ 200 \end{pmatrix}=\begin{pmatrix} 3\ 270 \\ 11\ 548.9 \\ 9\ 869 \end{pmatrix}$$

即 2008 年甲、乙、丙三部门的预计最终产出分别为：3 270 万元、11 548.92 万元和 9 869万元。

结合当地经济实际运行情况和不同产业发展状况，还可以对甲、乙、丙三个生产部门在当地经济活动中的地位与作用做出判断，并根据经济发展的规律和需要，以及与其他地区的比较等，对这三个生产部门有关的经济决策提供信息分析基础。

习题

7-1　什么是事物之间的平衡联系？列举几种常见的平衡联系。

7-2　决策树分析的基本原理和步骤是什么？

7-3　对 7.3 节中给出的 2006 年我国国际收支平衡表进行分析：

① 2006 年我国的国际贸易结构特点是怎样的；

② 2006 年我国的国际收支是顺差还是逆差，其构成是怎样的；

③ 结合 2006—2007 年人民币汇率的变化，分析我国的国际收支状况与人民币汇率变动情况之间的关系。

7-4　在中国外汇管理局（http：//www.safe.gov.cn）网站下载本年度之前五年的国际收支平衡表，对近几年的收支平衡表进行纵向分析。

① 总结各项目的变化特点与趋势；

② 结合当前中国经济的发展状况，预测本年度的国际收支平衡表主要项目是顺差还是逆差，以及大致的数额。

7-5　对 7.3 节中美国农业部提供的 2007 年 7—8 月份的全球小麦供需平衡表进行分析：

① 全球小麦的生产分布呈现出哪些特点？

② 哪些国家（或地区）是主要的小麦出口地？

③ 哪些国家（或地区）是主要的小麦进口地？

7-6　投入产出分析中有哪些常用的系数？这些系数在投入产出的技术经济分析中的作用是什么？

7-7　某企业 2007 年三种主要产品的价值型投入产出表如表 7-10 所示。

表 7-10　甲、乙、丙三种产品的投入产出表　　　　万元

		中 间 产 品				商品产品	总产值
		甲	乙	丙	小计		
生产资料转移价值	甲	80	70	40	190	300	490
	乙	40	30	70	140	180	320
	丙	10	50	40	100	140	240
	小　计	130	150	150	430	620	1 050
	折　旧	40	20	40	100		
新创造价值	工　资	180	50	30	260		
	税　金	65	40	15	120		
	利　润	65	40	35	140		
	小　计	310	130	80	520		
总　计		480	300	270	1 050		

① 计算甲、乙、丙三种产品间的直接消耗系数、完全需求系数和完全消耗系数；

② 若按计划，2008 年甲、乙、丙三种产品的产值分别为 270 万元、190 万元和 150 万元，推算 2008 年三种产品的总产值。

第8章 计算机辅助分析方法

本章主要学习目标

学完本章后，你应当能够：

① 理解计算机辅助分析方法在信息分析预测工作中的应用价值；

② 了解计算机辅助分析方法的发展及主要技术；

③ 掌握 SPSS 统计分析软件的简单应用；

④ 学会使用 SAS 统计分析软件。

20 世纪 70 年代以来，计算机技术的迅速发展，使计算机在人类知识劳动领域的各个方面发挥出重大作用，开始从根本上改变人类知识生产的方式和效率。随着计算机技术开始在信息活动中广泛应用，计算机辅助信息分析（Computer Aided Information Analysis，CAIA）作为一种崭新的方法和手段，开始在信息分析领域兴起，显著提升了信息分析的水平和效率。从未来的发展趋势上看，计算机辅助信息分析代表了信息分析发展的重点和未来方向。

本章在介绍计算机辅助信息分析的发展阶段、工作框架和主要技术的基础上，简单介绍 SPSS 和 SAS 两个通用的计算机辅助分析软件。

8.1 计算机辅助信息分析方法简介

8.1.1 计算机辅助信息分析技术的发展背景

计算机辅助信息分析从 20 世纪 70—80 年代以来发展很快，主要植根于以下两个背景。

1. 信息分析方法多样化

随着经济、社会生活的日益复杂化，对信息分析提出了更多、更高的要求。同时，越来越多的信息分析课题是复杂的大系统，统计、计算、建模、分析等各类信息数据的处理越来越复杂，要求越来越高。信息分析的各种方法的发展也很快，有些方法的参数和方程之多，建模和求解的难度之大，实施过程之复杂，已非人的手工所能胜任，甚至离开了计算机的辅助就不可能获得结果。也就是说，信息分析问题本身和分析方法对利用计算机的需要愈来愈迫切。

2. 计算机技术迅速发展

随着计算机技术的迅速普及、功能的日益强大及数据库技术、软件技术的广泛开发，现代信息技术不仅可以有效支持对信息的组织和处理，而且可以对信息进行识别、挖掘和重组，为解决信息分析的各种困难问题提供了非常强大的技术手段，同时为逐步实现信息分析过程的高效、自动和智能开辟了广阔的前景。

　　在上述背景下，计算机辅助信息分析越来越受到人们的重视，日益成为信息分析的主要方法和手段，从而开辟出信息分析的新的工作方式。

8.1.2　计算机辅助信息分析的发展进程

　　计算机辅助信息分析发展至今，主要经历了三次大的飞跃：计算机辅助数据处理、系统支持和人工智能。

1. 计算机辅助数据处理

　　信息分析的定量化趋势使数据的加工处理的工作量越来越大。在信息分析的过程中，数据计算和分析占的比重不断提升，仅仅依靠人的手工运算来处理如此庞大纷繁的数据是不可能的，计算机辅助数据处理应运而生。

　　在这一进程中主要是由计算机完成信息分析中的数据统计、计算、分析、图形表达、结果综合等各项数据的加工处理工作，将人从繁重的数据运算中解脱出来，使各种数据量大、参数多的信息分析课题有实施的可能，并使效率大大提高。其基本特点是：计算机只承担某一项具体的运算或数据处理。从大范围内来说，计算机辅助数据处理信息分析是属于自动数据处理（ADP）的一个组成部分或应用领域。

　　计算机辅助数据处理的内容是多种多样的，主要包括这样一些方面：

　　① 指数平滑方法中，在平滑常数取不同值的情况下的结果比较；

　　② 时间序列分解法中的数据归纳和计算；

　　③ 多元线性回归方程系数的求解及有关的统计检验计算；

　　④ 多元线性回归方程的优化计算过程；

　　⑤ 多元相关统计分析中的计算；

　　⑥ 内容相关分析中，引文分析方法中引用耦合的统计分析；内容分析法中同频词或主题词等的统计分析；

　　⑦ 原始数据与曲线模型的拟合选择；

　　⑧ 德尔菲法调查的专家意见汇总和结果表达；

　　⑨ 多因素综合评估和评估模型的数据处理和结果表达；

　　⑩ 层次分析法的计算和结果表达。

　　从扩大计算机辅助数据处理应用的通用性和提高工作效率出发，这一阶段的重要工作是开发通用的软件。事实上，国内外已经相继开发推出了不少通用软件，目前广泛应用的软件有 SPSS 社会科学统计软件包、SAS 统计分析系统软件、中国科学院开发的 SASA 软件等，在功能上覆盖了绝大多数的统计分析方法。

　　由于采用计算机辅助数据处理，原来许多因计算太繁杂而无法实现的信息分析课题都能付诸实施，大大提高了信息分析的实践能力，扩大了信息分析的应用领域。

2. 系统支持

　　系统支持阶段的主要目标是建立信息分析的专用数据库系统。计算机进行的不仅仅是某一项独立的运算或数据处理，而是从整体上支持信息分析，实现信息分析更高程度和更大范围的自动处理。

　　系统支持阶段的主要内容是建立信息分析的支持数据库，包括构造面向问题的专用数据库（DB）、信息分析用的专家系统（ES）和决策支持系统（DSS）。信息分析的支持数据库是高级信息分析的基础结构之一，它可以随时提供某范围内数据的检索、分类、统计、计算、综合和分析等，使信息分析工作的效率和质量大大提高，从工作环境和工作基础上对信息分析提供支持，改变传统的信息分析工作中分散收集资料数据，各自从头开始的落后工作方式，并且使数据的收集、整理和加工等工作环节合而为一。

1）专用数据库

信息分析专用数据库系统的基本功能是：提供基础的共享数据（如统计数据、电子手册、电子百科全书等）；按照不同的研究目的和要求，方便地存储、检索、编辑某一领域或范围的数据资料；进行数据的统计分析、计算和建模等数据处理；提供良好的结果表达和输出功能。

信息分析专用数据库系统的实现途径一般有以下几种。①采用通用性强的基础性数据库。目前，一些大型的数据库系统除具备检索功能之外，还具有数据统计和定量分析功能，可支持一般性的信息分析工作。②根据信息分析的具体内容和工作目标，研制专用数据库。如美国信息研究所研制的 SCI 数据库。③利用套录技术支持信息分析的数据库。从大型计算机系统的多种数据库中套录课题所需的数据，按一定的规划和要求对数据进行重组，建立专门数据库供信息分析使用。如美国 ISI 开发的 SCI－MATE、Dialog 公司的 DIALOG－LINK 等均是用于套录的专门软件。随着网络信息技术的发展和信息资源的网络化，信息分析拓展到网络化环境，建立特定课题的 WEB 数据库或虚拟数据库，也成为信息分析专用数据库系统实现的一种重要途径。

2）专家系统（ES）

专家系统是运用特定领域的专门知识，通过推理来模拟通常由专家才能解决的各种复杂的、具体的问题，达到与专家具有同等解决问题能力的计算机智能程序系统。它能对决策的过程作出解释，并有学习功能，即能自动增长解决问题所需的知识。例如农业专家系统，汇集农业领域知识、模型和专家经验等，采用合宜的知识表示技术和推理策略，以信息网络为载体，为农业生产管理者提供咨询服务、科学种田指导等。

一个典型的专家系统通常包括三部分：知识库、推论器与接口。其中，知识库组织事实与规则，推论器借由知识库中有效的事实与规则，在使用者所输入的条件基础下勾勒出结果，而接口则是使用者与专家系统间的沟通桥梁。

专家系统的理论和技术不断发展，应用渗透到几乎各个领域，包括化学、数学、物理、生物、医学、农业、气象、地质勘探、军事、工程技术、法律、商业、空间技术、自动控制、计算机设计和制造等众多领域。开发了几千个的专家系统，其中不少专家系统在功能上已达到，甚至超过同领域中人类专家的水平，并在实际应用中产生了巨大的经济效益。

3）决策支持系统（DSS）

决策支持系统的概念始于 20 世纪 70 年代，20 世纪 80 年代以来，决策支持系统有了明显的发展。决策支持系统是辅助决策者通过数据、模型和知识，以人机交互方式进行半结构化或非结构化决策的计算机应用系统。它为决策者提供分析问题、建立模型、模拟决策过程和方案的环境，调用各种信息资源和分析工具，帮助决策者提高决策水平和质量。

决策支持系统主要由四个子系统组成，即数据库系统、模型库系统、方法库系统和用户接口系统。数据库系统包括数据库（DB）和数据库管理系统（DBMS）；模型库系统包括模型库（MB）和模型库管理系统（MBMS）；方法库系统由方法库（AB）和方法库管理系统（ABMS）组成；用户接口系统是决策支持系统的人机接口界面，它负责接受和检验用户的请求，协调数据库系统、模型库系统和方法库系统之间的通信，向用户提供各种类型的信息获取手段和辅助学习系统。

现在决策支持系统已经逐步推广应用于预算与分析、预测与计划、生产与销售、研究与开发等职能部门，并开始用于军事决策、工程决策和区域规划等方面。例如，美国航空公司的 AAIMS 系统，可存储整个飞行业的历史数据，并通过显示和分析历史数据来计算未来数据，研究旅客预测、市场分享、飞机利用率、单位业务量的收益等指标，决定发展策略。"对话式财务计划系统"（IFPS）可利用模型进行预测和风险分析，灵活地辅助分析人员进行财务计划和规避风险。"地理数据分析展示系统"（GADS）能为城市规划等提供较强的信息分析功能。

3. 智能开发

计算机辅助信息分析系统虽然可以从整体上支持信息分析，但也有其局限性。其主要局限在于，上述专家系统和数据库应用系统只能解决规范性问题，即依靠系统中存储的过去的经验程序化地解决问题。计算机辅助信息分析要得到进一步发展，不能仅仅满足于逻辑推理、定量计算或按固定的程序解决问题，而应该具有灵活的分析判断能力、多路推理能力、处理模糊问题的能力和模式识别能力，即需要提高计算机系统的智能化程度。随着人工智能（Artificial Intelligence，简称 AI）的发展，计算机辅助信息分析将步入以智能为主要特征的发展阶段——智能开发阶段。

在人工智能这一学科的众多领域中，与智能开发最密切相关的是知识工程（Knowledge Engineering，KE），这是 20 世纪 70 年代中期崛起的一个重要领域。知识工程的研究对象是知识的智能处理，大体包括四方面的内容：①知识的获取和学习；②知识的表示和组织；③知识的检索和推理；④知识的传播和利用。知识工程从新的角度、运用新的手段从深层次来探索这些基本问题，显然将对信息分析工作产生重大的影响，从智能的角度上提高信息分析的水平。

目前，数据仓库（Data Warehouse）、数据挖掘（Data Mining）、联机分析处理（Online Analytical Processing，OLAP）等技术已广泛应用于知识的组织与管理，可帮助信息分析人员识别隐藏于各信息单位之间的知识关联，为复杂的信息分析和高层次的决策提供智能支持，使信息分析工作不再拘泥于固定的程序，智能化的处理成为其新的特点。

8.1.3　计算机辅助信息分析工作框架

1. 计算机辅助信息分析框架内容

计算机辅助信息分析系统由数据库、信息分析方法、信息分析软件和信息分析人员四大要素构成。其中，数据库是基础，数据库系统中的数据资源是信息分析的对象；信息分析方法是手段，选择先进、合理、有效的方法是信息分析取得实质性成果的重要条件；信息分析软件是工具，在功能上保证信息分析目标和方法的实现；信息分析人员是主体，决定数据库、方法和软件的建设与选择。

计算机辅助信息分析系统的四个要素是否相互适配，即要素之间的相互结合能否产生协同性，是计算机辅助信息分析系统的整体功能能否大于各个要素功能之和的关键所在。也就是说，对特定的信息分析课题，若数据资料完整准确，方法选择得当，软件工具具有与之相匹配的先进功能，信息分析人员能按照课题要求对这些要素进行有效的整合，并在此基础上进行创新性的研究，则该计算机辅助分析系统就是一个高效能的系统。其中，信息分析人员对其他要素的有效运用、对课题的理解及其所表现出来的智慧在很大程度上决定着信息分析的质量。

2. 计算机辅助信息分析工作流程

计算机辅助信息分析工作流程包括 5 个主要步骤，如图 8-1 所示。

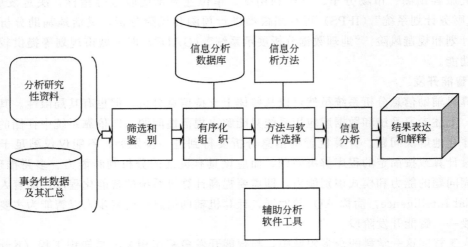

图 8-1　CAIA 工作流程

1) 信息采集

信息采集是按照信息分析课题的需要，遵循一定的程序，采用科学的方法，对真实、有价值的信息进行有组织、有计划、有目的的采集的全过程，其目标是系统采集与课题相关的尽可能完整的信息资源。信息采集是信息分析的前提和基础。

信息采集有以下 5 个原则。①真实性原则。指采集的信息必须反映真实的状况，真实性原则是信息采集的基础。②完整性原则。信息采集必须按照一定的标准要求，采集反映事物全貌的信息，完整性原则是信息利用的基础。③及时性原则。信息采集的及时性是指能及时获取所需的信息。及时性原则保证信息采集的时效。④准确性原则。准确性原则是指采集到的信息与需求的关联程度比较高，采集到的信息的表达准确无误。准确性原则保证信息采集的价值。⑤广泛性原则。信息采集渠道应是多方面的，内外部信息、Web 站点的信息、Internet 资源、联机数据库、人际网络等。广泛性原则保证信息采集的整体性。

2) 信息有序化组织

对采集到的信息进行有序化的组织，包括两个步骤：数据筛选和鉴别；数据的有序化组织。对所收集的原始数据，首先要进行筛选和鉴别，剔除虚假的、过时的、错误的信息，提高信息的准确性和有效性。一般来说，还需要建立相应的信息评价体系，根据所收集的信息的基本特征或特点，分别置入评价体系进行价值评价，做适度的筛选以利于信息的针对性使用。在筛选与鉴别的基础上，按照某种统一的数据格式，对多文件或多数据库环境中的数据进行合并处理，建立信息分析的专用数据库。

　　3）分析方法与辅助分析软件的选择

　　信息分析方法从性质上看，有定性方法、定量方法、拟定量方法；从功能上看，有相关分析方法、预测方法、评估方法、综合分析方法等。方法的选择及其组合应保证信息分析各项目标的实现。辅助分析软件作为一种工具，是为方法功能的实现和课题任务的完成服务的，一般来说，需要综合运用多种分析软件和工具。因此，在建立信息分析专用数据库的情况下，除利用有关软件完成基本的数据的统计、计算和分析之外，还可结合运用联机分析处理软件和数据挖掘工具，相互验证分析结论和有关事实，从而提高信息分析的效率和质量。

　　4）信息分析

　　信息分析是整个计算机辅助信息分析流程中的关键步骤。在专用数据库的支持下，利用所选择的软件工具和方法，展开具体的信息分析过程。信息分析要受到目标的支配，无论分析的目标是非常具体的，还是比较抽象的，都应该首先明确分析目标。必要时可建立起相应的假设，一部分假设由信息分析人员自己提出，一部分假设由信息分析工具产生或建立。经过统计、计算、比较分析，验证或证明假设，得出分析结论。

　　5）结果表达和解释

　　信息分析的最后需要按用户要求提供信息分析结果，指出分析结果的适用范围和边界等。在决策支持系统中，要按决策者的要求来描述知识，如用挖掘出的知识建立决策树或集成发现的规则到决策支持系统的知识库中；同时要把已描述的知识输入到知识库中，成为知识库的新的构成要素。

8.1.4　计算机辅助信息分析的主要技术

　　20 世纪 90 年代以来，数据仓库（DW）、联机分析处理（OLAP）、数据挖掘（DM）等信息分析处理技术相继问世，为信息分析提供了有效的体系化解决方案，显著提升了信息分析的智能化程度。其中，数据仓库主要用于数据的获取、组织和存储；联机分析处理集中于数据的多维分析和查询；数据挖掘致力于从大量模糊的、随机的数据中提取具有潜在价值的知识。而联机分析处理和数据挖掘既可以作为数据仓库的工具层的组成部分，又可以独立于数据仓库。

1. 数据仓库（DW）

　　数据仓库是适应数据的分析型处理而兴起的一种新的数据存储和组织技术，它在原有各类数据库的基础上，为了满足高层分析和决策的需要，通过分离操作型处理和分析型处理，为人们建立一个单独的分析处理环境。在技术上人们根据其工作过程可将数据仓库的关键技术与内容分为数据抽取与集成、数据存储与管理及数据分析与表现三个基本方面。

　　① 数据抽取与集成。数据抽取是数据进入仓库的入口。由于数据仓库是一个独立的数据环境，它需要通过抽取过程将数据从联机事务处理系统（OLTP）、外部数据源、脱机的数据存储介质中导入到数据仓库。数据抽取在技术上主要涉及互联、复制、增量、转换、调度和监控等方面。经过数据抽取，将形式多样、结构不一致的大量数据清洗、转化、综合后加载到数据仓库中。

　　② 数据存储和管理。数据仓库组建和运行的关键是数据的存储和管理。其组织管理方式决定了它有别于传统数据库对外部数据的表现形式。一般来说，数据仓库的存储可由大型含有并行组件的关系型数据库系统来完成，也可以使用多维数据库，进行大批量数据分析和

复杂处理。

③ 数据分析与表现。主要集中在多维分析、数理统计和数据挖掘方面。可利用 OLAP、DM 及用户查询与报表工具。随着互联网技术的发展和普遍运用，使得多维分析和数据挖掘领域的工具和产品更加注重提供基于 Web 前端的联机分析界面，拓展了 DW 的数据分析与表现形式。

2. 联机分析处理（OLAP）

联机分析处理概念由关系数据库之父 E. F. Codd 于 1993 年提出。当时，由于联机事务处理系统（OLTP）已不能满足终端用户对数据库进行查询分析的需要，SQL 语句对数据库的简单查询也不能满足用户深入分析的需要，要解决用户决策分析中对关系数据库进行大量的、深层次的计算的问题，需要多维数据库和多维分析技术的支持。联机分析处理遂作为一种具有独特效能的信息分析工具得到迅速发展。

联机分析处理是针对特定问题的联机数据访问与分析，使分析人员能够从多角度对信息进行快速、一致、交互地存取，从而获得对数据的更深入了解。它的技术核心是"维"这个概念。"维"是人们观察客观世界的角度，是一种高层次的类型划分。"维"一般包含着层次关系，这种层次关系有时会相当复杂。通过把一个实体的多项重要的属性定义为多个维（dimension），使用户能对不同维上的数据进行比较。OLAP 的基本多维分析操作有钻取（roll up 和 drill down）、切片（slice）、切块（dice）及旋转（pivot）等。

根据综合性数据的组织方式的不同，目前常见的 OLAP 主要有基于多维数据库的 MOLAP 及基于关系数据库的 ROLAP 两种。MOLAP 是以多维的方式组织和存储数据，ROLAP 则利用现有的关系数据库技术来模拟多维数据。在数据仓库应用中，OLAP 应用一般是数据仓库应用的前端工具，同时 OLAP 工具还可以同数据挖掘工具、统计分析工具配合使用，增强决策分析功能。

3. 数据挖掘（DM）

DM 是一种从大量的、模糊的和随机的数据中提取、发现隐含于其中的潜在数据模式和有用信息的过程。DM 涉及数据统计、模糊理论和人工智能等多种技术，是进行预测性分析的有效工具。用户使用 DM 工具不必提出确切的问题，只需 DM 工具通过关联知识的挖掘去智能地定位潜在信息、预测未来的发展趋势和探测未知模式。作为 DW 工具层的组成部分，OLAP 和 DM 是相辅相成的：OLAP 更多地依靠用户输入问题和假设，得出分析结论，DM 则自动发现隐藏的数据模式，做出预测和发现未知的事实。因此，可以结合 OLAP 和 DM 验证分析结论，提高信息分析的质量。目前的一个发展趋势是，OLAP 和 DM 出现了相互融合的趋势，以至出现了联机数据挖掘（OLDM：Online Data Mining）的新概念。

按照 IBM 的划分，DM 的主要分析方法有如下四类。

① 关联分析（Association）。即利用关联规则进行数据挖掘。目前人们提出了多种关联规则的挖掘算法，如 APRORI、STEM、AIS、DHP 等算法。关联分析的目的是挖掘隐藏在数据间的相互关系，它能发现数据库中形如"90％的顾客在一次购买活动中购买商品 A 的同时购买商品 B"之类的知识。

② 序列模式分析（Sequential Patterns）。序列模式分析的侧重点在于分析数据间的前后序列关系。它能发现数据库中形如"在某一段时间内，顾客购买商品 A，接着购买商品 B，而后购买商品 C，即序列 A→B→C 出现的频度较高"之类的知识。序列模式分析描述

的问题是：在给定的交易序列数据库中，每个序列是按照交易时间排列的一组交易集，挖掘序列函数作用在这个交易序列数据库上，返回该数据库中出现的高频序列。

③ 分类分析（Classifiers）。设有一个数据库和一组具有不同特征的类别（标记），该数据库中的每一个记录都被赋予一个类别的标记，这样的数据库称为示例数据库或训练集。分类分析就是通过分析示例数据库中的数据，为每个类别做出准确的描述，或建立分析模型，或挖掘出分类规则，然后用这个分类规则对其他数据库中的记录进行分类。目前已有多种分类分析模型得到应用，其中典型的有线性回归模型、决策树模型、基本规则模型和神经网络模型。

④ 聚类分析（Clustering）。即根据一定的规则（聚类算法）合理地划分记录集合，确定每个记录所在的类别。它所采用的分类规则是由聚类分析工具决定的。聚类分析的方法很多，包括系统聚类法、分解法、加入法、动态聚类法、模糊聚类法、运筹方法等。采用不同的聚类方法，对于相同的记录集合可能有不同的划分结果。聚类分析与分类分析是两种互补的分析方法：一方面分类分析的分类标准可以通过聚类分析不断得到补充；另一方面聚类分析可以直接采用分类算法进行。

计算机辅助信息分析正日益成为信息分析的主流工作模式，显著地提升了信息分析的职业水平，但信息分析界对计算机辅助信息分析理论和应用的研究比较薄弱，这显然不符合计算机辅助信息分析进一步深化和拓展的需要，不符合信息分析在现代信息环境下进行理论更新和职业建构的需要。需要指出的是，计算机辅助信息分析从总的发展方向上来看，虽然越来越智能化，但计算机不可能完全取代人，无论其功能多么强大，最终只能是人的辅助工具。信息分析中人的地位是主导性的，理论框架的形成、对方法和模型的选择，以及根据背景知识和经验理解、解释所得到的数据或结论，这些信息分析中创造性思维的工作部分最终只能由信息分析人员自己完成，这是由信息分析作为一种知识或智能劳动的特点所决定的。

8.2　SPSS 软件

1. 概述

SPSS 是目前世界上最著名的数据分析软件之一。SPSS 是"社会科学统计软件包"（Statistics Package for Social Science）的简称。1968 年，美国斯坦福大学 H. Nie 等三位大学生开发了最早的 SPSS 统计软件，并于 1975 年在芝加哥成立了 SPSS 公司。SPSS 分析方法涵盖面广，用户操作使用方便，输出结果图文并茂，并且随着它的功能不断完善，统计分析方法不断充实，大大提高了统计分析的工作效率。从 1968 年由美国斯坦福大学开发使用至今，已经拥有大量的用户，分布在通信、医疗、银行、证券、保险、制造、商业、市场研究、科学教育等众多领域和行业，成为世界上应用最广泛的专业统计软件。

SPSS 有如下特点。

① SPSS 提供了 3 种基本运行方式：完全窗口菜单方式、程序运行方式、混合运行方式。程序运行方式和混合运行方式允许使用者从特殊的分析需要出发，编写自己的 SPSS 命令程序，通过语句直接运行。

② SPSS 中使用的对话框主要有两类：一类是文件操作对话框。文件操作对话框操作与 Windows 应用软件操作风格一致。另一类是统计分析对话框，统计分析对话框可以分为主

窗口和下级窗口，在该类对话框中，选择参与分析的各类变量是主要任务。

③ 集数据录入、资料编辑、数据管理、统计分析、报表制作、图形绘制于一体。从理论上说，只要计算机硬盘和内存足够大，SPSS 可以处理任意大小的数据文件，无论文件中包含多少个变量，也不论数据中包含多少个案例。

④ 自从 1995 年 SPSS 公司与微软公司合作开发 SPSS 界面后，SPSS 界面变得越来越友好，操作也越来越简单。

2．功能简介

SPSS 的基本功能包括数据管理、统计分析、图表分析、输出管理等，具体内容包括描述统计、均值比较、一般线性模型、相关分析、回归分析、聚类分析、主成分分析、时间序列分析、非参数检验等大类，每个类中还有多个统计方法。SPSS 设有专门的绘图系统，根据使用者的需要将给出的数据绘制成各种图形，以满足用户的不同需求。

下面按 SPSS 的基本和高级两部分功能，分模块来简介其主要的功能过程。

1）基本系统（Base System）

基本系统模块提供以下过程。

① 数据文件管理（Data File）过程。包括对有关文件进行创建、打开、查找、编辑和存储等工作。

② 数据的定义和操作（Data Transformation）过程。包括数据的重新编码和加权、创建新变量、对数据进行算术和逻辑的计算、漏填数据的处理等。还可以对样本数据进行分类排序，读写数据文件及选择打印输出格式等。

③ 数据汇总（Frequencies）过程。对给定变量进行频数分析，并可以输出表征频数的条形图、直方图和分布图，另外可以给出均值、众数、中位数、陡度和偏斜度等 14 种统计量。

④ 描述性统计（Descriptives）过程。用于有序变量和区间/比率变量的数据汇总，给出了 12 种统计量，特别是能计算概率度（Z 值）。

⑤ 交叉表和检测（Crosstable）过程。用于进行交叉汇总，完成两个或两个以上变量在分项不多的情况下的联表。

⑥ 多维变量的描述统计（Means）过程。进行三维以上变量的描述统计。

⑦ T 检验（T-Test）过程。用于检验两组或两组以上样本的均值，从而进行组间显著性测试。

⑧ 相关分析（Correlation）过程。计算多元相关系数矩阵。

⑨ 多因子方差分析（Anova of Variance）过程。进行因素间的变异量分析。

⑩ 多元线性回归（Multiple Linear Regression Analysis）过程。用于多变量的直线回归。

⑪ 绘图专用系统（Graphics）。可以用 SPSS 本身的 GRAPH 命令直接对 SPSS 数据文件的数据绘图，也可以先综合 SPSS 的数据，然后传送给 Microsoft Chart 专用制图软件来绘制高质量的图。它可以产生和输出 5 种基本图形和数十种派生图。

⑫ 帮助功能（包括联机帮助和教学程序 Tutoral）。在运行 SPSS 时，只要单击 F1，选择所要了解的题目，便可以得到有关函数、语法及操作的信息。

2）高级统计系统（Advanced Statistics）

高级统计系统提供以下过程。

① 判别分析（Discriminant）过程。该过程是一种用多元统计分析方法判别样本所属类型的过程。

② 快速聚类分析（Quick Cluster）过程。该过程将一批样本或指标按照它们在性质上的紧密关系，在没有先验知识的情况下进行分类。

③ 因子分析（Factor）过程。该过程进行多种类型的主成分分析和因子分析。主成分分析是将多个指标化为少数几个指标，以舍弃观测值变化不大的变量的一种统计方法。因子分析是根据相关性大小对指标分组，使得同组内指标之间的相关性较高，不同组指标的相关性较低，每组指标代表一个基本结构，称为公共因子，用较少个数的公共因子的线性函数与特殊因子之和来描述原来的每个分量。

④ 多元方法分析（Manova）过程。该过程进行方差和协方差的一般性分析，它执行单因变量和多因变量的方差分析。

⑤ 非线性回归（Nonlinear Regession）过程。进行变量的曲线拟合。

⑥ 残存统计（Surival）过程。计算残存表和考克斯回归等工作。

⑦ 非参数检验（Nonparametric）过程。用于在变量概率分配未知情况下而进行的假设检验工作。

⑧ 趋势分析系统（Trends）。主要用来对时间序列进行分析。它可以对数据进行绘图、平滑、分解、回归、频率分析和使用 ARIMA 方法建立模型。

⑨ 制表专用系统（Table）。该系统比基本系统能产生更为复杂的表格。它可以完成一维、两维和三维表；实现多个表的连接；确定不同形式的百分比输出；进行一些基本统计；进一步完善表格的内容。

3. 使用简介

对于 Windows 版本的 SPSS 软件包，可以通过主窗口菜单区的下拉式菜单，按步骤选择所需要的命令来执行，从而方便地运行各项命令。下面以 SPSS 数据的打开与存储为例简单介绍 SPSS 软件的使用。

通常在做数据统计分析之前，首先要将需分析的数据输入程序，或打开 SPSS 的语法文件，或打开输出文件。当用户在操作系统下运行 SPSS 软件后，计算机屏幕上出现一个对话框，如图 8-2 所示。

该对话框中各个选项的含义如表 8-1 所示。

表 8-1　启动对话框选项含义

选　项	内　容
Run the tutorial	运行操作指南
Type in data	输入数据选项，建立新的数据集时可选择此项
Run an existing query	运行一个已经存在的数据文件选项
Create new query using Database Wizard	用数据库处理工具建立新文件
Open Existing date source	打开一个已经存在的数据文件
Open another type of file	打开其他类型的文件
Don't show this dialog in the future	选中该复选项后，下次启动 SPSS 时将不会显示该对话框，直接显示数据编辑窗口

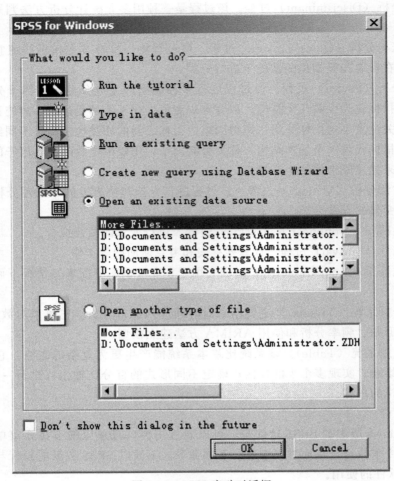

图 8-2 SPSS 启动对话框

通过程序 File 菜单的下拉菜单项，可以方便地输入其他各种格式的数据或相关文件，如表 8-2 所示。

表 8-2 File 菜单的下拉菜单项

下拉项内容	作 用 注 释
New—Data	打开新的数据文件
New—Syntax	打开新的语法文件
New—Output	打开新的输出文件
Open—Data	打开现有的 SPSS 或其他格式的数据文件
Open—ODBC	打开已安装的互联的开放式数据库
Open—Oracle	打开 Oracle 服务器的数据库
Open—SQL	打开 SQL 服务器的数据库
Open—Chart	打开图表文件
Open—Syntax	打开包含 SPSS 语法的文本文件
Open—Output	打开 SPSS 输出的文本文件
Read Text Data	从现有的文本格式文件（ *.txt，*.dat）读入数据文件

当要将当前的数据集转存为其他格式的文件时，只要进入主菜单 File｜Save As 的存储窗口，就可以选择多种其他格式进行存储。

8.3　SAS 软件

1. 概述

SAS（Statistical Analysis System）于 1966 年上市，是美国 SAS 公司研制的一个模块化、集成化的大型组合软件系统。SAS 基本上可以分为四大部分：SAS 数据库部分、SAS 分析核心、SAS 开发呈现工具、SAS 对分布处理模式的支持及其数据仓库设计。SAS 系统主要完成以数据为中心的四大任务：数据访问、数据管理、数据呈现、数据分析。

目前 SAS 已在全球 100 多个国家和地区拥有 29 000 多个客户群，直接用户超过 300 万人。在我国，国家信息中心、国家统计局、卫生部等都是 SAS 系统的大用户。SAS 已被广泛应用于政府行政管理、科研、教育、生产和金融等不同领域，并且发挥着愈来愈重要的作用。

2. SAS 的设计思想

SAS 的设计思想是为统计学家和科技工作者提供一个人性化的统计分析工具，利用这个工具可以完成从简单的描述性系统到复杂的多变数分析的各种运算，从而使人们从繁重的计算任务中解脱出来，不必再为如何获得计算结果花费过多的时间和精力，将更多的时间和精力用于分析和解释这些结果。

3. SAS 的特点

SAS 把数据存取、管理、分析和展现有机地融为一体。主要特点如下。

（1）功能强大，统计方法齐全、新颖

SAS 提供了从基本统计数据的计算到各种试验设计的方差分析、相关回归分析及多变数分析等多种统计分析过程，几乎囊括了所有最新的分析方法。分析方法的实现通过过程调用完成。许多过程同时提供了多种算法和选项。例如方差分析中的多重比较，提供了包括 LSD、DUNCAN、TUKEY 测验在内的 10 余种方法；回归分析提供了 9 种自变量选择的方法（如 STEPWISE，BACKWARD，FORWARD，RSQUARE 等）。回归模型中可以选择是否包括截距，还可以事先指定一些包括在模型中的自变量字组（SUBSET）等。对于中间计算结果，可以全部输出、不输出或选择输出，也可以存储到文件中供后续分析过程调用。

（2）使用简便，操作灵活

SAS 以一个通用的数据（DATA）部产生数据集后以不同的过程调用完成各种数据分析。其编程语句简洁、短小，通常只需很短的几句语句即可完成一些复杂的运算，得到满意的结果。结果输出以简明的英文给出提示，统计术语规范易懂，使用者只要具有初步英语和统计基础即可。同时 SAS 的设计能自动修正一些小的错误（例如将 DATA 语句的 DATA 拼写成 DATE，SAS 将假设为 DATA 继续运行，仅在 LOG 中给出注释说明）。对运行时错误它尽可能地给出错误原因及改正方法。因而 SAS 将统计的科学、严谨和准确与便于使用有机地结合起来，极大地方便了使用者。

（3）提供联机帮助功能

使用过程中按功能键 F1，可随时获得帮助信息，得到简明的操作指导。

4. SAS 的功能

SAS 的功能包括数据访问、数据储存及管理、应用开发、图形处理、数据分析、报告编制、运筹学方法、计量经济学与预测等。它的各项功能由功能模块完成，其中基础模块（BASE）为必需模块，其他模块可任选。供选择的模块包括统计（STAT）、矩阵运算（IML）、绘图（GRAPH）和全屏幕操作（FSP）等 20 余个。

（1）基础模块（BASE）

基础模块为 SAS 系统的核心模块，包括 31 个 SAS 的基本过程，按照用途可以划分为四大类。主要有以下功能：进行数据存储、调入、修改、追加、复制和文件处理；编写报告、打印图表；进行数据排序、分类等操作；完成一些基本统计计算；与一些软件包及大型机进行数据交换和通信。

（2）统计模块（STAT）

STAT 模块包括 8 大类功能，共 26 个添加过程。这些过程为 SAS 系统的核心和精华，也是 SAS 系统用于解决实际问题的主要过程。其主要功能为：对数据进行统计分析，包括方差、相关、回归、判别、聚类、主成分和因子分析等多元统计分析方法。

（3）绘图模块（GRAPH）

该模块可以形象生动地显示数据的统计特征，可以绘制图表、曲线、地图、彩色幻灯片等，也可以用于一般的绘图。

（4）矩阵运算模块（IML）

矩阵运算模块是一种交互式矩阵语言。可直接进行矩阵运算（加法、乘法、求逆、计算特征值和特征向量等），适用于高级统计、工程运算和数学分析。

（5）全屏幕操作模块（FSP）

全屏幕操作模块为一交互式全屏幕软件。利用它可以建立、修改和浏览 SAS 数据集中的观察值，定义用户屏幕等。

📖 习题

8-1　简述 CAIA 的发展阶段。

8-2　简述 CAIA 的工作流程。

8-3　CAIA 的主要技术有哪些？

8-4　结合实例使用和掌握 SPSS 的统计分析软件。

8-5　结合实例熟悉 SAS 的功能。

第9章　文献计量学方法

本章主要学习目标

　　文献计量学方法是针对文献的存在、分布及相关特征进行定量研究的方法。其具有独特的研究规律和方法，可以反映人们对某一事物和主题的研究情况，在信息分析与预测中具有其他方法所不具备的优势和价值。

　　学完本章后，你应当能够：

① 熟悉洛特卡定律及其在信息分析工作中的应用；

② 学会使用布拉德福定律进行信息分析；

③ 掌握齐普夫定律的使用技巧；

④ 了解文献增长与老化规律，学会引文分析方法；

⑤ 懂得文献计量学三大定律之间的内在关系；

⑥ 了解文献计量学方法的最新进展。

9.1 文献计量学方法概述

9.1.1 文献计量学的产生与发展

1. 文献计量学的早期实践

　　1917年，动物学教授科尔（F. T. Cole）和博物馆馆长伊尔斯（N. B. Eales）在对比较解剖学刊物进行统计研究时，使用了统计书目的技术，被认为是文献计量学最早的实践。

　　1923年，英国文献学家休姆（E. W. Hulme）在其编著的《统计目录学与现代文明增长的关系》中，首次使用了"统计书目学"（Statistical Bibliography）的名称。这个名称后来被反复使用。

　　19世纪末20世纪初，是科学发展史上非常活跃的一段时期。尤其是在物理和化学领域内，不断有新的成果出现，科学界呈现出一派生机勃勃的景象。美国人口统计学家洛特卡（A. J. Lotka）正是在这种背景下对科研人员与文献的关系进行了开创性研究。

　　到20世纪50年代初期，逐渐形成了一门新的学科——科学计量学（Scientometrics）。该学科在许多研究与实践领域获得了应用。

2. 文献计量学的正式提出

　　1969年，英国情报学家阿伦·普里查德（Alan Pritchard）在查阅大量文献的基础上，于当年的第25卷《文献工作杂志》上首次提出术语"文献计量学"（Bibliometrics），从而取代了"统计书目学"的名称。

这一术语的出现标志着文献计量学的正式诞生。

3．文献计量学的概念

文献计量学产生后，国内外学者对文献计量学的定义已经有几十种，但归根结底，对文献计量学的各种不同理解都有相通之处：文献计量学是"定量"的科学，是以文献体系和文献计量的相关特征为研究对象，采用统计学的计量方法，研究文献信息的分布结构、数量关系、变化规律和定量管理，进而探讨科学技术的某些结构、特征和规律，并广泛用于文献信息分析工作的一门学科。

9.1.2　文献计量学的研究对象与特点

1．文献计量学的研究对象

从以上关于文献计量学的描述可以看出，文献计量学的研究对象主要包括文献体系和文献计量特征两个方面的内容。

1）文献体系

比如与文献相关的个体或集体，包括著者、读者和文献工作系统；出版物，包括一次文献、二次文献和三次文献；词汇，指某些具有情报特性的词汇，如关键词、叙词、导引词、限定词等；文献动态指标，即文献流通过程中所产生的各种资料。

2）文献计量特征

文献计量特征分为三种类型：①书目特征，如分类号、书（篇）名、来源项等；②引文特征，如引文的数量、年代、语种、类型、学科、被引次数、文献耦合与自引等；③其他特征，如文摘量、词频特征等。

随着文献计量学方法的发展和不断完善，文献计量学研究的内容不断扩展。信息工作者对这些内容的研究逐步深入，并向一般的信息分析研究扩展，在如今的网络信息研究之中，得出了许多有价值的规律，并在实际工作中获得了应用。

2．文献计量学的特点

在文献计量学的发展过程中，逐渐形成了几个比较重要的区别于其他学科的特点。

1）独到的研究方法和特定的统计规律

文献计量学的研究方法多来自于数学、统计学等学科，在具体应用中被加以综合，形成了文献计量学特定的研究方法。在进行数据统计时，文献计量学的特殊之处主要表现在处理数据的等级方面，也就是现在被广泛用于社会与思维科学统计方法中的等级分布。

2）围绕核心定律展开研究

洛特卡定律、布拉德福定律、齐普夫定律、文献增长和老化规律、引文分析规律等，始终贯穿在文献计量学的研究之中，构成了文献计量学的核心。即使今天某些定律的表现形式已经有所改变，其基本思想和方法依然有一定的指导作用。

3）研究结果定量输出

文献计量学是集文献学、数学、统计学于一体的综合学科。"定量"并不是数字、字母的简单叠加，而是给出有实际意义的数学表达式，能够对研究对象进行测度和计算，从而被人们更好地理解和应用。

4）理论与方法形成的周期长

在文献计量学中，一个理论与方法的形成需要经过长时间的验证和修改，再由后人不断地完善并深化，最终才能得以确立并获得应用。从数学的角度看，用公式来表示某一理论或方法，其中的符号应是可以求解的，这样才能应用于实际工作。另外，公式的可计算性如要得到广泛的应用，还需要经过多方面验证。这个周期通常是很漫长的。

9.1.3　文献计量学的发展

1. 国外文献计量学的发展

文献计量学在国外的发展大致可以划分为如下三个阶段。

一是萌芽阶段（1917—1933 年）。这是科学发展史上非常活跃的一段时期，尤其是在物理和化学领域内，不断有新的成果出现，科学发展呈现出一派生机勃勃的景象。在这个阶段，美国学者洛特卡对科研人员与文献量的关系进行了开创性研究，于 1926 年提出了揭示作者与著作量之间数量关系的规律，也揭示出科学研究的一个内在发展规律，被后人称为"洛特卡定律"，为文献计量学的发展提供了重要的基础。

二是奠定阶段（1934—1960 年）。这一时期文献计量学的发展最为繁盛，"布拉德福定律"和"齐普夫定律"相继产生；20 世纪 50 年代，科学工作者开始对引文索引和文献引用规律进行研究，奠定了引文分析方法的基础；同时，在文献老化和增长规律方面的研究也获得了可喜的进展。在这一时期，许多描述文献动态特征的经验性规律或定律被发现和提出，构成了文献计量学坚实的理论基础。

三是发展阶段（20 世纪 60 年代以来）。这一时期文献计量学的基础理论被进一步完善，并在各个领域得到了广泛应用。文献计量研究开始采用电子计算机技术，《科学引文索引》编制成功，为文献计量学的研究由理论转向实际应用创造了条件。

现在，文献计量学已经发展成为一个既有一定理论基础，又具有实际应用价值的重要的文献学分支学科。

2. 国内文献计量学的发展

情报学家刘植惠 1979 年发表了题为《文献计量学的研究对象和应用》的论文，标志着我国文献计量学研究的起步。随后，我国学术界展开了相关研究，研究的领域很快涉及文献计量学的各个方面。

20 世纪 80 年代初，我国文献计量学得到迅速发展。国外的先进科技研究成果被大量翻译和吸收进来，关于情报学的优秀学术刊物也相继问世，不仅推动了情报学研究的进程，也大大带动了文献计量学的发展。随着文献计量学研究的不断深入，国内的研究队伍不断发展和壮大，涌现出许多有价值的科研成果，相关著作和教材也陆续得到出版，文献计量学开始作为大学课程教授。

1988 年以来，我国文献计量学进入全面发展时期。这一时期的发展是理论和应用并重，特别是在科学评价、科技管理及其他信息研究领域的应用，开始大规模地开展起来，取得了许多标志性的成果。

近年来，我国文献计量学的研究又有了新发展。每年发表的相当数量的研究成果，形成了本学科的核心情报源；文献计量学的学科地位得以确立并有所提高；文献计量学的研究范围拓宽，逐渐应用到科技管理、人才学、预测学等领域，在引文分析与核心期刊、集中与分散定律等主要领域的应用取得进展；计算机技术的发展，也为文献计量学提供了现代化的工具和研究手段；文献计量学教育迅速发展，基本形成了一支骨干研究力量；国际学术交流与合作日益加强，推动了我国文献计量学的全面发展。

3. 文献计量学的发展趋势

进入 21 世纪后，随着社会环境的变化和技术条件的进步，信息资源逐渐向电子化、数字化、网络化的方向发展，仅着眼于从文献信息的角度进行分析的文献计量学，已经明显不能适应时代的需要。在这一背景下，学者们对文献计量问题进行了新的探索，使文献计量学出现了以下新的发展趋势。

1）定量化水平不断提高

定量化是文献计量学的一个重要特征，近几年来发展迅速，不仅涉及的知识越来越广泛，而且达到了一定的深度，在研究方法、期刊分布和学科分布、研究力量、教育培训、课题难度和研究内容等方面都取得了较大进展。

2）知识体系逐渐形成

随着文献计量学研究的不断拓宽和深入，有关的研究成果逐年增加，增长速度较快；另外有关著作相继出版，使文献计量学的研究由局部知识的创造进入系统知识体系的形成阶段。

3）应用领域不断拓宽

目前，文献计量学的应用范围越来越广，逐渐渗透到科学学、科技管理、决策学、预测学甚至科学技术领域当中。文献计量学研究正由课题研究向事业化方向发展，成为国际科技文化事业的一个组成部分。这是当前文献计量学研究的显著特点和未来发展趋势之一。

4）转向信息计量研究

一方面，信息资源的电子化、数字化和网络化为文献计量学向信息计量学发展提供了基础和要求；另一方面，计量单元已经开始由以篇、册、本为单位的文献单元的计量，逐渐深入到文献的内部知识单元和文献相关信息的计量研究，如题名、主题词、关键词、词频、引文信息等，更加深入的信息计量是学科发展的内在规律。

5）"三计学"合流

国际学术界出现的文献计量学、科学计量学和信息计量学"三计学"合流趋势，兴起于 20 世纪 80 年代，于 20 世纪 90 年代获得了极大的发展。从 1987 年开始，每两年召开一次国际文献计量学、科学计量学、信息计量学研讨会，旨在促进这三个计量学的相互作用和学者之间的交流，"三计学"研讨会的征文议题也反映出它们在内容上的"合流"趋势。

6）研究手段及工具向现代化发展

文献计量学研究需要大规模的数据支持，必须要建立系统化、规范化的数据来源体系及原始数据的获取渠道，以利于运用计算机等现代方法和手段进行数据处理和分析研究。在我国，计算机辅助计量分析方法的建立和成熟，标志着我国已经具备适应新世纪信息计量研究的方法体系。

7）网络信息计量学成为其新的分支和发展方向

网络计量学是在当前特定的科学背景和技术条件下迅速形成与发展起来的，其研究成果可以为网络管理的定量化和科学化提供理论指导和定量依据，而网络管理定量化的实践需求，又会促进网络计量学的全面发展。

9.2　文献计量学三大定律

9.2.1　著者分布定律——洛特卡定律

1. 洛特卡定律的产生

洛特卡选取能够全面反映化学领域发展的《化学文摘》，以及当时作为参考工具书使用的《物理学史一览表》，作为研究的基本对象。其中，只选用了《化学文摘》1907—1916 年 10 年累积索引中的部分作者。经过统计分析，洛特卡发现，科学领域的论著数量与著者频率存在一定关系，并创造性地提出了"科学生产率"（scientific productivity）的概念，用来测量科研人员撰写科学文献的能力和工作效率。1926 年，他在《华盛顿科学院院报》上发表《论科学生产率的频率分布》（*The Frequency Distribution of Scientific Productivity*），提出描述这两者关系的公式。这一研究结论被后人称为"洛特卡定律"（Lotka's Law），为文献计量学的诞生和发展做出了创造性的贡献。

2. 洛特卡定律的描述

洛特卡定律主要是研究著者分布的规律。在洛特卡定律中，设论文数为 x，撰写这 x 篇论文的作者数占作者总数的百分比为 $y(x)$，则 x 与 $y(x)$ 之间存在以下关系：

$$x^2 \cdot y(x) = c \tag{9-1}$$

式中，x——论文数量；

　　$y(x)$——写 x 篇论文的作者数占作者总数的百分比，$y(x) < 1$；

　　c——某主题领域的常数。

文字表述为：某一时间段内，撰写 x 篇论文的作者数占作者总数的百分比 $y(x)$，与其所撰写的论文数 x 的平方成反比，故洛特卡定律也称为平方反比定律。

对于 c 值，可以通过以下方法来推导。

式（9-1）变形为：$y(x) = \dfrac{c}{x^2}$

取 x 值为 1，2，3，…，则有：

$$y(1) = \frac{c}{1^2}$$

$$y(2) = \frac{c}{2^2}$$

$$y(3) = \frac{c}{3^2}$$

$$\vdots$$

$$y(n) = \frac{c}{n^2}$$

通过级数求和，可以得出 c 的值约为 0.607 9，在数值上等于 $y(1)$ 的值，即撰写 1 篇论文的作者数占作者总数的 60% 左右。

所以，洛特卡定律也可以表示为：

$$y(x) = \frac{y(1)}{x^2} \tag{9-2}$$

式中，$y(x)$——写 x 篇论文的作者数；

　　　$y(1)$——写 1 篇论文的作者数。

这样的表示跟前面的表述是一致的。

3. 洛特卡定律的发展

进一步的研究表明，洛特卡定律中 x 的指数并不总是精确为 2，而是在 2 附近上下波动，经过修正后，洛特卡定律一般表示为：

$$x^a \cdot y(x) = c \tag{9-3}$$

式中，x——论文数量；

　$y(x)$——写 x 篇论文的作者占作者总数的比例；

　a 和 c——参数，它们在特定的学科领域是一个常数。

在众多的研究者中，做出较大贡献的当数普赖斯（Derek John de Solla Price，1921—1983）。他在洛特卡定律的基础上继续深入进行研究，得出了新的量化关系式，可以表述为：

全部科学家总人数的平方根，等于撰写了全部科学论文的 50% 的那些高产科学家的人数。这一推论被称为"普赖斯定律"（Price's Law）。

洛特卡定律及由其推出的普赖斯定律，在文献计量及信息分析中有着广泛的应用价值和指导意义，但是在使用过程中同样存在着局限性。由于统计的数据量大，时间跨度长，往往不够全面，因而也不能充分反映真实的著述情况。另外，洛特卡在研究中排除了部分高产作者，主要适用于低产的作者，这不能不说是一个重要的局限。实际使用中，只是在一些学科中近似符合平方反比规律，而在有些学科中，洛特卡定律并不适用。从信息分析与预测的角度看，洛特卡定律及由其推出的普赖斯定律，可以帮助我们鉴别学科研究发展的学者分布情况，并从中获得有价值的启示。

9.2.2　文献分散定律——布拉德福定律

1. 布拉德福定律的产生

20 世纪 30 年代，科技期刊的数量急剧增长，某一学科或某一主题的文献分散在大量的不同期刊之中，给科学研究带来很大困难。而且，由于文摘杂志增长速度太快，一方面报道过于集中而不断出现重复，另一方面文献过于分散而时有遗漏现象发生，给科学工作者带来极大的不便。这种情况引起了当时任南肯辛顿（South Kensington）科学图书馆馆长的布拉德福（S. C. Bradford）的注意，基于对文摘杂志完整性和文献之间内在联系的探索，布拉德福着手于文献集中与分散规律的全面研究。

布拉德福选取应用地球物理学和研究润滑问题的相关文献为观察对象，统计了这两个研究领域的期刊利用状况，按载文量多少由高到低进行排列，然后进行归纳分析，从而得出了确切的研究成果，即他在 1934 年发表的《专门学科的情报源》（Sources of Information on Specific Subject），首次公开提出了定量描述文献分散规律的经验性定律。

2. 布拉德福定律的描述

布拉德福定律是研究文献的集中与分散规律的，其原理在于科学统一性原则，也就是科学技术中每个学科都或多或少、或远或近地与其他任何一个学科相关联，因此才会有一个学科的论文出现在另一学科的期刊中的现象，布拉德福认为这是造成文献既过于集中、又过于分散的根本原因。事实上，近现代的科学研究工作中，学科交叉、研究方法的借用、科学理论的融通是非常重要的发展趋势，尤其是在实际的科学成果应用中，这种融合更是极为普遍。布拉德福定律就是这种规律的一种客观反映。

布拉德福定律的内容可以从如下三个角度来进行描述。

1）区域（文字）描述

如果将一定时期内刊载某学科论文的期刊，按相关论文载文量多少排序，然后划分为三个区域，分别标记为核心区 n_1、相关区 n_2、外围区 n_3，使每个区的相关论文量相同，则三个区的期刊数之比为：

$$n_1 : n_2 : n_3 = 1 : a : a^2 \qquad (9-4)$$

式中，a——布拉德福常数。

2）图形描述（见图 9-1）

根据与区域描述完全相同的统计数据，布拉德福取上述等级排列的期刊种数的对数为横坐标，以论文累积数为纵坐标，可以得到一条分布曲线 AB。分布曲线 AB 由两部分组成：对应核心区上升的一段曲线 AP 和对应相关区的直线 PB。

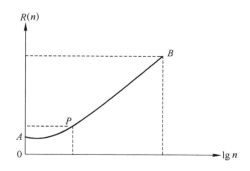

图 9-1 布拉德福分散曲线

这是早期的经典布拉德福曲线，后来，随着研究的深入，格鲁斯（O. V. Groos）在1967年发现布拉德福曲线在进入直线部分（图 9-1 中 PB）以后，并不总是呈现直线延伸状态，而是要发生弯曲下垂，即"格鲁斯下垂"。

3）公式描述

布拉德福定律的数学公式描述如下：

$$R(n) = \begin{cases} a \cdot n^{\beta} \ (1 \leqslant n \leqslant c) \\ K \lg\left(\dfrac{n}{s}\right) (c < n \leqslant N) \end{cases} \qquad (9-5)$$

式中，$R(n)$——对应于 n 的相关论文累积数；

　　　　n——期刊等级排列的序号；

　　　　a——第一级期刊中的相关论文量 $R(1)$；

　　　　c——核心区的期刊种数，即由曲线过渡到直线交点对应的 n 值；

N——等级排列的期刊总数；

β——参数，数值上等于 AP 曲线的曲率，且小于 1；

K——系数，等于曲线中直线部分 PB 的斜率；

s——参数，等于图形直线部分反向延长与横坐标的交点的 n 值。

3. 布拉德福定律的发展

1948 年，维克利（B. C. Vickry）发表了题为 *Bradford's Law of Scattering* 的论文，将相关文献在期刊中的这种分布称为"布拉德福分散定律"，并且创造性地提出了补充和修正。维克利认为，该分散定律不仅适用于划分三个区，同样适用于划分三个以上的区，可以表示为：

$$n_1 : n_2 : n_3 : \cdots : n_m = 1 : a : a^2 : \cdots : a^m \qquad (9-6)$$

式中，a 为分散系数。

后来，莱姆库勒（F. F. Leimkuhler）从布拉德福定律的区域描述出发，以维克利的多区划分为基础，将式（9-6）中的 m 分为奇数和偶数两种情况，采用连续变量的方式推导了布拉德福分布的两个重要公式，最终的简化形式如下：

$$F(x) = \frac{\ln(1+\beta x)}{\ln(1+\beta)} \qquad (9-7)$$

式中，$F(x)$——选定的部分期刊的载文量与该部分期刊总产量之比（即该部分期刊中全部相关特定主题论文与总期刊群中所有相关论文数之比）；

x——在特定学科中载文量最高的期刊的数量与相关学科的总刊量之比，$0 < x < 1$；

β——参数。

莱姆库勒对布拉德福定律的贡献在于将简单的等比问题转换成概率问题，在根本上改变了区域描述的方式，使布拉德福分散定律的应用变得十分方便。

1968 年，布鲁克斯（B. C. Brooks）首次将布拉德福定律用数学公式表达出来：

$$R(n) = k\lg n \qquad (9-8)$$

式中，k 是常数。这是一条斜率为 k 的直线，于是布鲁克斯便发展了布拉德福定律的图形描述。一段时间后，布鲁克斯发现自己之前对布拉德福定律的描述并不完全相符，经过反复的推敲和不断验证，布鲁克斯最终决定用两个公式联合描述布拉德福定律，即式（9-5），这样一来，直线不再通过原点，更为准确地阐述了布拉德福定律。

另外，斯马里科夫、高夫曼、威尔金森等人对布拉德福定律的发展也做出了突出贡献，在不同程度上发展了布拉德福分散定律。

9.2.3 词频统计定律——齐普夫定律

1. 齐普夫定律的产生

语言、文字是人们交流思想的重要工具，尽可能地将语言文字中所隐含的意义分析和揭示出来，便是词频统计分析的目的所在。一种语言所包含的词汇量总是很大，但经常使用的词汇却只占一小部分，这些词被称为"常用词"。最先对此进行研究的是德国语言学家凯迪

（F. W. Keading），他在 1898 年编著的《德语频率词典》标志着词频统计选词方法的诞生。

随着文献计量学的产生和发展，美国语言学家齐普夫（Z. K. Zipf）通过对大量词汇使用频率的统计分析，在 1935 年提出了文献计量学中的一个与词频统计相关的重要定律——齐普夫定律（Zipf's Law）。

2. 齐普夫定律的描述

设有一包含 N 个词的文献（$N \geqslant 5\,000$），统计其中每个词的出现频次（n），按频次递减顺序将它们排列起来，并用自然数给这些词编上等级序号（r），那么每个词的等级 r 与相应的频次 n_r 之积为一常数，表示为：

$$n_r \cdot r = K \tag{9-9}$$

式中，$r=1,2,3,\cdots,n$；K 为常数。这就是齐普夫定律。

若 N 为文献中总词数，用 $f(r)$ 表示等级为 r 的词的出现频率，则 $f(r)=n_r/N$，齐普夫定律就可以表示为：

$$f(r) = \frac{C}{r} \tag{9-10}$$

式中，$r=1,2,3,\cdots,n$；$C=K/N$。

式（9-9）与式（9-10）是等价的。

3. 齐普夫定律的发展

实际上，在齐普夫定律中，只有中频区的统计数据较好地符合齐普夫公式，过高和过低的频次都不符合。为了描述更广泛区域内的等级频次关系，不少学者对齐普夫定律做了进一步的研究。其中，最重要的是朱斯（Joos）和芒代尔布罗（Mandelbrot）的修正。

1936 年，朱斯指出，齐普夫公式中不仅只有 C 一个参数，还有一个不确定参数——r 的指数，即

$$f(r) = \frac{C}{r^b} \tag{9-11}$$

式中，$b>0,C>0$，并要满足 $r=1,2,3,\cdots,n$ 时，$\sum_{r=1}^{n} f(r)=1$，这就是朱斯双参数修正式。这个公式比齐普夫公式更抽象，也更具有普遍性，是对齐普夫公式实质性的修正。

20 世纪 50 年代初期，芒代尔布罗运用概率论和信息论的方法来研究文献中的词的序号分布规律，通过严格的数学推导，从理论上又提出了词频的三参数序号分布规律，被称作芒代尔布罗三参数修正式，其形式为：

$$f(r) = \frac{C}{(r+a)^2} \tag{9-12}$$

式中，$0 \leqslant a < 1$，$b>0$，$C>0$，并满足 $r=1,2,3,\cdots,n$ 时，则 $\sum_{r=1}^{n} f(r)=1$。

事实上，齐普夫公式与朱斯修正式只是分别当 $a=0$，$b=1$ 和 $a=0$ 时芒代尔布罗修正式的特例。芒代尔布罗三参数修正式使齐普夫定律的适用面变得更为宽广，但对于研究出现频率很低的一些词仍然有一定的局限性。

9.2.4 三大基本定律的联系及应用

1. 三大基本定律的联系

洛特卡定律、布拉德福定律和齐普夫定律被称为文献计量学中的三大基本定律。这三大基本定律具有内在的一致性：它们几乎在相同时期，以不同的表达方式，描述了相似的分布规律；其计量分析单元是有共性的，如杂志量、单词数、作者群；计量方法也大致相同，都是通过对这些分析单元的调查和统计，取得数据并进行分析归纳来定量地认识文献情报流；最初都是由经验观测得到，都是按某一具体事项在其主体来源中的出现频率排序而导引出来的，分布函数也彼此相似；其数学表达式属于同一类型，都可转化为负指数式，由于考虑了人为的倾向性因素，一般服从双曲线分布；其情报分布模型相似，都是一个变量随另一个变量的变化而变化。

2. 三大基本定律的应用

洛特卡定律给出了著者与论文间的数量关系，运用这一定律，只要测知某一学科的论文数量，就能大致掌握其著者的数量分布层次，据此可以处理有关著者的诸多问题，如编制著者索引、以著者为线索进行检索等。从广义上来说，洛特卡定律揭示了"科学生产率"的问题，对于信息分析预测中的关于个人与组织有关情况的研究具有实用价值，在人才学和预测学等方面也有一定的指导意义。

布拉德福定律的最基本的应用是确定核心期刊，用以作为图书情报机构选购期刊、指导阅读和优化馆藏等，利用"核心"分布这一概念作为信息研究与服务机构想问题、做事情的依据。另外，还可以利用布拉德福定律考查专著的分布、确定核心出版社、维护动态馆藏、比较学科成熟度、确立检索工具书的完整性等。这一定律对于信息分析工作者掌握高效的信息检索手段具有参考价值。

齐普夫定律的主要应用是阐明构成文献的语言规律，以及依照这一规律指定各种文字处理方法。还可以用于文献标引原则的确定，检索词汇的控制及组织检索文档等。其中，比较成熟的应用有编制词表、自动标引、文档的组织和加权标引等。另外，信息分析工作者可以利用齐普夫定律快速定位某主题内的热点问题，指导情报系统的建立与运行。

9.3 文献计量学的其他方法

9.3.1 文献增长规律

1. 赖德的早期发现

在自然与社会现象中，存在着一些在一定条件下符合指数增长规律的现象，如细胞分裂、本利增长、人口增长等，经过认真观察，人们发现文献增长也具有相同的特性。最早发现这一现象的是美国学者赖德（A.F. Ryder）。他在 1944 年经调查和分析发现，全美主要大学图书馆的藏书量平均每 16 年增加一倍，这应该是藏书量指数增长规律的一种表述。在这一发现的基础上，15 年后普赖斯对文献增长的指数规律使用数学语言进行了充分的描述，进而从理论上指出了其普遍性。

2. 普赖斯的工作

普赖斯（Derek John de Solla Price）是英国科学家，他一生在文献计量学的多个领域做出了卓越贡献。1949 年，他来到拉费尔斯学院（现新加坡大学）图书馆工作，将订阅的《英国皇家协会哲学会刊》（*Philosophical Transactions of the Royal Society*）整理后，每十年一堆，分别靠墙码在一起，发现其呈现出清晰的变化规律，定量描绘后呈现出一条完美的指数曲线。次年，普赖斯便发表了有关指数增长的论文。到 1961 年，在《巴比伦以来的科学中》（*Science since Babylon*）中，普赖斯详细阐述了科学期刊按照指数增长的规律，并给出了著名的普赖斯增长曲线，如图 9 - 2 所示。

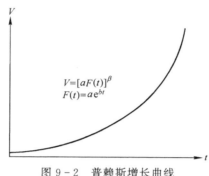

$$V=[aF(t)]^{\beta}$$
$$F(t)=ae^{bt}$$

图 9 - 2　普赖斯增长曲线

曲线中，横坐标为年代，纵坐标为期刊种数。用公式表示为：

$$F(t)=a \cdot e^{bt} \tag{9-13}$$

式中，$F(t)$——文献累积量；

　　　　t——时间（年）；

　　　　a——初始时刻（$t=0$）的文献累积量 $F(0)$；

　　　　b——文献的持续增长率，其数值近似等于文献的年增长率。

这一研究发现了科学研究发展及其所取得成果的增长规律，对于人们把握和认识科学研究活动具有重要意义。

3. 逻辑增长模型

前苏联科学家纳里莫夫（В. Налимов）和弗拉杜奇（Г. Владуч）的研究证明，指数增长规律虽然是自然界"持续自我生产过程"的普遍规律，文献增长在一定程度上受其支配，也呈现出指数增长趋势，但由于文献是人类社会活动的产物，受到政治、经济、文化等复杂因素的影响，所以其增长并不完全遵守无限制的指数增长，而是更趋向于逻辑型。经过研究后，他们给出了下面的公式：

$$F(t)=\frac{k}{1+ae^{-bt}} \tag{9-14}$$

式中，$F(t)$——t 年的文献累积量；

　　$k，a，b$——大于零的常数。

逻辑增长模型的特点在于：文献增长速度是分阶段的，在初期和急剧增长的阶段，类似于指数增长，以后渐趋平稳，接近线性，然后速度减慢，最后不再增长，并接近停滞状态。这一模型更加全面真实地反映了科学发展及其文献数量增长的规律，对于科学预测工作具有重要指导作用。

9.3.2 文献老化规律

1. 半衰期和普赖斯指数

文献老化指的是随着时间的增加，文献逐渐失去其科学情报价值，被用户利用得越来越少，从而逐步地、部分或全部地失去使用价值的过程。这里的"老化"指的是一个特定的过程，主要是针对利用而不是情报内容本身，并且往往是指某一类文献，而不是某一篇文献。衡量文献的老化可以从速度和深度两方面来进行，前者最为常用的指标是半衰期，后者比较重要的指标是普赖斯指数。

半衰期本是用来计算放射性元素衰变的一个指标，在这里，半衰期被用来测量文献的老化。最早在文献研究中提出"半衰期"这一术语的是美国学者贝尔纳（J. D. Bernal），他在1958 年发表的论文《科技情报的传递：用户分析》中，提出了使用"半衰期"来描述文献的老化现象。在文献老化中，可以这样定义半衰期：现在被利用的某学科的文献，其中较新的一半是在多长时间内发表的。半衰期的值越大，说明文献老化的速度越慢；值越小，说明文献老化的速度越快。文献是否被使用是以文献是否被引用为标准来衡量的，所以半衰期也称为引用半衰期、被引半衰期。

普赖斯指数是普赖斯在 1971 年引进到文献计量研究领域的，主要用来衡量文献的老化程度，具体做法是将被利用文献中年龄≤5 的量，与被利用文献总量相比，得到的结果被称为"普赖斯指数"。"普赖斯指数"越大，文献老化越快；反之亦然。

2. 巴尔顿-凯普勒方程

为了定量地描述文献的老化过程，美国图书馆员巴尔顿（B. E. Burton）和物理学家凯普勒（R. W. Kebler）合作，抽取了化学工程等 9 个学科领域的期刊进行引文数据的统计分析，鉴于利用这些数据所绘制的 9 条曲线形状十分相似，他们便为这些曲线求出了一个标准公式，被后人称为巴尔顿-凯普勒方程，如下所示：

$$y = 1 - \left(\frac{a}{e^x} + \frac{b}{e^{2x}} \right) \tag{9-15}$$

式中，$a+b=1$；

y——某学科现在尚被利用的文献的累积相对比，（$y<1$）；

x——过去时间（即被利用的文献是在过去多少年内出版的）；以 10 年为单位。

在式（9-15）中，当 $y=0.5$ 时，就可以计算出文献的半衰期。

3. 文献老化规律的应用

文献老化规律主要应用在三个方面：首先是文献剔旧，科学文献的急剧增长给很多图书情报部门都带来了空间拥挤和文献如何有效利用的问题。依据文献老化规律来确定文献的利用价值，从而剔除老化文献，增加收藏文献的利用价值；其次是指导阅读，文献内容更新的加快给阅读带来了很大困难，怎样能够阅读到质量好的最新文献是提高阅读水平的关键。利用半衰期可以计算出文献的时效性，从而解决这一问题；最后，对文献老化规律的研究，可以解释和研究科学发展规律。对某一技术领域的文献的老化规律进行研究，可以确定该项技术的发展速度及可能被淘汰的时限，以便信息分析工作者及时做出响应。

9.3.3　引文分析

1. 引文分析的概念

在科学文献体系中，文献并不是孤立存在的，而是相互引用，相互联系的。可以看到，在一篇文献的末尾通常会附有参考文献，在文中也会出现脚注、尾注等，这篇文献和它的参考文献便形成了引用与被引用的关系。如果将这篇文献设为 A，将它的参考文献设为 B，那么，我们就称 A 是引用文献，B 是被引用文献（简称引文）。科学文献之间的相互引用关系是引文分析的基础和前提，引文分析就是通过对引用或被引用规律的分析，来揭示研究对象的特征或研究对象之间的联系。具体说来，所谓引文分析，就是用数学和逻辑学方法对期刊、论文、专著等研究对象的引用和被引用现象和规律进行分析，以揭示出它们所蕴含的研究对象所具有的特征或对象之间的关系的一种研究方法。具体说来，引文分析有自引分析、耦合分析、同引分析等不同方面。

由于地区、年代和学科的差别，文献间的引用现象往往有其特性和规律，可以反映出文献之间、作者之间、期刊之间、学科之间的相互联系与区别，所以，引文分析能有效地应用到许多领域。通过引文分析，可以确定和选择核心期刊；测定学科的影响和重要性；研究学科的结构；探索学科情报源的分布；反映科学交流和情报传递规律；揭示文献老化和情报利用规律；指明科学家之间的交流情况；评价科学发展水平和科学研究人才等，并可以广泛运用于各种信息分析和预测工作中。

2. 引文分析的测度指标

引文分析中，可以根据不同的分析对象和需要，从不同角度规定引文测度的指标，因此，引文分析的测度指标有很多。在这里，我们只介绍下面几种最常用的指标。

① 引文率：指某时间段内，每篇论文平均占有的参考文献数。引文率是衡量研究对象吸收情报能力的一个指标。

$$引文率 = \frac{某期刊参考文献总数}{期刊载文量}$$

② 期刊载文量：指某种（类）期刊在某段时间内的载文量。这是一个与时间长短和期刊种类有关的量。

③ 被引文量：指对象含参考文献的数量。实际应用时，根据不同的研究需要，对被引文量还可以按照不同的学科、地区、部门、语种等加以细分。

④ 被引次数：指被所有文献引用过的次数，使用时需冠以特定范围。

⑤ 影响因子（Impact Factor）：指某阶段期刊论文平均被引用的次数，是评价期刊、选择期刊的重要参数之一，其计算公式为

$$影响因子 = \frac{期刊论文被引次数}{期刊可引用文献总量}$$

数据分析表明，期刊论文发表后两年其被引证次数达到最大值，因此把影响因子的时间限制推前两年。

$$某年度某刊的影响因子 = \frac{该年引用该刊前两年论文的总次数}{前两年该刊所发表论文总数}$$

⑥ 当年指标：是用于测度期刊被利用速度的指标，衡量期刊载文质量的及时性和有用性。其计算公式为：

$$当年指标 = \frac{该刊当年被引用次数}{当年该刊发表的文献总数}$$

⑦ 引证系数和被引证系数：是度量科学文献间引用关系的指标，可以从引用和被引用的角度反映出科学文献相互引用的分类结构和关系。其计算公式为：

$$引证系数 = \frac{某一部分引证量}{引证总量}$$

$$被引证系数 = \frac{某一部分被引量}{被引证总量}$$

引证系数和被引证系数在具体应用的时候还可分为期刊引证系数和期刊被引证系数，学科引证系数和学科被引证系数，自引证系数和被引证系数等。

在信息研究工作中，通过引文分析测度，可以对作者、期刊等进行选择与认识，有利于有针对性地收集、分析和利用信息。

3. 引文分析的主要工具及应用

1) 科学引文索引（SCI）

《科学引文索引》（Science Citation Index，SCI），正式创刊于 1963 年，是其创始人加菲尔德（Eugene Garfield）在美国费城一家科学情报研究所任所长时编辑出版的。SCI 起初只是遗传学方面的一种试验性的单科引文索引系统，即《1961 年遗传学引文索引》，当时受到了广大科学工作者的普遍欢迎和肯定，后来逐渐发展为包括数、理、化、农、林、医、生物学等的关于引文统计的多学科索引出版物，其中以物理、化学和生命科学所占比例最大。

SCI 之所以成为引文分析的主要工具之一，就在于它揭示了作者之间、文献之间引用与被引用的相互关系，这与其他一般索引工具是不同的。SCI 大致分为如下三个部分。

（1）引文索引（Citation Index，CI）

引文索引由被引文项（即被引文献题名，也就是英文的 TITLE 项，是被引文献作者连同发表其文章的出版物及其年、卷、页等项目）和引文项（即引文作者连同发表其文章的出版物及其年、卷、页等项目）组成。用于回答某作者的文章在近期被哪些作者引用过；被引用的文章发表在何出版物的何年、何卷、何页；当被引文项为专利时，SCI 还有可供查询的专利引文索引。

（2）来源索引（Source Index，SI）

来源索引将引文作者的姓名按字顺排列，所载引文主要来自当年国际重要期刊及出版物，被引文献则是历年发表的出版物。由于 SI 的项目来源于 CI 的引文项，而且还作为后面将要提到的"团体索引"和"关键词轮排索引"的结果，所以 SI 既是对整个 SCI 中的一个具体索引的描述，也是 SCI 的中心部分。它可以回答引文题目或书名、所刊出版物的期卷页和该引文参考的所有被引文献和引文作者的地址等。

附在 SI 前面的有一种"团体索引"（Corporate Index，CoI），它根据 SI 中的作者所属单位的所在地及名称编制而成。它按地区或机构的名称的字顺排列，在每个名称下面，再按字顺排列出该地区或机构有关作者的姓名，以及文章发表的名称或书名、卷、页、年等项。CoI 常与 SI 联合使用，即从 CoI 中查到作者姓名后，再使用 SI 查询该作者所写的文章题目或书名等详细情况。

（3）轮排关键词索引（Permuterm Subject Index，PSI）

轮排关键词索引是以 SI 中的文章题目内的两个关键词按字顺排列而成的，先按第一个关键词的字顺排列，第一个关键词相同时，再按第二个关键词的字顺排列。PSI 是在已知文章两个关键词的情况下使用的，用于回答该文章的作者姓名。同 CoI 一样，PSI 往往也是与 SI 联合使用的。即通过文章关键词利用 PSI 找到作者姓名，然后根据作者姓名利用 SI 查阅文章的具体项目。

利用 SCI，科学工作者可以进行各种类型的综合性引文分析，定量研究科学情报的规律和评价文献，还能根据 SCI 提供的大量有价值的文献引用数据和资料，进行科学人才的识别、评价和预测。总之，SCI 是研究文献学、情报学、图书馆学的发展规律，以及进行科学信息分析预测的一个重要工具。

2）期刊引用报告（JCR）

《期刊引用报告》（Journal Citation Reports，JCR）是美国费城科学情报研究所编辑的另一种用于引文分析的主要工具，它是 SCI 的深加工产品，主要用于选择和评价期刊。

JCR 的结构主要由如下四个部分组成。

（1）期刊排队部

期刊排队部主要反映某一特定年度各期刊的被引总次数和期刊载文数、该特定年度前两年各期刊载文数及这些论文在该特定年度的被引次数、该特定年度各期刊的影响因子和即年指标，以及被引半衰期等各种指标。

期刊排队部又按照名字、被引总次数、影响因子、即年指标、特定年度载文数、特定年度前两年论文被引总次数、社会科学期刊名字、学科范畴和期刊范畴，分为 9 个分部。

（2）来源数据部

来源数据部将 SCI 收录的各种期刊名称按字顺排列，可查找各种期刊的综述性论文数、非综述性论文数及期刊引文率（即参考文献数与论文数的比率）情况，主要用于不同学科期刊的比较和不同性质期刊的评价。

（3）期刊半衰期部

期刊半衰期部分为三种形式的报告：引用期刊按年代分布的引文累积表、被引期刊按年代分布的引文累积表和按半衰期由小到大排列的被引期刊表。它主要揭示期刊的使用情况，可以作为图书馆员维护馆藏、剔除个别期刊和情报管理人员管理信息资料的一个重要依据和手段。

（4）引用与被引用期刊排队部

引用与被引用期刊排队部又分为引用期刊排队部和被引用期刊排队部两部分，主要揭示期刊之间的引文数量关系。

引用期刊排队部按引用期刊的刊名排序，在每一刊名下面按被引总次数多少列出被引用的期刊（不足 6 次的不列刊名），并列出被引次数的年代分布；被引用期刊排队部按被引用期刊的刊名排序，在每一刊名下面按引用总次数多少列出引用过的期刊（不足 6 次的不列刊名），并列出引用次数的年代分布。

JCR 在期刊引文分析中有着重要的应用价值，可以确定核心期刊，确定某专业应收藏的专业性期刊，了解学科或期刊间的交叉渗透关系，确定一些刊物的专业属性，判断两种刊物的相关性等。

在信息分析研究工作中，利用引文分析，可以准确把握不同期刊之间的相互关系，引导文献获得、评价与使用，而且可以对信息来源做出适当评价。同时，还可以识别不同作者和机构的研究工作的情况及其所拥有的影响力等。

9.4 网络计量学方法

9.4.1 网络计量学的产生背景

20 世纪 90 年代中期，随计算机和互联网技术的迅速发展，电子信息资源呈几何级数增长，逐步成为主要的信息来源，因其具有方便管理与使用、数量巨大且内容广泛等特性，加上实际使用的普遍，成为了信息计量的重要对象，也成为信息分析研究的主要工具之一。由此，基于传统文献的文献计量学很难对日益电子化、数字化、网络化的信息资源进行有效的测度和计量，阿曼德（T. C. Almind）1997 年发表了题为《万维网上的情报计量分析：网络计量学方法门径》（*Information analysis on the WWW：methodological approaches to "Webometrics"*）的论文，首次正式提出了网络计量学（Webometrics）的概念。实际上，网络计量学相当于传统文献计量学在网络上的新应用，比如，可以使用传统文献计量方法在Web 上统计诸如语言、单词、词汇、频次、作者特征、作者合作的能力和程度，对作者进行引文分析，对学科或数据库增长进行测量等。

在电子环境中，网络计量学通过运用文献计量学、科学计量学和信息计量学的方法，将网上繁复错杂的海量信息，从不同角度、以不同方法进行有序的组织和合理的分布，使信息的效用得以最大限度的发挥，为网络管理的规范化和科学化提供必要的定量依据，以改善网络的组织管理和信息管理，提高其管理水平。

9.4.2 网络计量学的研究对象与方法

1. 网络计量学的研究对象

传统文献计量学的研究对象是各种文献及其计量特征，那么网络计量学的研究对象当然是网上信息资源及其各种计量特征。具体说来，包含以下三个方面的内容。

1）网上信息的直接计量

"网上信息"不仅仅包括文字表达的信息，还包括声音、图像等在内的多媒体信息。网络环境下，人们对情报检索和信息分析的要求也越来越高，已经不再仅仅局限于对文字信息的检索与使用。为了能够对各种网上信息进行准确的定位和检索，应该从以下几个方面来考虑。首先，建立容量足够大的多媒体数据库以完整保存信息。其次，构建各种特征索引数据库，提供多样化的检索途径。例如，将图像的颜色、纹理、形状等视觉特征，通过绘制直方图、共生矩阵及轮廓线等数据模型进行量化；对声音的各种属性进行赋值，在检索时通过赋值检索或示例匹配方式，将其特征值限制在一定的相似范围之内，通过选择示例声音进行匹配，从而得到精确结果。再次，还可以选择有声音服务的 E-mail 等网站进行单项统计，利用层次分析法，将用户对声音的主观评价，转化为对声音服务要求的客观反映，以指导网站建设。当然，这些功能的实现，对于网络信息定量统计及其分析研究也必然提供极大的方便。

2）网上文献的计量

网络计量学是在文献计量学基础上发展起来的，网上文献计量既保留了传统文献计量的研究特征，又具有新的概念、指标和规律。在对著者分布规律的研究、对文献分散规律的研究、对文献增长规律的研究、对文献老化规律的研究、对文献引文分析的研究，以及对这些规律的理论解释和数学模型的研究等方面都是如此。

3）网上站点的信息计量

网站作为网络时代的"知识地图"，成为网络计量学所关注的问题。不仅网上文献保持着聚类关系，网站之间也有着独特的引用关系。网上文献之间不仅使用参考文献的标注方式，更多的是使用了超级链接的方式；不仅列出了参考文献的条目，而且有可能通过单击得到引用文献的全文。网络计量学研究的正是万维网（引文网）中的 Web 网页（引文）之间的引用关系，通过被引与引文耦合可以用于揭示站点之间的相关性。而网络的动态性、高时效性也可成为我们研究的更有效的计量指标。

2. 网络计量学的研究方法

网络计量学是网络技术、信息技术和文献计量学的有机结合，随着近年来互联网的迅猛发展，对网络计量学的研究发展也很快，目前的研究大致可分为如下四种类型。

（1）运用推理统计对数据进行统计分析

不少学者和研究机构采用这种简单易行的方法，对网站数量、服务器数量、网络用户的特征及网络发展的增长率进行分析。

（2）运用图论的方法对数据进行可视化研究

即运用网络绘图和信息技术来研究网页间超链接的拓扑结构，直观反映网页间的关系。

（3）运用揭示数据聚簇和分散的工具进行数据挖掘研究

与统计方法相比，数据挖掘对一个站点上的各种特征进行深度研究，包括站点的交通测度及各个国家的 IP 地址的分布等。

（4）模型研究

这种模型研究主要运用模拟结构和增长的理论工具进行，即通过构建网络结构的模型来研究网络，诸如网络的相互链接及拓扑结构。主要用于研究各个国家的域的等级——频次分布、网页之间和网页内部、外部的超链接等。

9.4.3　网络计量学的应用

网络计量学作为一门新兴学科，顺应了网络信息时代的需求，具有广阔的应用前景。主要表现在以下几个方面。

1）在数字图书馆和情报科学中的应用

网络计量学对网络信息资源的研究成果，能够有效地应用于数字图书馆，如在数字图书馆馆藏资源建设中，可以提高数字图书馆的管理水平，通过链接分析研究，及时掌握、判断网络信息资源情况，从而有效地指导数字图书馆的业务开展，既可以合理分配馆藏空间，又可进行动态馆藏的维护，从而将网络计量学应用于网络信息资源的建设。

对于情报科学的研究探索，要取得突破性的进展，需要解决两个问题：对于知识信息的表达与组织，必须从物理层次的文献单元层次，向知识单元或情报单元转换；知识信息的计量必须从语法层次，向语义和语用层次发展。这两个方面的突破，有赖于网络计量学的深入研究和发展，从而使情报科学的社会功能得以实现，情报科学的地位与作用得以提高。

2) 在网络搜索引擎、网站建设和管理中的应用

在网络环境下，信息用户一般是利用搜索引擎进行检索，由于信息需求的复杂多样和相关知识的欠缺，要求网络信息的揭示方式以用户需求为出发点，通过用户对已有网站的点击率来统计和分析用户的需求情况及其特点、倾向等，从不同层次、不同角度完善网络的检索途径，建立容量庞大、语种多样的大型数据库检索系统，使搜索引擎从单一的查询工具向网络全功能服务发展。

引文分析既可用于确定网络信息资源的权威性和可靠性，也可以应用于网站信息资源的评价及网站评价。由于缺乏规范的表达方式和组织管理，造成了目前网络信息检索和管理上的混乱无序，给网络信息的分析计量工作设置了一定的障碍。因此，如果每个信息发布者都依照一定的标准表达和组织网络信息资源，使网络信息资源能以某种规范的形式存在，其规律就比较容易被发现，对用户的信息需求和上网习惯的掌握就会更准确，也就会使得用户利用网络信息更便捷，而网络信息的价值也能更充分地得到体现。目前来看，由什么机构统筹、通过什么途径、如何具体运行，以做好这一规范化工作，是未来网络技术发展的任务之一。

3) 在指导核心期刊评定中的应用

基于《中国知识资源总库》的总体规划和建设方案，"中国学术期刊（光盘版）"电子杂志提出了基于知识元和知识网络的知识评价方法，即借助数据库和知识抽取技术，用知识点含量及知识点创新性进行比较，对期刊和期刊文献做出分析评价。同时主张引入网络影响因子，建立包括网上全文下载量等新的计量指标在内的科学评价体系。在《中国学术期刊综合引证报告（2004）》中，上网期刊全文下载总频次作为一项新的计量指标公布，成为"期刊综合评价梯度"测定的一项网络计量评价指数，初步确立了网络环境下期刊评价的新指标体系，并将成为核心期刊评定中最可靠的科学依据。

4) 在社会科学研究、科技发展和决策中的应用

可以借助搜索引擎或网络联机数据库，通过计量统计研究，分析出一些学科或课题在网络中的受关注程度，并给出科学的评价。另外，网络计量学通过对因特网上有关学科的各类信息进行计量分析，从而对科研机构之间的合作、信息流动，以及科技政策的实施情况等做出探索性研究。

5) 在社会生活中的应用

互联网及网络化趋势的出现和扩展，既是一种信息技术的创新形式与过程，也表现为一种特殊的社会现象和社会过程，导致了人类行为的领域开始向网络和网络化方向延伸。人类特有的信息、知识和情感之间的互动关系，在现实社会空间中表现出来的社会问题，在网络空间中也会如实体现出来。通过网络信息计量，有助于人们认识和掌握其间的规律，以及借以进行必要的规范与调节。

习题

9-1   了解文献计量学产生和发展的过程，搜集有关资料，说明我国文献计量学实用研究的新进展。

9-2   文献计量学主要有哪三大基本定律？它们的原理分别是什么？

9-3   利用公式推导说明文献计量学三大基本定律是如何联系在一起的？

9-4   观察普赖斯文献增长曲线，写出曲线方程并指明方程中各参数的具体含义。

9-5   举例说明文献老化规律在图书情报工作中的应用。

9-6   使用 SCI 和 JCR 进行引文查询时，需要注意哪些问题？

9-7   网络计量学的发展趋势怎样的？它对信息分析研究工作的开展有何帮助？

9-8   结合本章所学知识，说说文献计量学在实际工作生活中都有哪些应用，并对此谈谈你自己的认识。

第10章 常用经济信息分析

本章主要学习目标

学完本章后，你应当能够：

① 了解和掌握市场预测的一般方法、主要类别、一般内容、基本步骤；

② 熟悉证券投资分析的基本方法、证券投资基本分析的主要内容、技术分析的基本假设、主要理论和常用的技术分析方法；

③ 了解和掌握财务分析的基本原理与方法、主要财务报表的结构与原理、财务分析的主要方法、常用的财务比率关系及其应用，以及财务分析应该注意的事项。

信息分析与预测的方法、技术在经济管理领域的应用是非常普遍的，并且具有十分重要的作用。在市场经济中，任何经济决策都是在一定的信息占有与分析的基础上进行的，有效地运用相关的信息分析工具对经济、管理信息进行加工、处理、利用是经济管理工作的重要组成部分。为了更有效地进行计划与决策，必须对经济管理领域常用的、基本的信息类型有一定的了解和把握，在此基础上才能更好地运用前面所学习到的信息分析预测方法与技术。本章将对常用的几种经济信息及其基本分析方法做出介绍，主要包括市场预测、证券投资分析和财务分析。

10.1 市场预测

10.1.1 市场预测的概念与类别

1. 市场预测的概念

市场预测，就是在市场调研的基础上，利用一定的信息分析预测方法、技术，测算一定时期内市场供求关系变动趋势和影响市场营销的因素的变化，从而为企业的营销决策和其他市场策略的制定提供科学依据与支持。也可以把市场预测看作是对商品生产、流通、交易的未来变化趋势或状态进行的分析、推测和预计，是预测学理论与方法在市场体系与活动中的应用。市场预测是经济预测的重要组成部分，对于宏观经济管理和微观市场主体的运行都具有重要的意义。

从宏观上看，通过市场预测，可以了解市场的供需总量、市场结构及供需关系的变化趋势，在此基础上调整生产、投资结构和市场行为，合理安排各部门的生产，使产品的供需结构保持平衡，保证社会生产的顺利进行和市场经济的平稳发展，促进产品销售，提高市场占有率和产品竞争力。从微观上看，企业要想在激烈的市场竞争中取胜，必须在产品的设计、生产、销售、服务各环节制定正确的对策，即营销策略。而正确的营销策略离不开有效的市场预测的支持。只有通过准确的市场预测，企业才能把握机会、应对风险，确定合理的目标市场，提供合适的产品，制定正确的价格策略、销售渠道策略、促销策略等。市场预测可以为企业提供经营管理决策所需要的市场信息，通过市场分析与预测，判断企业在市场中的地位和竞争力，分析市场环境的变化，以市场需求为导向，对企业的生产和管理进行改革，从而提高经济效益。

2. 市场预测的类别

1) 按预测对象的商品层次划分

按商品层次划分可以分为单项目商品预测、同类商品预测、特定消费对象的市场预测和总量预测。

（1）单项商品预测

单项商品预测是指对不同种类、品牌、规格的同项商品的市场需求量、供应量等进行的预测。例如对某一型号笔记本电脑的市场销售量进行的预测。

（2）同类商品预测

同类商品预测是指对按不同特征和标准划分出的一类商品进行的供需预测。例如对某一地区的笔记本电脑需求量的预测，对低端手机的市场需求量的预测等。

（3）特定消费对象的市场预测

特定消费对象的市场预测是指按不同的消费群体的消费需求进行的市场预测。例如，对于一定地区的童装、女装、男装的销售量的预测。这种预测以消费者的群体特征为标准，比如男性消费者和女性消费者，青年消费者、中年消费者和老年消费者，高收入水平的客户和低收入水平的客户等。

（4）总量预测

总量预测是指对市场上各种商品的需求与供应总量进行的预测。这类预测的实施主体多为政府的经济管理机构、统计部门或行业协会等，目的是调查、分析与预测商品市场总体的供需平衡状况，以保持各部门生产的协调与物价的稳定。

2) 按预测的空间范围划分

按预测的空间范围划分可以分为国际市场预测、全国性的市场预测和地区性的市场预测。国际市场预测是指对国际市场上某种商品的供求情况、价格等进行的预测。全国性的市场预测是指在全国范围内对某种商品的供应与需求所进行的分析、预测。地区性的市场预测是指在某一地区范围内对特定商品的供需情况进行的预测。

3) 按预测期限的时间长短划分

按预测的时间长度划分可以分为短期预测、中期预测和长期预测。短期预测的预测期限长度一般为 1～2 年，中期为 2～5 年，长期则为 5 年以上。期限越短，预测的内容就越多越具体，精度要求也越高，反之亦然。在实际预测活动中，因预测的性质、目的和预测主体的不同，对预测期限的划分又会存在差异。

10.1.2　市场预测的方法

市场预测的方法总的来说可以分为定性分析预测与定量分析预测两大基本类别。

1. 定性分析预测

定性分析预测也叫经验判断法，主要是预测者利用已有的知识、经验，依靠自身或借助他人的分析能力等，依据现实资料和事实对于市场的未来情况进行的预测。它的基本特点是主要利用个人或集体的经验、能力，而没有依靠大量的、复杂的数学分析与计算。

这类方法有很多显而易见的优点。首先是简便易行，适用性广，也非常灵活，适合于总体性、方向性上的预测与推断。现实中有很多对象和对象间的相互关系是难以量化的，定性方法适用于对难以量化分析的对象和问题进行预测。当然定性分析方法也有其自身固有的缺点。这类方法依赖于主观判断，所以难免会受到预测者的主观因素的影响。比如乐观的预测者可能会做出过于乐观的估计，而悲观的决策者的预测又有可能过于保守。再者，定性分析方法没有大量的数学计算，也导致了其预测结果只是一个大概方向和范围，不够精确。定性分析预测方法的效果在很大程度上取决于预测者自身的知识与业务水平，如果预测者的水平有限或经验过时等，就会导致预测失效。常用的定性分析预测方法主要有类比法、德尔菲法、头脑风暴法、专家会议法等。

2. 定量分析预测

定量分析预测是依据大量的数据和资料，对预测对象及其影响因素之间的影响与被影响关系进行的分析。具体做起来就是根据影响程度的不同选取主要的影响因素，并建立数学模型来解释预测对象及其主要影响因素之间的数量变动关系的预测方法。定量分析方法具有两个非常显著的特点：一是这类方法需要大量的数据和资料；二是要通过建立数学模型来解释预测对象与影响因素之间的变动关系。定量分析预测方法主要包括时间序列分析法和因果关系分析预测法。

1) 时间序列分析法

有关时间序列分析法已经在第 5 章进行了详细介绍，它是以表现预测对象自身发展过程的时间序列为依据，运用数学统计、分析方法，用数学模型来揭示预测对象的发展规律与变化趋势，并据此推算其变化和未来水平的预测方法。

这种方法的基本假设是事物过去和现在的发展规律会延续到未来，所以可以根据过去和现在的数据资料归纳推演出来的规律来预测未来。它的数学模型中没有表现出任何其他对象和因素的影响，只是体现出了预测对象自身的发展模型和规律。其实时间序列分析法尽管在推算过程中没有表现出对其他影响因素的考虑，但还是有其内在合理性的。首先对于任何事物的变化发展而言，内因是关键，外因是条件，起辅助作用。另外，所有外在因素的影响结果最终还是要通过被影响对象自身的发展变化体现出来。所以，时间序列分析的模型虽然没有包含解释变量，但是却包含了解释变量的作用和影响。因为包含的变量较少，所以时间序列分析法的数学模型和计算分析过程都比较简单。常用的时间序列分析法有平均数法、移动平均数法、季节指数法、指数平滑法等。

2) 因果关系分析预测法

因果关系分析预测法是从预测对象及其影响因素之间的关系出发，根据各因素对预测对象影响程度的不同，选择主要的因素，建立一个涵盖预测对象及其主要影响因素之间变动关系的数学模型，据此进行推算的预测方法。主要方法包括回归分析法和投入产出分析法等。

这类方法需要的数据和资料一般都远远多于时间序列分析法，分析、计算和建模的工作量也比较大，数学模型也较复杂。在此基础上的预测结果一般都比较精确，分析角度较其他方法要全面一些。但是在现实应用中，因果关系分析预测法很难把影响预测对象发展的因素都考虑到，并一一进行分析，筛选主要影响因素时也有可能取舍不当。由于数学模型比较复杂，所以需要的数据多，工作量大，对预测人员的数学能力要求较高，在实施中难度也比较大。

3. 选择预测方法时应注意的问题

定性分析预测和定量分析预测各有其优缺点和不同的适用情况，在使用范围和预测结果上有着很大的互补性。实际上，两种分析方法在应用中是紧密结合的，再简单的定性分析也会有一定的定量信息作为依据；再复杂的定量分析，其使用过程和最终结果的选择都需要人的主观分析和判断。在市场预测工作中，要注意两种方法的合理选择与结合，这样才能取得满意的预测效果。

在预测中，预测方法的选择是至关重要的，直接影响到预测结果的效果和质量。不同的预测方法有着不同的特点和适用范围，预测时要根据现实需要选择合适的方法。一般在选择方法时，至少要考虑以下三个方面的因素。

（1）预测的要求和目的

市场预测时的预测范围不同，预测期的长短不同，要求的精度不同，预测的目的也不相同。要综合考虑各方面要求去选择适合的预测方法。例如，在预测市场的宏观政策环境时，定量方法发挥的作用相对有限；但要预测某种商品的销售量时，定量分析往往比定性分析取得的预测结果更精确。

（2）所要预测的市场及其影响因素的性质、特点

不同地区、不同商品、不同层次的市场发展规律、变化趋势是不一样的，影响因素也不一样。应该根据预测市场及其影响因素的性质、特点去选择预测方法。例如，不同商品的市场生命周期是不一样的，食品类商品（尤其是初级食品）的需求比较稳定；而服装市场受消费者特点、收入水平、流行元素、地区文化等因素的影响是很大的，需求变化也比较大。在对两种商品的市场需求进行预测时，所要选择的方法也是不同的。

需要说明的是，所选择的预测模型一定要能够切实准确地反映现实情况，不能生搬硬套。模型过于简单，可能难以说明实际情况，不能综合反映主要因素的影响。但也不能人为地追求模型的复杂化。过于复杂的模型可能会浪费不必要的人力、物力和时间，而且预测的精度和效果并不完全与预测模型的复杂程度成正比。

（3）根据预测者现实条件选择预测方法

在选择预测方法和模型时，应该考虑和分析企业提供的资金条件、设备和期限等。而且，不同的预测方法对预测人员的素质和能力的要求也不同，在选择方法时，这些因素都应该考虑在内。

10.1.3　市场预测的内容

在市场环境下，企业最基本的活动便是生产和销售。围绕着这一基本活动，企业要开展采购、存储、加工、运输、销售、核算、管理等一系列相关的、连续的工作与活动。这些活动都是以销售为核心和目的的，其运行状况和变化直接影响到销售结果。所以市场预测也要对与销售直接相关的生产、管理活动进行分析。总之，市场预测就是要对市场上商品的供需变化趋势及与之相关的影响因素进行调查、分析与预测。概括起来，主要包括以下几方面的内容。

1. 市场需求预测

1) 市场需求总量及构成预测

这一类预测主要是为宏观经济管理服务的，目的是保持市场的供需总量与结构的平衡。市场需求总量的预测可以分为两种不同的办法。

一是首先根据国民经济收入历年来的分配比例和规律测算出预测期的居民可支配收入，居民可支配收入＝消费＋投资＋储蓄；再根据历年来居民可支配收入的分配比例，结合经济环境、消费观念等的变化，进一步测算居民的消费总量。

二是可以根据国家有关部门发布的有关历年来居民消费情况的统计资料总结规律和趋势，直接分析、预测市场的需求总量。

只预测市场总量还不能满足经济管理和调控的需要，还要在此基础上分析需求总量的结构。比如要分析物质商品消费和服务性消费的比重；物质商品消费中食品、服饰、住房等各项消费的比重；服务性消费中卫生、教育、旅游等各自的比重。只有对总量和结构都做出了合理准确的预测，才能为各部门的管理和调控提供可靠的依据。

2) 某种商品的市场潜力预测

(1) 市场总潜力的预测

市场总潜力的预测是指在一定时期内，一个行业的所有企业可能的总销量。常用的估计方法如下：

$$Q = n \cdot p \cdot q \qquad\qquad (10-1)$$

式中，Q——市场总潜力；

n——市场上潜在消费者总数；

p——该种商品的平均价格；

q——每个消费者的平均购买量。

(2) 地区市场潜力的预测

地区市场潜力是指在一定时期和一定地区范围内，一个行业的所有企业可能的总销量。测算出地区的市场潜力有利于企业选择最有利的目标销售区域，以合理地安排自己的营销预算。预测地区市场潜力常用的方法有市场组合法和多因素指数法。

市场组合法是预测市场需求的常用办法。具体做法是，首先确定地区市场上潜在客户的数量，然后分析出每个客户可能购买的数量，两者相乘，就得出了地区市场的潜在销售量。例如，显像管是电视机的重要元件，若要估计在广东地区显像管的地区市场潜量，第一步是辨认广东地区显像管的全部潜在购买者。这个市场主要是由电视机制造厂商构成的，公司应编制一张包括该地区所有电视机制造厂商的清单，根据其生产量及增长率来估计显像管的销售量。

多因素指数法是以最终消费者为直接客户的企业在预测地区市场潜力时常用的方法。在无法估算出潜在顾客总量，但是可以分析出影响销售量的主要因素，而且知道这些因素的地区数额与全国数额的比值或指数的情况下，就可以根据现实情况和规律为这些指数赋以不同的权值，据此来估计市场潜力。例如，假设某省的人口占全国总人口的 1/13，居民可支配收入占全国居民可支配收入总数的 1/15，某种商品历年来的销售额占全国总销售额的 1/16，经过分析，给人口总数、可支配收入总额、销售额的权数为 0.3、0.4 和 0.3，那么利用式 (10-1) 进行计算，该种商品在该省的市场潜力为：

$$Q=0.3\times\frac{1}{13}+0.4\times\frac{1}{15}\times+0.3\times\frac{1}{16}=0.068$$

即该种商品在该省的潜在销售量占全国潜在销售量的 6.8%。

3）产品的市场销售量预测

预测一家公司某种产品的销售量，需要分析该公司以前的市场销售额和占有率，以及各竞争对手的市场份额和行业的总销售额。一般而言，行业协会会公布行业内某种产品总的市场销售额，但是不同公司和品牌的销售额和业内竞争对手的销售额与市场占有率一般要通过购买营销调研公司的调研报告才能得知。得到相关数据和资料之后，通过与竞争对手、行业销售额的比较，来分析公司在行业中的地位，利用特定的信息分析预测方法，对数据进行分析，总结本公司、竞争对手、行业总体销售额的变化规律，结合公司的营销方案与计划，以及竞争对手的市场表现与营销活动，就可以对公司产品的市场销售额进行预测了。

4）消费者需求偏好的预测

消费者需求偏好是指消费者在不同商品或不同商品组合之间的选择顺序，以及对产品不同属性（如质量、性能、外观、品牌、价格、档次等）的重视程度与要求。消费者需求偏好的变化会直接影响消费需求的变化，当消费者对某种商品的偏好程度增强时，该商品的需求量就会增加；相反，偏好程度减弱，需求量就会减少。消费者需求偏好受到生理、心理及社会因素的影响，不同地区、年龄、收入、文化、个性的消费者的需求偏好有很大的差异性和变动性，而广告促销、流行资讯的变化也会影响消费者的需求偏好。市场研究人员应该分析以上因素的变化对消费者需求偏好产生的影响，进而根据消费者需求偏好的变化调整营销策略。

开辟新的市场前一定要调查目标市场中的不同消费群体的需求偏好，而且在企业的现有市场上，也要密切关注消费者需求偏好的变化和可能引起这些变化的原因。只有明确了消费者的需求偏好，才能正确地预测市场需求量。

2. 市场供应预测

市场供应是指一定时期、一定地区范围内可以投放市场以供销售的商品总量。按来源可以分为三部分：

① 上期储备；

② 本期生产；

③ 净进口（进口量减出口量）。

市场供应预测可以分为对市场供应总量的预测和对具体商品的市场供应量的预测。市场供应总量的预测是指对一定范围内的市场供应总量及其结构进行的预测；具体商品的市场供应量的预测是指对一定市场范围内的特定种类或品牌的产品的供应进行的预测。

要预测某种商品的市场供应量，需要从以下几方面着手：

① 根据历史资料，了解以往产品生产的产量、成本、销售、积累等情况；

② 调查分析当前市场上该类生产企业的数量、规模、生产能力、产品类型等；

③ 分析当前的设备与技术水平、生产效率的变化等；

④ 分析该类商品的进出口变化走势；

⑤ 分析该类商品的关联性商品的变化和替代性商品的变化，比如数码相机的普及对胶卷生产及供应的影响，MP3 的流行对传统的随身听的供应量的影响等。

把预测出的商品供应量同市场需求量进行比较和分析，就能够发现供需关系的变化趋势，从而正确地安排企业的生产和经营。

3. 商品的市场生命周期预测

商品的市场生命周期是指一种产品从进入市场开始到被市场逐渐淘汰的全部过程，整个周期一般划分为投入期、成长期、成熟期和衰退期四个阶段。

一种商品的市场需求量在其生命周期的不同阶段差别是很大的。在投入期需求量少且增长缓慢；在成长期需求量增长很快；在成熟期需求量达到顶峰，趋于饱和；在衰退期需求量则开始下降。与之相对应的销售额和利润的变化也非常明显。在商品的成熟期，市场的需求量一般比较稳定，销售顺畅，在此阶段，如果企业只看到销售业绩而不去分析商品的生命周期，一味地增加生产和进货，很可能会面临着进入商品衰退期而导致大规模的积压和亏损。所以企业必须重视对商品的市场生命周期的研究，分析不同商品生命周期的长短及科学技术等因素对商品生命周期的影响，在不同的阶段采取不同的生产、销售策略，从而做出正确的经营决策。

4. 企业的生产经营能力预测

企业的生产经营能力是指企业具备的生产、经营的水平与能力。企业的生产经营能力是依靠三种资源要素形成的：人力、物力和财力。三种要素中人力资源的数量与质量最为关键，对其他两种资源的合理安排与使用起着决定性作用；物力是指企业生产经营中原料、能源、技术设备、运营场所等的供应水平与状况；财力则是指企业经营管理中所需资金的来源与使用的情况。三种要素相互作用形成了企业的生产经营能力。生产经营能力又可以划分为三个方面的能力：运营能力、开发研究能力和销售能力。

运营能力包括企业的生产能力、控制与管理能力、组织架构水平等；开发研究能力包括企业的信息分析能力、市场调研能力、新产品的设计与开发能力等；销售能力则是指企业对自身经营商品的营销能力，包括对消费者心理的分析能力、推销水平、服务水平等。

对企业的生产经营能力进行预测，也就是通过分析企业的三种资源要素的供需及使用情况来分析企业在运营、研发、销售三方面的能力。在实际预测中，可以利用一些指标来衡量企业的相关能力，例如可以利用相对发展速度和相对销售增长率指标来衡量企业的总体发展能力，其计算公式如下：

$$相对发展速度＝本企业发展速度/行业平均发展速度$$
$$相对销售增长率＝本企业销售增长率/行业平均销售增长率$$

5. 市场环境预测

企业的生产经营活动是在特定的市场环境下进行的，而市场环境既受到经济环境的影响，也受到社会环境和自然环境的影响。要正确地预测企业的生产经营能力和市场变化，必须对市场环境进行分析与预测。环境是不断变化的，变化中既有对于企业发展极为有利的机会，也有不利的威胁。对市场环境的预测就是要通过对市场环境的观察、分析，预测出环境的变化及其对市场和企业的影响，从而使企业抓住有利时机，避开或减轻威胁，保证生产经营的顺利进行。

市场环境的变化有的是由必然性因素引起的，这一类变化会呈现出一定的规律性。比如，企业和行业的经营状况不可避免地会受到经济周期性变化的影响；科技的进步与发展会缩短科技类产品的生命周期等。必然性因素引起的环境变化是市场环境预测的重点，可以通过分析和研究来把握其规律，从而掌握环境变化的趋势，采取相应的经营决策与措施。

还有一些市场环境的变化是由偶然性因素引起的，如 9.11 事件、SARS、自然灾害等，都对市场环境产生了显著影响。这一类变化呈现出突发性的特点，一般没有规律可言，但是在变化大规模地爆发以前，往往也会有一些征兆。对于突发性的环境变化，应予以观察、关注，根据征兆做出快速而正确的反应，并且做好危机管理工作，一旦突发事件发生，力求把威胁和损失降到最低。

10.1.4　市场预测的步骤

1）明确预测目标

明确预测目标就是要确定预测的内容、范围、要求、期限等。预测目标的表述要做到明确而具体，具有可执行性。对于比较笼统、抽象的调查目的与目标，要将其转化和分解为可操作的具体目标。比如，关于某企业经营状况的预测可以分解为对于该企业销售额、市场占有率、利润率、开发研究能力、人力资源状况等方面的预测。

2）收集资料

收集资料是市场预测工作的基础，资料的完备程度与质量直接影响到预测结果的有效性。与市场预测相关的资料是非常广泛的，在收集工作开始之前，应按照预测的目标来确定资料收集的范围、类别和重要程度。资料的收集既包括对历史资料的收集，也包括对现实资料的收集；既要收集关于公司本身发展情况的资料，也要收集竞争对手和整个行业发展情况的资料；既要收集微观经济主体运行状况的资料，也要收集有关宏观经济背景的资料。资料收集完毕后，还要对资料进行整理，包括有效性检查、分类和筛选等，以去粗取精，使资料系统化，便于分析和利用。

3）分析判断，建立预测模型

分析、判断是市场预测的关键环节，其主要任务就是对已经整理好的资料进行综合分析，根据实际情况和有关的市场理论选择适当的预测方法，再对市场预测目标和相关的影响因素进行分析，确定模型中应包含的变量，计算模型参数，最终确立预测模型。

4）作出预测和评估

预测的最后一步就是利用预测模型和有关的数据计算出市场预测目标的预测值，一般包括点预测值和区间预测值。由于市场的复杂性与多变性及调查资料的原因，或者预测人员的主观原因等，预测结果不可避免地会与现实情况存在一些偏差。所以，要对预测结果进行分析和评价。一般可以先根据经验、常识来判断预测结果的合理性；然后采用数理统计检验方法计算模型的估计偏差，检验偏差是否在可接受的范围之内。如果偏差超出可接受的范围，则要通过增加样本容量、增加变量个数、改变预测模型与方法等进行修正。在条件允许的情况下，最好采用多种方法进行预测，对不同预测结果的可信度进行比较分析，综合各个结果以得出最终结论。

10.2　证券投资分析

随着我国市场经济的快速发展，证券市场在我国经济体系中的地位和作用也逐渐显现和加强。证券市场的规模不断发展，参与证券投资的企业、机构、个人日益增多。证券投资是一项风险极高的经济活动，相应的投资分析也是一个复杂过程。证券市场的行情变化十分迅速，市场上各种力量汇集，利益争夺激烈，投资者若没有一定的理论基础和分析能力，是很容易在投资中失利的。要在证券投资中获利，必须在了解经济运行现状和趋势的前提下，把握证券市场的行情变化，同时熟练掌握和运用几种技术分析工具，以决定是否可以投资，以及最佳的投资时间。在这一过程中，要尽可能占有不同层次、不同来源、不同方面的信息，综合多种分析方法的结论，才能得出比较可靠的方案。本节对证券投资分析仅仅做一个概括性的介绍与说明，目的在于给出证券投资信息分析、预测的结构与框架，主要内容包括：证券与证券市场的基本知识，证券投资基本分析中的宏观政治经济因素分析、行业分析和公司分析，技术分析的基本假设、主要理论及几种常用的技术分析工具的简单说明。

10.2.1 证券与证券市场概述

1. 证券和证券市场

证券是各种财产所有权、债权等权益凭证的统称，用来证明证券持有人可以按照规定取得相应的权益。证券可以分为有价证券和无价证券两类。我国政府和法律限制无价证券在市场上的广泛流通，并规定不得通过流通转让来增加持有人的收益，常见的无价证券如借据、信用证等。有价证券是指具有一定的票面金额，证明持有人有权凭其取得一定收益，并可以自由转让和流通的权益凭证等。有价证券又有广义和狭义之分，广义的有价证券包括商品证券、货币证券、资本证券。商品证券是证明有领取商品权利的证券，如提货单；货币证券是指有货币请求权的证券，如支票、汇票；资本证券是指证明证券持有人有权向发行人提出收益请求权的凭证，如股票、债券。本书中所提到的证券均为资本证券，也就是狭义的有价证券。

广义的证券市场是指有价证券交易场所、规则、行为的总称，是证券投资活动的平台和基础。狭义的证券市场是指股票、债券、投资基金受益券等证券投资客体发行、流通的场所。按照基本职能与买卖级次的不同，证券市场可以分为证券发行市场和证券流通市场。

证券发行市场又称一级市场或初级市场，是发行人以筹集资金为目的，按照一定的法律规定和发行程序，向投资者出售新发证券所形成的市场。证券发行市场的作用可以概括为：提供证券，筹集资金。证券发行又可以分为首次公开发行和再发行。首次公开发行（Initial Public Offerings，IPOs）是指证券第一次在初级市场上向公众发行；再发行（Seasoned Offerings，SOs）是指发行过的证券在市场上的额外发行。首次公开发行和再发行都有严格的条件和限制，只有达到要求的公司才有资格公开发行证券，具体又随国别、证券市场的不同而存在差异。

证券流通市场，也称二级市场或者次级市场，是指已发行证券进行转让、买卖、流通的市场，其规模、范围、参与者的数量远远大于证券发行市场。证券流通市场在结构上可分为证券交易所和场外交易市场（Over the Counter，OTC）。证券交易所和场外交易市场中上市证券的品种差别并不大，其主要区别在于两种市场对于证券上市交易的条件和规则。在证券交易所内，证券交易价格是通过集中竞价的方式确定的，而且证券交易所的上市要求和交易规则比场外交易严格很多，受到的监管也更加直接、严厉。

2. 证券投资分析

投资者在进行投资之前，必须要对准备投资的证券进行价值分析和评估，这是证券投资成功与否的关键所在。证券投资分析的方法一般可以分为两类：基本分析和技术分析。

基本分析就是对影响证券市场供求关系的基本因素进行分析，以确定证券的内在价值和中长期的运行趋势。一般认为，基本因素包括一国及世界的政治形势、政府政策、宏观经济运行态势、公司运营状况、股权结构、财务状况等。与基本分析不同的是，技术分析主要采用数理统计的方法来分析证券市场的交易数据或特定证券短期供需力量的强弱，侧重于对引起价格短期波动的因素进行分析。可见，基本分析和技术分析的出发点和侧重点不同，基本分析解决的是要不要投资证券，以及购买什么证券的问题，而技术分析则是解决何时购买的问题。在投资实践中，需要把这两种方法结合起来，综合两种分析的结论，从基本面、技术面、政策面和消息面上全面入手，才能提高分析的准确性，为投资决策提供全面、有效、正确的信息，增加投资的成功几率和收益水平。

股票是各种证券当中参与投资者最多的，在市场经济中的地位非常重要，其投资分析方法已经比较成熟和典型。本节将以股票投资分析为主来介绍证券投资中的基本分析和技术分析。

10.2.2　基本分析

1. 宏观因素分析

1）宏观经济因素分析

所有的企业都在宏观经济的大环境中运行，其经营业绩都受到宏观经济运行状况的影响。而股市被称为国民经济的晴雨表，宏观经济环境的景气与否也决定了证券市场的趋势。所以在投资者进行投资时，必须要正确分析现在和未来的宏观经济表现，这样才能把握证券市场的总体趋势和上市公司未来的经营业绩。一般而言，对宏观经济信息的分析应该从以下几个方面入手。

（1）国内生产总值与经济增长率

国内生产总值（GDP）反映了一个国家在一定时期（通常为1年）内生产的产品与提供的服务的总和。一国的国内生产总值与该国的证券市场的规模存在着一定的联系：在发达国家，上市公司股票的市值与国内生产总值的比例接近于1∶1，而发展中国家该项的比例多为0.3∶1。国内生产总值的高低决定了一国的国民收入、财政收入和居民可支配收入的水平。收入水平越高，就越能保证经济的持续增长，也就越有可能为证券市场提供充足的资金来源。

经济增长率反映了一国的经济总体水平的变动发展状况。稳定而合理的经济增长率意味着一国有良好的经济发展势头，从而可以带动证券市场稳定地发展。经济增长率高的国家，其股票市场的平均市盈率也较高。

（2）通货膨胀与通货紧缩

通货膨胀通常与经济过热联系在一起，表现为经济体系中价格的全面、过度上涨。经济增长过快往往会导致通货膨胀。适度的通货膨胀能够有效地刺激社会需求，促进经济的进一步增长，有利于公司的经营与发展，也会带动证券市场的发展；过度的通货膨胀会造成经济泡沫，引发经济危机，恶化宏观经济环境，影响公司的正常生产运营，对证券市场也会产生极为不利的影响。

通货紧缩会导致生产中有效需求和生产投资的减少，使国民经济发展停滞，甚至衰退；

使企业的销售收入减少，经济效益下滑，无力支撑股价，证券市场的运营也会因此受到严重的阻碍。因此，证券投资活动必须考虑当前经济的通货膨胀与通货紧缩情况、它的下一步走势及其与其他经济要素变动的关系等。

（3）经济政策

一国政府在经济发展的不同时期会根据经济发展状况和目标采取不同的经济发展政策，这些政策可以分为三大类：货币政策、财政政策和对外经济政策。

① 货币政策可以分为宽松的、紧缩的和适度的货币政策。宽松的货币政策包括降低利率、再贴现率、存款准备金率，公开市场买进国债等。紧缩的货币则与之相反，包括提高利率、再贴现率、存款准备金率，公开市场卖出国债等。适度的货币政策则介于两者之间。

当政府采取宽松的货币政策时，在实质上会对证券市场构成利好。因为宽松的货币政策会放松银根，刺激消费需求和投资，对经济运行产生扩张效应。一方面有利于企业发展，另一方面会增加证券投资需求，使证券的价格上涨。紧缩的货币政策则会有相反的作用。

在政府的货币政策之中，利率是对证券市场影响最明显的政策。利率水平的高低决定了资金使用成本的高低。提高利率时，一方面会使企业的经营成本增加，收益减少；另一方面也会减少投资者的证券投资需求，从而使证券的价格走低。

货币政策也包括汇率政策。宽松的汇率政策会使本币适度贬值，刺激出口，减少进口；紧缩的汇率政策则会使本币适度升值，抵制出口，增加进口。汇率水平同利率水平、经济增长率之间是相互作用、相互影响的，共同作用于经济运行，都会对证券市场产生影响。

② 财政政策也有扩张的、紧缩的和适度的之分。宽松的财政政策包括减税，增加财政支出和财政补贴等。紧缩的财政政策则包括增税，减少财政支出和财政补贴等。适度的财政政策介于两者之间。宽松的财政政策会对证券市场构成利好，而紧缩的财政政策会使投资者对经济运行前景变得谨慎甚至悲观，阻碍证券价格的上涨，实质上构成利空。

③ 对外经济政策包括一国的汇率政策、对外贸易政策和外汇管理政策等。不同的对外经济政策会对本国的外向型企业产生显著的影响；有的企业会在政府的对外经济政策中受益，而有的则会受到冲击；对外经济政策也会直接影响到国外资金在本国的投资力度，直接对证券市场产生影响。

（4）证券市场的运行状况

一国的经济发展情况和金融自由化程度是影响证券市场状况的根本性因素。另外，证券市场的交易体制是否完善；管理层的政策、措施的特点；证券市场的效率，如信息披露是否及时、真实，通信条件，投资主体的素质和专业化程度；证券市场总体的投资价值等都是进行证券投资时要考察的基本因素。

（5）其他

除此之外，分析一国的宏观经济背景时，还有很多要研究的指标和因素。例如，失业率也是反映当前经济运行情况和未来前景的重要因素，一般情况下，经济衰退时失业率就会上升；国际收支变动体现了对外贸易和资本的输入输出对一国的经济运行的影响，不同的收支情况会对国内经济发展的投资需求和经济增长产生不同的作用；通过分析政府的财政预算，可以对当前的宏观经济运行和政府的政策取向得到正确的理解和判断；固定资产投资规模是影响一国经济稳定与增长的决定性因素，也可以反映一国经济发展的特点和质量；在开放的经济条件下，一国的经济运行和证券市场的发展也会受到国际经济和政治环境的影响，在投资时也需对此进行分析。

　　2）政治因素分析

　　政治环境包括一国的政治制度，政权的稳定性与连续性，战争与冲突的风险等。一个稳定的政治环境和连续的政策对企业的长期经营发展是十分重要的。在动荡的政治环境中，经济发展的不确定性会严重影响投资者的信心。政治是经济的集中表现，只要政治因素会对一国的经济发展产生影响，就必然会影响证券市场的运行。政治因素对投资者而言是无法预期的。当政治环境出现变化时，通常投资者会为了规避不确定性因素的影响而暂时抽资离场。

　　上述宏观经济因素的分析，有的可以借助定量方法进行分析，有的只能依靠定性方法做出判断，理想的情况是两者相互结合。实际分析各项宏观要素时，要注意不同因素之间存在的错综复杂的关系。随着世界一体化水平的提高、经济活动中金融流动性的加大、信息化浪潮的不断推进，以及这些变化所产生的深刻而广泛的影响，这种相互作用更加难以认识和把握。因此，证券投资信息分析也就愈加困难。

　　2. 行业分析

　　在相同的宏观经济环境中，不同行业的经营业绩是大不相同的。国民经济体系中不同行业的增长率可能存在很大差异。如果一个行业进入了衰退阶段或者发展困境，那么这个行业内的企业也就难以取得良好的发展。因此有必要通过行业分析来选择发展前景最好的行业，进而选择有投资价值的公司。行业分析通常从以下几个方面进行。

　　1）行业对经济周期的敏感度

　　不同行业对宏观经济周期性变化的敏感度反应是有很大差别的。根据行业受国民经济周期性变动的影响程度的不同，可以把行业分为三大类：周期性行业、防御性行业和增长性行业。

　　周期性行业是指行业的景气程度与宏观经济的周期性变化大体一致的行业，如机械制造业、房地产业等。当国民经济处于上升和快速发展阶段时，这类行业会伴随着经济的发展而快速发展，然而当国民经济进入衰退阶段时，这些行业也最先受到影响而降低发展速度。

　　防御性行业是指行业的景气程度受国民经济的周期性变动影响不是很大的行业。如公用事业、食品业等。这类行业不论宏观经济景气与否，其需求都相对稳定，收入与利润也不会有过大的波动。

　　增长性行业是指行业发展速度高于国民经济的平均发展速度的行业。这类行业多为高科技行业。由于具有领先的科学技术，这类行业处于领先的发展地位，其景气程度受宏观经济周期性变化的影响不大，行业利润较高。需要注意的是，这类行业所包含的范围会随科技发展和时代变迁而发生变化。

　　2）行业的市场结构

　　行业的市场结构是指行业竞争或垄断的程度。不同市场结构的行业的竞争环境和盈利能力有着很大的差别。根据行业内的企业数量、产品差异、企业控制价格的能力、新企业进入的难易程度等因素，可以把行业分为四种类型：完全竞争、垄断竞争、寡头垄断和完全垄断。各类型行业的基本特征如表 10-1 所示。

表 10 - 1　行业类型及特征

市场类型	完全竞争	垄断竞争	寡头垄断	完全垄断
企业数量	很多	较多	很少	极少
产品差异	无差异	品牌效应明显	有实质或观念上的差异	产品具有不可替代性
企业对价格的控制能力	没有或很小	较小	较大	很大，但也会受法律控制
新企业进入的难易程度	很容易	较容易	不容易	几乎不可能
典型行业	农业、初级产品加工业	日常消费品制造业	技术密集型企业	多数公用事业
行业利润	业绩不稳定，风险大	不同企业间利润差别很大	利润很大，有的行业为超额利润	利润较高，并维持一个稳定水平

3）行业的生命周期

几乎每一个行业的生命周期都包括初创期、成长期、成熟期和衰退期四个阶段。在每一个阶段都有不同的发展特征，投资者也应该相应地采取不同的投资策略。

在初创期，行业产品处于开发阶段，前期投入成本高，销售额小，利润少甚至亏损。有一些公司能成功生存下来，有很多公司会因开发失败或巨额亏损而倒闭。投资于初创期的行业，风险是非常高的，但如果成功，投资收益也非常高。美国的 Microsoft 公司和我国台湾的宏基电脑就是成功的范例。

在成长期，行业的生产技术日益成熟，生产规模化，成本降低，市场需求逐渐扩大，销售额和利润都大幅度上升。与此同时，有很多新的企业或其他行业的企业纷纷进入该行业，导致竞争加剧。该行业发展阶段中企业的股票价格受利润增长的驱动，上升幅度很大。

在成熟期，行业生产已经相当稳定和成熟，产品的市场普及程度也达到顶峰。产品的生产已经达到标准化，价格也基本稳定，竞争激烈，利润压力很大。处于此阶段中的企业一般没有新的生产投资计划，利润中有相当大的部分分配给股东。虽然资本增值不高，但股利分配率较高，风险也较低。

在行业的衰退期，开始有替代产品和新的行业兴起，原来行业的市场需求逐渐缩小，销售额迅速下降，利润下滑。有些企业开始撤离此行业；有些则开始新技术的研发和改革，以延长该类产品的市场寿命。此阶段公司的股价一般会不稳定甚至下滑，投资者应该慎重投资于此类公司。

在行业发展周期中还有一种值得注意的情况，就是新技术革命导致新产业迅速兴起，极有可能在短期内使原有的相关产业迅速衰退，导致新的投资机会产生和原有股票投资风险急剧增加。

4）政府的产业政策

各国政府都会为本国的经济发展制定近期和远期的计划与规划。在不同阶段，会随着经济发展的不同情况和任务采取不同的产业政策。对于政府重点和优先发展的产业，在税负、融资和贸易政策上都会有相应的保护和优惠。该类行业中的企业会因为宽松的发展环境而顺利成长，在证券市场上也会有突出的表现。一般行业与此类行业相比较，发展的条件就相对较差了。尤其是对于那些受到政府限制发展的行业，税负压力和融资困难都会加大，发展起来困难重重。

3. 公司分析

在进行宏观的经济、政治因素分析和行业分析之后，还要进行微观分析，即对上市公司本身的分析，只有对上市公司进行全面分析之后，才能决定最终投资于哪一种证券。一般可以通过上市公司对外公布的公告、文件和财务报告等资料分析公司的经营管理状况和成长性，以选择出同行业中最具投资价值的公司进行投资。公司分析一般可以分为基本状况分析和财务状况分析两大部分。10.3 节将会专门对财务信息的分析与利用给出介绍，本节仅简单介绍公司基本状况的分析。

1）公司的背景与历史沿革

首先要分析公司所属行业及该行业的市场竞争结构、生命周期等特点；再者要掌握公司的历史，了解其历史沿革；分析公司的经营形态，是生产型的、科研型的、投融资型的，还是综合型的；了解公司的经营理念和企业文化，包括企业的核心价值观及竞争观念、市场观念、创新观念等，这些文化观念也是企业竞争力的重要来源；了解公司的主要控股股东的背景和实力。

2）公司的经营状况

分析一家公司的经营状况首先要分析该公司的经营业绩，分析以前及现在的利润水平、构成及来源，考察其利润增长情况，并同行业内的其他公司或行业平均利润水平进行比较；另外也要了解该公司在行业内的地位和竞争力，从资本规模、市场份额、科研实力、利润水平等方面同行业内的其他公司进行比较；公司股利的发放情况也能从一定程度上反应该公司的经营情况，通常股利发放越多，投资者对公司就越有信心，公司股票上涨的可能性越大。

3）公司的管理能力

分析一个公司的管理能力首先应对该公司的组织结构进行考察。不同行业、规模和发展水平的企业所适用的组织结构是不同的。应考察公司的组织结构是否合理，现有的组织结构是否能保证公司的运作效率，是否具备对外界环境变化的敏捷反应能力。

再者应该分析公司有无合理的权力制衡与监管机制。重点要分析公司独立董事、监事的遴选能否体现全体股东的利益。

还应该对公司各层管理人员的素质及能力进行分析，重点分析公司的决策层领导。公司决策层领导的个人素质、经历、社会关系、所持股份等对公司的发展有很大的影响。同时，其他各层管理人员和基层执行人员的素质和能力也是非常重要的。

4）公司的股权结构

公司的股权结构是公司治理结构的基础，对于公司的运作效率有着重要影响。投资者需要分析公司的股权结构的特点与合理度，关注公司大股东的行为、关联交易等。观察公司股票的机构持股和流通股股东持股的数量与集中度情况与变化。一般而言，基金等机构投资者踊跃增持和集中度趋高的个股，由于主力资金的介入，股价发生大幅变化的可能性较大。"一股独大"的情况也应该引起投资者的注意，一般来说分散的股权结构可以避免大股东利用自己的控股优势损害中小股东的利益。

5）公司重大事项

公司的重大事项会对公司的运营产生直接影响，投资者应该对上市公司的重大资产重组、领导机构变更、公司章程修改、法律诉讼事件、股本变化等予以关注。另外对于整体经济政策调整，如财务制度变更、税率变化等对上市公司的影响也要仔细分析。

10.2.3 技术分析

1. 技术分析概述

技术分析是指从市场行为本身出发，运用统计学等科学原理与方法，利用价格、成交量等已经发生的市场数据、资料来分析、预测市场上证券价格变动趋势的方法。前面所讲的基本分析主要用于判别证券市场的中长期运行趋势，着眼于个别证券的内在价值。与基本分析不同的是，技术分析主要用于判别证券市场或个别证券短期供需力量的强弱。技术分析建立在有效市场假设、证券价格以趋势方式演变假设和历史会重复假设这三项假设的基础上。

有效市场假设认为，在证券市场中信息是对称的、透明的，任何信息和因素的影响都会迅速而透明地反映在价格中。由此，技术分析认为，不用去分析具体是什么因素在影响证券价格，只需要从证券市场的量价变化中知道这些因素的作用结果就可以了。

价格以趋势方式演变假设认为，证券价格的变动是有规律的。证券价格的变化是由供求关系决定的，价格的运动方向会在一定时间内延续下去，形成一定的趋势，直到供求关系发生变化，价格的变动又会出现新的趋势。

历史会重复假设认为，当证券市场上出现和过去相类似的情况时，投资者会根据过去的成功经验或失败教训对现在的情况作出判断和选择，所以市场行为和证券价格的趋势都会出现历史性的重复。即可以根据历史资料概括出来的规律来预测证券市场的未来。

1）技术分析的四大要素

技术分析的实质和重点是对证券市场的四个要素及要素之间的关系进行分析。证券市场的四个要素是指价格、成交量、时间和空间。

其中价格和成交量是最重要的因素：证券市场的价格及变化可以解释和反映大部分市场行为，其中，收盘价是最重要的价格；成交量是确定价格走势的不可缺少的因素。某一时点上的价格和成交量是交易双方的市场行为共同作用而形成的结果，是买方和卖方力量对比的暂时平衡点。

成交量反映了买方和卖方对于证券价格的认同程度。认同程度大，则成交量大；认同程度小，则成交量小。不同的认同程度反应在价格和成交量的变化上就形成了价升量增和价跌量减等规律性变化。根据价格和成交量的变化可以判断市场上买卖双方的实力对比和价格预期。例如，当价格上升，而成交量不能放大时，表明价格的上升得不到买方的认同，价格上升缺乏足够的动力。

2）技术分析的主要理论

（1）道氏理论

道氏理论是技术分析的基础，创始人是美国的查尔斯·亨利·道（Charles Henry Dow）。道氏理论主张用股价平均数来判断股价的变动趋势。其主要观点有：

① 股票市场的供求关系决定股票价格；

② 影响股票价格变化的因素中，有理性的，也有非理性的，这些因素的作用都反映在股票的价格变动上；

③ 股票市场的变化有一定的周期性和规律性；

④ 股票市场在短期波动的同时，也存在中长期的趋势，而中长期趋势是主要趋势；

⑤ 可以从交易资料、图表走势和数据中分析出股票价格的变动趋势来；

⑥ 股票市场变动的历史会重复。

道氏理论为投资者提供了一套系统化的投资分析理论与方法，根据实践，对投资者确实具有指导意义。该理论认为证券市场在任何时候都同时存在着三种趋势：长期趋势、中期趋势和短期趋势。道氏理论侧重于对长期趋势进行分析和预测，不能对中短期分析作出有力的分析和判断，所以该理论存在一定的滞后性，对信号反应较慢，可能会延误投资机会。总的来说，道氏理论对中短期投资缺乏指导性，对个股投资指导意义不大。

（2）艾略特波浪理论

艾略特波浪理论通常简称为波浪理论，其创始人拉尔夫·纳尔逊·艾略特（R. N. Elliott）根据对美国工业指数的研究，提出了一套市场分析理论，认为市场表现为一些波浪形态的组合和演变。波浪理论考虑的因素主要有三个方面：股价走势的形态，即波浪的形状和构造；股价走势中各个高点和低点的位置，即波浪的开始和结束位置；完成某个波浪所经历的时间长短。波浪理论的基本观点如下。

① 股价指数的上升和下跌是交替进行的。推动浪和调整浪是价格波动的两种最基本的方式。

② 推动浪由 5 个上升浪组成，即五浪上升模式。在市场中价格以一种特定的五浪形态，其中 1、3、5 浪是上升浪，2 浪和 4 浪则是对 1、3 浪的逆向调整，如图 10-1 所示。

图 10-1　艾略特波浪简图

③ 调整浪由 a，b，c 三浪组成，即三浪调整模式。五浪上升运行完毕后将有 a，b，c 三浪对五浪上升进行调整，其中 a 浪和 c 浪是下跌浪。b 浪是反弹浪。

④ 一个完整的循环由五个上升浪和三个调整浪组成，即所谓的八浪循环。

⑤ 第 1 浪有两种表现形式，一种属于构筑底部，另一种则为上升形态；第 2 浪有时调整幅度较大，跌幅惊人；第 3 浪通常最具有爆发力，是运行时间及幅度最长的一个浪；第 4 浪经常以较为复杂的形态出现，以三角形调整形态的情况居多。如第 2 浪是简单浪，则第 4 浪以复杂浪居多；如第 2 浪是复杂浪，则第 4 浪以简单浪居多。第 4 浪不应低于第 1 浪的顶。第 5 浪是上升中的最后一浪，力度大小不一。

⑥ a 浪对第 5 浪上升进行调整，下跌幅度大小不一；b 浪是修复 a 浪下跌的反弹浪，升势较不稳定；c 浪下跌的时间长、幅度大，最具杀伤力。

艾略特波浪理论的基本采样数据来自于美国的道琼斯指数，主要用于分析、预测股市行情的总趋势，并不适用于对个股的选择。该理论也广泛地应用在商品期货市场上。

艾略特波浪理论的通用性与准确性经过了时间、市场的检验。这一理论在长期分析和中短期分析中都能发挥作用，并且可以非常有效地分析市场的变化方向。但是波浪理论也存在一些不足，如果机械地应用波浪理论，很可能会导致投资失败。该理论在应用上是有一定难度的，主浪和调整浪的变形具有大量复杂、多层次的形态，致使起始点和浪层的确认成为波浪理论应用中的两大难点。而且，波浪理论只考虑了价格因素，对成交量因素反映不足，所以有时反映出来的问题与证券市场的真实情况不符。

2. 图形分析

1）K线分析

常见的股价分析图形有点线图、直线图、OX图、K线等。而K线分析是目前使用最普遍的一种股价图形分析方法。它较直观地表现了交易过程中买卖双方的实力对比和价格波动情况，可以揭示证券的市场供需关系，并预测未来的价格变动趋势。K线出现于日本幕府时代大阪府的米市场，用于测算米价的涨跌情况，后来被引入股市，逐渐成为应用最广泛的证券投资分析工具。

K线可以分为实体、上影线和下影线三部分，如图10-2所示。中间柱状体称为实体，实体两端的直线称为影线，上端的为上影线，下端的为下影线。实体部分表示一定时期的开盘价和收盘价，收盘价低于开盘价时，为阴线（黑色），即图10-2左侧部分；当收盘价高于开盘价时，为阳线（红色），即图10-2右侧部分。当最高价高于开盘价或收盘价时，实体上端有上影线；当最低价低于收盘价或开盘价时，实体下端有下影线。实体越长说明买卖双方的力量对比越悬殊；影线越长说明股价上升（或下降）的阻力（或支撑力）越大。

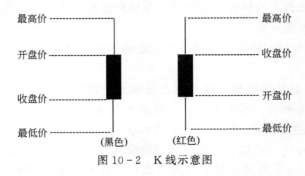

图10-2　K线示意图

分析K线时，重点是分析实体的长短和影线的长短，以及多根K线的组合、形态和缺口。缺口是指没有交易记录的价格分布范围，它是由供需双方中的某一方占据主动，跳空开高盘或开低盘的结果。表现在股价上为一种股票某日最低价比前一天的最高价还要高，或某天最高价比前一天的最低价还要低。缺口的出现说明多空双方的力量对比悬殊，缺口的封闭则说明失衡的程度得到缓和。

对K线的分析要放在对全局、大行情的分析之中，不能与大盘割裂开来，要在整体的行情走势中分析K线。尤其当K线分析与基本分析结论相反时，应放弃K线分析，服从基本分析的结果，这一点对于其他的技术分析方法也是一样的。

2）形态分析

形态分析是以一定时期内连续记录的股票价格的图形表现为依据，对证券的供需关系和价格走势进行分析的图示分析方法。形态分析中股票价格的形态是由连续记录的每天的收盘价形成的。技术分析的假设认为价格以趋势方式演变，证券价格的运动具有延续性。因此可以通过分析股价形态来判断价格的未来走向。形态分析的重点是某些价格的成交密集区，密集区分为反转区域和整理区域两种。

反转区意味着股价的运动将出现方向性转折，即可能由上升行情转变为下降行情，或由下降行情转变为上升行情。常见的反转形态有：头肩顶（见如图10-3）、头肩底、双重顶、双重底、圆形顶、圆形底等。

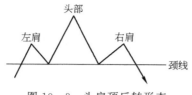

图 10 - 3　头肩顶反转形态

整理区意味着市场只是在某一价格水平附近作出调整，调整之后股价仍延续原来的趋势变化，而不会出现趋势的反转。常见的整理形态有：三角形（见图 10 - 4）、矩形、旗形、楔形等。

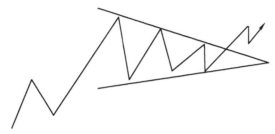

图 10 - 4　三角形整理形态

形态分析是证券市场上应用时间较长的方法，相对比较成熟，不过，在使用时也有局限性。实际操作中，如果根据形态分析进行投资决策，一般在形态完全明朗后才能得出结论，有一定的滞后性。而且在不同的角度和时点上看，对同一形态的分析可能会得出不同的结论，例如，头肩顶是典型的反转形态，但有时放在更长的市场记录中看，则有可能是整理形态中的一部分。由于形态分析的局限性，同时为了避免虚假图形对投资者的迷惑，在使用形态分析时，一定要与大盘走势、板块运行情况和资金流动等因素紧密结合起来。

3. 趋势线分析

1）切线分析

切线分析是按一定的方法和原则，在根据股票价格数据所绘制的图表中画出一些直线，然后根据这些直线的情况推测股票价格的未来趋势的分析方法。切线有阻力线和支撑线两类。常用的切线分析方法包括：阻力线和支撑线、趋势线、轨道线、黄金分割线等。

阻力线和支撑线是指，当市场上的股价达到某一水平时，往往不再继续上涨或下跌，似乎在此价位上有一条对股价起阻拦或支撑作用的抵抗线，分别称为阻力线与支撑线。阻力线的产生多是因为股价上升到一定高度时，卖出增多而买入减少，从而使股价的继续上涨受阻。支撑线则是因为股价下跌到某一高度时，买入增多而卖出减少，从而使股价停止继续下跌。从供求关系的角度看，"支撑"代表了集中的需求，而"阻力"代表了集中的供给。阻力线和支撑线并不是固定不变的，两者都可能因为新的市场行情而弱化、失效；而且阻力线一旦被突破，便会成为下个跌势的支撑线；而支撑线一经跌破，将会成为下一个涨势的阻力线。

趋势线（见图 10 - 5）用于衡量价格的趋势，由趋势线的方向可以明确地看出股价的趋势。在上升趋势中，将两个低点连成一条直线，就得到上升趋势线；在下降趋势中，将两个高点连成一条直线，就得到下降趋势线。上升趋势线起支撑作用，下降趋势线起阻力作用，也就是说，上升趋势线是支撑线的一种，下降趋势线是阻力线的一种。趋势线对股价的变动起了一种约束作用，使股价总保持在这条趋势线的上方（上升趋势线）或下方（下降趋势线）。

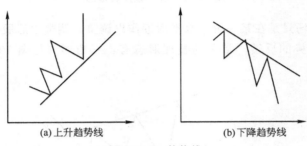

图 10-5　趋势线

　　轨道线又称通道线或管道线，是基于趋势线的一种方法。在得到趋势线后，通过价格波动曲线的第一个波峰或者第一个波谷可以做出这条趋势线的平行线，两条平行线就组成了一个轨道。轨道的作用是限制股价的变动范围，一个轨道一旦得到确认，那么价格将在这个轨道里变动，直到突破为止。

　　2）移动平均线分析

　　移动平均线（MA）分析法是一种利用统计分析的方法，将一定时期内的证券价格（指数）加以平均，并把不同时间的平均值连接起来，形成一根移动平均线，用以观察证券价格变动趋势的技术指标方法，其基本原理和方法与第 5 章所介绍的"移动平均法"相同。移动平均线可以消除股价变动中非常规因素的影响，从而反映出股价的基本走势。它是道氏理论在具体应用层面的体现，也是 K 线分析的重要补充。利用它不仅可以分析股价的变动趋势，也可以发现买卖时点。移动平均线是对收盘价进行移动平均计算得出的。收盘价是每种股票在一天的运动变化中的暂时性平衡。利用收盘价计算出的移动平均线可以反映出一段时间中多空双方的均衡价格变化趋势。如果行情价格在平均价格之上，则意味着买方力量较强；如果行情价格在平均价格之下，则表示卖方力量较强。

　　根据平均数计算方法的不同，移动平均线可以分为算术移动平均线、加权移动平均线和指数平滑移动平均线；根据时间的长短可以分为短期移动平均线（5 日线、10 日线、15 日线）、中期移动平均线（20 日线、30 日线、60 日线）和长期移动平均线（150 日线、200 日线、290 日线）三种。移动平均线理论在实践中又有不同的应用方法，如葛兰维尔移动平均线法则，短、中、长期移动平均线的组合分析，指数平滑异同移动平均线等。

　　4. 市场技术指标分析

　　技术分析的实质和重点就是对证券市场的四个要素及要素之间的关系进行分析，即价格、成交量、时间和空间。其中，价格、成交量和时间是研究股价变动趋势的三个重点因素。市场技术指标就是以这些要素为依据，利用统计数据来判断市况的一种技术分析工具。市场技术指标可以分为量价分析指标、涨跌分析指标和价差分析指标三大类。

　　量价分析指标在技术分析中占有很重要的地位，一般可以从股价与成交量、股价指数与成交总额、平均成交量、成交笔数等角度进行分析。涨跌分析指标则是根据股票价格的涨跌来衡量市场上买卖双方的力量对比强度，将收盘价中的上涨家数、上涨幅度等作为买方力量的体现，下跌家数、下跌幅度等作为卖方力量的体现，利用它们的对比关系来测量买卖双方的力量对比及变化趋势。常用的涨跌分析指标有相对强弱指标（Relative Strength Index，RSI），涨跌比率（Advance Decline Ratio，ADR），超买超卖指标（Over Bought & Over Sold，OBOS）等。价差分析指标中最常用的是随机指标（KD 线）。KD 线广泛应用于期货市场，对股票市场的中短期分析也有不错的效果。这一指标的原理是通过分析一天的收盘价与一定时间内的最高价、最低价的比例关系来分析市场的价格走向，是一种较为敏感的短期分析技术。

5. 应用技术分析应注意的问题

同一般的信息分析的定量方法一样，证券市场的技术分析是以历史交易数据为出发点进行分析预测，在应用时有一些相同注意事项。同时，不同的投资者对技术分析的认识和评价是不同的，在实际投资时，利用技术分析筛选出的股票有的能使投资者在短期获利，而有的则不能，甚至出现与预期变化相反的波动。一般来说，具体应用时将不同指标加以有机结合更可能取得较好的效果。需要注意的是，技术分析方法难以把握股市的基本走势，只能用于短期分析，所以要注意与基本分析的结合；另外，也要将多种技术分析方法综合起来使用，不能片面地相信或依赖某一种技术分析的结果；再者，对技术分析的结果也应该有一个概率估计。同样的技术方法在不同的市场条件和投资分析中得出的结论是不同的，所以任何技术和结论都要经过自己的实践检验才能用于指导投资。

技术分析与基本分析既相互联系又相互区别。首先两者的分析目的是相同的，都是为了在适当的时候选择合适的股票进行投资；再者两种方法都需要对相关的历史资料作出分析。两者的区别在于，基本分析侧重于分析影响证券价格的基本因素，而技术分析则直接对股票价格和成交量进行分析；基本分析侧重于股票市场的中长期变化，技术分析强调对短期波动的分析，以在波动中发现投资机会。两种方法在出发点和预测结果上有着很大的互补性，在实际投资过程中，应注意两种分析的结合，这样才能使风险降到最低。

10.3　财务分析

10.3.1　财务分析的主要依据

财务分析以财务会计核算的报表资料和其他内部管理资料为依据，采用专门的方法，对企业过去和现在的财务状况进行系统分析和评价，以对企业的经营情况、财务活动、管理状态等进行认识和判断，为企业经营者做出正确的经营决策提供科学依据，为与企业有利害关系的各方财务信息使用者了解企业过去和现状、预测企业未来发展情况提供信息和依据。简而言之，财务分析就是以企业的财务报告等会计资料为基础，对企业的财务状况和经营成果进行分析和评价的一种方法。

财务分析的主体是非常广泛的，企业经营的利益相关方都有必要对企业的财务状况进行分析和预测。不同的信息使用者对财务分析的要求和分析的侧重点是不同的，例如，企业经营者担负着企业的经营责任，要及时全面地了解企业的财务状况，评价和提高生产经营活动的绩效；投资者需要分析企业的经营状况、盈利能力及成长性，以决定其投资策略；债权人则关注企业的偿债能力和盈利能力，以分析是否能按期收回本金；行政监管部门通过财务分析了解企业的缴税及遵纪守法的情况，并为宏观经济分析提供微观依据。

财务分析的基本依据是公司的财务报告。财务报告主要包括资产负债表、利润表、现金流量表、其他附表及财务状况说明书。这些报表及财务状况说明书集中概括地反映了企业的财务状况、经营成果。其中最主要的报表包括：资产负债表、利润表及利润分配表和现金流量表。对这些财务报表，有人形象地比喻为企业的 X 光片，由此可见其所透露的信息在企业信息分析中的重要价值。

1. 资产负债表

资产负债表是反映企业在某一特定日期的财务状况的报表，提供企业在特定日期所拥有或控制的经济资源、所承担的债务责任和企业所有者所拥有的权益等方面的会计信息。它是根据"资产＝负债＋所有者权益"的会计恒等式，并依据一定的分类标准和次序，把企业在特定日期（一般指期末结算日）的资产、负债和所有者权益项目，按一定要求编制而成的。通过对资产负债表进行分析，可以了解企业资产的构成及状况，了解企业债务结构及资本结构，进而分析企业的运营能力、偿债能力和发展能力等，为不同利益相关者提供所需要的财务信息。其一般格式如表 10 - 2 所示。

表 10 - 2　ABC 有限公司资产负债表

2006 年 12 月 31 日　　　　　　　　　　　　　　　　　　单位：千元

资　　产	年初数	年末数	负债及所有者权益	年初数	年末数
流动资产：			流动负债：		
货币资金	74 634	193 136	短期借款	274 663	331 227
应收票据	4 327	7 664	应付票据	18 616	0
应收账款	314 257	306 889	应付账款	32 683	17 051
减：坏账准备	11 726	20 326	预收账款	3 483	2 625
应收账款净额	302 531	286 563	应付工资	255	1 562
预付账款	13 669	16 664	应付福利费	2 878	2 955
应收补贴款	78 245	9 108	应付股利	0	272 644
存货	151 989	149 230	应交税金	54 097	13 785
减：存货跌价损失	0	2 726	其他应交款	89	74
存货净额	151 989	146 504	其他应付款	25 761	6 197
待摊费用	6 452	4 057	预提费用	48 765	25 937
流动资产合计	631 847	663 696	年内到期长期负债	120 666	45 997
长期投资：			流动负债合计	581 956	720 054
长期股权投资	2 432	3 132	长期负债：		
长期投资合计	2 432	3 132	长期借款	591 154	524 188
固定资产：			长期应付款	0	5 863
固定资产原价	3 187 550	3 300 110	其他长期负债	0	0
减：累计折旧	1 128 681	1 331 233	长期负债合计	591 154	530 051

资　产	年初数	年末数	负债及所有者权益	年初数	年末数
固定资产净值	2 058 869	1 968 877	负债合计	1 173 110	1 250 105
在建工程	40 802	9 316	所有者权益：		
固定资产合计	2 099 671	1 978 193	股本	663 141	663 141
无形及其他资产：			资本公积	856 015	853 021
无形资产	21 574	17 967	盈余公积	44 999	59 975
开发支出	20 080	16 252	其中：公益金	14 890	19 568
长期待摊费用	149 396	154 314	未分配利润	187 735	7 312
无形资产合计	191 050	188 533	所有者权益合计	1 751 890	1 583 449
资产总计	2 925 000	2 833 554	负债及所有者权益合计	2 925 000	2 833 554

2. 利润表

利润表又称损益表，是反映企业在一定会计期间经营成果的报表。利润表通过确认和计算一定期间的收入和与其相关的成本、费用，反映出企业在该期的净利润或净亏损。通过对利润表进行分析，可以使有关各方了解企业生产经营的收益、成本和利润情况，了解企业的经营效率和获利能力。若干连续期间的利润表也可以反映出企业利润增减变化的趋势和原因，据此判断企业的获利能力和预测其未来可能的变化，为管理、投资、借贷等提供决策依据。利润表的一般格式如表 10－3 所示。

表 10－3　ABC 有限公司利润表

2006 年度　　　　　　　　　　　　　　　　　　单位：千元

项　目	本期金额	上期金额
一、主营业务收入	1 299 050	（略）
减：主营业务成本	1 056 545	
主营业务税金及附加	14 980	
二、主营业务利润（亏损以"－"号填列）	227 525	
加：其他业务利润（亏损以"－"号填列）	－4 818	
减：营业费用	8 342	
管理费用	125 455	
财务费用	－20 273	
三、营业利润（亏损以"－"号填列）	109 183	
加：投资收益（亏损以"－"号填列）	0	
补贴收入	25 855	
营业外收入	27	
减：营业外支出	3 535	
四、利润总额（亏损以"－"号填列）	131 530	
减：所得税	43 404.9	
五、净利润（亏损以"－"号填列）	88 125.1	

3. 现金流量表

现金流量表是反映企业在一定会计期间内经营活动、投资活动和筹资活动产生的现金流入与流出情况的会计报表。它反映了企业在一定会计期间的现金流入、现金流出与现金净变动数，可以从侧面说明企业的短期偿债能力和经营情况。经营活动现金流量反映了公司主营业务上的现金流入和流出；筹资活动现金流量反映了公司借入资金和归还本息的情况；投资活动现金净流量反映了公司固定资产投资、无形资产投资、对外投资相关的现金流出与流入情况。通过现金流量表，可以分析出企业获取现金的能力，分析企业生产经营和投资活动对财务状况的影响。现金流量表的一般格式如表10-4所示。

表 10-4　ABC 公司现金流量表

2006 年　　　　　　　　　　　　　　　　　　　　　　单位：千元

项　　目	本期金额	上期金额（略）
一、业务活动产生的现金流量：		
销售商品、提供劳务收到的现金	1 500 005	
收到的税费返还	299 00	
收到的其他与经营活动有关的现金	49 500	
现金流入小计	1 579 405	
购买商品、接受劳务支付的现金	1 000 350	
支付给职工及为职工支付的现金	65 096	
支付的各项税费	150 498	
支付的其他与经营活动与关的现金	100 450	
现金流出小计	1 316 394	
经营活动产生的现金流量净额	263 011	
二、投资活动产生的现金流量：		
收回投资所收到的现金	0	
取得投资收益所收到的现金	0	
处置固定资产和无形资产所收回的现金	12 850	
收到的其他与投资活动有关的现金	0	
现金流入小计	12 850	
购建固定资产和无形资产所支付的现金	45 088	
投资所支付的现金	800	
支付的其他与投资活动有关的现金	0	
现金流出小计	45 888	
投资活动产生的现金流量净额	−33 038	
三、筹资活动产生的现金流量：		
吸收投资所收到的现金	0	
借款所收到的现金	134 580	
收到的其他与筹资活动有关的现金	0	
现金流入小计	134 580	

项　目	本期金额	上期金额（略）
偿还债务所支付的现金	160 890	
分配股利、利润或支付利息所支付的现金	85 161	
支付的其他与筹资活动有关的现金	0	
现金流出小计	246 051	
筹资活动产生的现金流量净额	−111 471	
四、汇率变动对现金的影响额	0	
五、现金及现金等价物净增加额	118 502	

10.3.2　财务分析——比率分析法

财务分析的方法多种多样，按不同的划分标准可以分为不同的种类，但总体上可以分为比较分析法、比率分析法和因素分析法等。其中比率分析法是最常用和最核心的方法。比率分析通过对财务报表中的相关项目进行对比，得出一系列财务比率，以此来揭示企业的财务状况。比率分析，又可以分为横向比较和纵向比较。横向比较是把本企业的财务状况与同行业平均水平或其他企业进行对比，以了解本企业在同行业中所处的地位，以及财务状况中所存在的问题；纵向分析是将企业本期的财务状况同以前不同时期的财务状况进行对比，从而揭示企业财务状况变动趋势。

需要说明的是，对于一般的财务数据和财务比率，可以采用一般的分析、预测方法进行分析和研究，如平均数预测法、相关回归预测法等。本节重点介绍的是财务分析的基本分析原理与方法，也就是财务分析专用的比率和指标等。主要的财务比率分析包括偿债能力分析、营运能力分析、获利能力分析等。

1. 偿债能力分析

偿债能力是指企业偿还各种到期债务的能力，分为短期偿债能力和长期偿债能力。

1）短期偿债能力分析

短期偿债能力是指企业偿付流动负债的能力。通常，评价企业短期偿债能力的财务比率主要有流动比率、速动比率、现金比率、现金流量比率和到期债务本息偿付比率等。

（1）流动比率

$$流动比率＝流动资产÷流动负债$$

流动资产主要包括现金、短期投资、应收及预付款项、存货、待摊费用和一年内到期的长期债券投资等，一般用资产负债表中的期末流动资产总额计算；流动负债主要包括短期借款、应付及预收款项、各种应交款项、一年内即将到期的长期负债等，通常用资产负债表中的期末流动负债总额计算。流动比率是衡量企业短期偿债能力的一个重要财务指标。一般来说，流动比率越高，企业的短期偿债能力越强，也就是流动负债得到偿还的可能性越大。但是，过高的流动比率也可能说明企业滞留在流动资产上的资金过多，未能有效地加以利用，可能会影响企业的获利能力。一般认为，流动比率在 2∶1 左右比较合适。

根据 ABC 公司的资产负债表，可得：

$$期初流动比率 = \frac{631\ 847}{581\ 956} = 1.086$$

$$期末流动比率 = \frac{663\ 696}{720\ 054} = 0.922$$

ABC 公司的期初流动比率仅为 1.086，短期偿债压力是很大的，而期末的流动比率进一步下降为 0.922。按照一般经验判断，ABC 公司的流动比率明显低于 2∶1 的水平，表明该企业的短期偿债能力较弱。

（2）速动比率

一般来说，流动资产扣除变现能力较差的存货和基本上不能转变为现金的待摊费用和预付账款后的资产称为速动资产，主要包括现金（即货币资金）、短期投资、应收票据、应收账款等。速动资产与流动负债的比率称为速动比率，也称酸性试验比率。其计算公式为

速动比率 = 速动资产 ÷ 流动负债 =

（流动资产 － 存货 － 待摊费用 － 预付账款）÷ 流动负债

通过速动比率来判断企业短期偿债能力比用流动比率进了一步，速动比率越高，说明企业的短期偿债能力越强。一般认为速动比率为 1∶1 时比较合适，在实际分析时，还应该根据企业性质和其他因素来综合判断，不可一概而论。

根据 ABC 公司的资产负债表提供的数据，计算如下：

$$期初速动比率 = \frac{631\ 847 - 151\ 989 - 6\ 452}{581\ 956} = 0.813$$

$$期末速动比率 = \frac{663\ 696 - 146\ 504 - 4\ 057}{720\ 054} = 0.713$$

可以看出，ABC 公司的速动比率同流动比率存在同样的问题，即期末比率低于期初比率。从速动比率上分析，该公司的短期偿债能力要强于流动比率的表现。这是因为在该公司的流动资产中，速动资产的比重较高。需要注意的是，对速动比率的分析，还应该考虑到企业应收账款的坏账比率和账期的长短。若应收账款的回收期过长，或坏账比率过高，那么速动比率就无法真实地体现企业的短期偿债能力。

（3）现金比率

现金比率是企业的现金类资产与流动负债的比率。现金类资产包括企业的库存现金、随时可以用于支付的存款和现金等价物，即现金流量表中所反映的现金。其计算公式为

现金比率 =（现金 ＋ 现金等价物）÷ 流动负债

现金比率可以反映企业的直接支付能力，因为现金是企业偿还债务的主要形式，如果企业现金缺乏，就可能会发生支付困难，面临财务危机。所以现金比率越高，说明企业的支付能力越强。同样，这个比率过高，可能意味着企业的资产未能得到有效的运用。所以，一般认为企业不应保留过多的现金资产，现金比率维持在 20% 的水平上比较合适。

根据 ABC 公司的资产负债表，可得：

$$期初现金比率 = \frac{74\ 634}{581\ 956} = 0.128$$

$$期末现金比率 = \frac{193\ 136}{720\ 054} = 0.268$$

从现金比率的变化可以看出，ABC 公司的期末现金比率比期初有了大幅的提高，即企业的直接支付能力有了很大程度的改善。结合流动比率和速动比率综合分析，尽管该公司的流动比率偏低，但速动比率和现金比率较为合理，表明流动资产中的速动资产和现金类资产的比例较高，该公司的短期偿债能力还是可以予以肯定的。

（4）到期债务本息偿付比率

到期债务本息偿付比率是经营活动产生的现金流量净额与本期到期债务本息的比率。其计算公式为

到期债务本息偿付比率 = 经营活动现金净流量 ÷（本期到期债务本金 + 现金利息支出）

到期债务本息偿付比率反映经营活动产生的现金净流量是本期到期债务本息的倍数，它主要是衡量本年度内到期的债务本金及相关的利息支出可由经营活动所产生的现金来偿付的程度，如果该指标小于 1，表明企业经营活动产生的现金不足以偿付本期到期的债务本息。

计算该比率，除了需要现金流量表，还需要企业借款类科目和财务费用等的明细账。

2）长期偿债能力分析

长期偿债能力是指企业偿还长期负债的能力，企业的长期负债主要有长期借款、应付长期债券、长期应付款等。反映企业长期偿债能力的财务比率主要有：资产负债率、股东权益比率、权益乘数、产权比率、有形资产净值债务率、利息保障倍数和现金利息保障倍数等。

（1）资产负债率

资产负债率是企业负债总额与资产总额的比率，也称为负债比率或举债经营比率，它反映企业的资产总额中有多少是通过举债而得到的。在财务分析中，资产负债率还被称为财务杠杆。其计算公式为

$$资产负债率 = 负债总额 ÷ 资产总额$$

根据 ABC 公司的资产负债表的数据计算如下：

$$期初资产负债率 = \frac{1\ 173\ 110}{2\ 925\ 000} = 0.401$$

$$期末资产负债率 = \frac{1\ 250\ 105}{2\ 833\ 554} = 0.441$$

资产负债率反映企业偿还债务的综合能力，这个比率越高，企业偿还债务的能力越差；反之，企业偿还债务的能力越强。对于资产负债率的高低，企业的债权人、股东和企业经营者的要求是不同的。从债权人的角度来看，他们最关心的是企业资金的安全性，他们总是希望企业的资产负债率低一些。而从企业股东的角度来看，他们关心的主要是投资收益的高低，企业借入的资金与股东投入的资金在生产经营中可以发挥同样的作用，如果企业负债所支付的利息率低于资产报酬率，股东就可以利用举债经营取得更多的投资收益。因此，股东所关心的往往是全部资产报酬率是否超过了借款的利息率。而企业经营者既要考虑企业的盈利，也要顾及企业所承担的财务风险。至于资产负债率为多少才是合理的，并没有一个确定的标准。不同的行业、不同类型的企业，乃至不同经济发展环境下，企业的资产负债率都有

较大的差异。一般而言，处于高速成长时期的企业，其资产负债率可能会高一些，这样所有者会得到更多的杠杆利益。在确定企业的资产负债率时，应该充分考虑企业内外的各种因素，在收益与风险之间权衡利弊得失，确定一个合适的资产负债率。

（2）股东权益比率与权益乘数

股东权益比率是股东权益与资产总额的比值，该比率反映企业资产中有多少是所有者投入的。其计算公式为

$$股东权益比率＝股东权益总额÷资产总额$$
$$＝1－资产负债率$$
$$ABC 公司期初股东权益比率＝1－0.401＝0.599$$
$$ABC 公司期末股东权益比率＝1－0.441＝0.559$$

股东权益比率与资产负债率之和等于 1，这两个比率是从不同的侧面来反映企业长期财务状况的，股东权益比率越大，资产负债率就越小，企业的财务风险也越小，偿还长期债务的能力就越强。

股东权益比率的倒数，称作权益乘数，即资产总额是股东权益的多少倍。权益乘数越大，说明股东投入的资本在总资产中所占比重越小。其计算公式为

$$权益乘数＝资产总额÷股东权益总额$$
$$＝\frac{1}{股东权益比率}$$
$$ABC 公司期初权益乘数＝\frac{1}{0.599}＝1.670$$
$$ABC 公司期末权益乘数＝\frac{1}{0.559}＝1.789$$

（3）产权比率与有形资产净值负债率

产权比率是负债总额与股东权益总额的比值，也称净资产负债率。其计算公式为：

$$产权比率＝负债总额÷股东权益总额$$

从公式中可以看出，产权比率实际上是资产负债率的另一种表现形式。它反映了债权人所提供资金与股东所提供资金的对比关系，可以揭示企业的财务风险及股东权益对债务的保障程度。

有时为了更进一步分析股东权益对负债的保障程度，可以保守地认为无形资产和待摊费用不宜用来偿还债务，（因为无形资产存在较高的变动性，而待摊费用已无变现价值），将无形资产和待摊费用从股东权益总额中扣除后计算出的财务比率称为有形资产净值负债率。其计算公式为

$$有形资产净值负债率＝负债总额÷（股东权益－无形资产净值－待摊费用）$$

从公式中可见，有形资产净值负债率更为保守地反映了企业在清算时股东权益对债权人投入的资本的保障程度。

$$ABC 公司期初产权比率＝\frac{1\ 173\ 110}{1\ 751\ 890}＝0.670$$

$$\text{ABC 公司期末产权比率} = \frac{1\ 250\ 105}{1\ 583\ 449} = 0.790$$

$$\text{ABC 公司期初有形资产净值负债率} = \frac{1\ 173\ 110}{1\ 751\ 890 - 191\ 050 - 6\ 452} = 0.755$$

$$\text{ABC 公司期初有形资产净值负债率} = \frac{1\ 250\ 105}{1\ 583\ 449 - 188\ 533 - 4\ 057} = 0.899$$

（4）利息保障倍数与现金利息保障倍数

利息保障倍数也称利息所得倍数，是税前利润与利息费用之和与利息费用的比率。其计算公式为

$$\text{利息保障倍数} = (\text{税前利润} + \text{利息费用}) \div \text{利息费用}$$

利息保障倍数反映了企业的经营所得支付债务利息的能力。如果这个比率太低，说明企业难以保证用经营所得来按时按量支付债务利息，这会引起债权人的担心。一般来说，企业的利息保障倍数至少要大于 1，否则，就难以偿付利息，本金的偿还也就更无从保障。

（5）其他影响长期负债能力的因素

在分析企业偿债能力时，除了使用上述指标以外，还应考虑到其他因素对企业偿债能力的影响，这些因素包括如下几个。

① 或有负债。

或有负债是企业在经营活动中有可能发生的债务。或有负债在资产负债表编制日还不能确定未来的结果如何，一旦将来成为企业的现实负债，则会对企业的财务状况产生重大影响，尤其是金额巨大的或有负债项目。在进行财务分析时不能不考虑这一因素的影响。

② 担保责任。

在经济活动中，企业可能会发生以本企业的资产为其他企业提供法律担保，如为其他企业的银行借款担保、为其他企业履行有关经济合同提供法律担保等。这种担保责任，在被担保人没有履行合同时，就有可能成为企业的负债。但是，这种担保责任在会计报表中并未得到反映，因此，在进行财务分析时，必须要考虑到企业是否有巨额的法律担保责任，对于数额巨大的担保更应该格外关注。

③ 租赁活动。

企业在生产经营活动中，可以通过财产租赁的方式获得急需的设备等资产。经营租赁的资产，其租赁费用并未包含在负债之中，如果经营租赁的业务量较大、期限较长或者具有经常性，则其租金虽然不包含在负债之中，但对企业的偿债能力也会产生较大的影响。在进行财务分析时，也应考虑这一因素。

④ 可动用的银行贷款指标。

可动用的银行贷款指标是指银行已经批准而企业尚未办理贷款手续的银行贷款限额。这种贷款指标可以随时使用，增加企业的现金，这样可以提高企业的支付能力，缓解目前的财务困难。

2. 企业营运能力分析

企业的营运能力反映了企业资产的周转状况，对此进行分析，可以了解企业的营业状况及经营管理水平。评价企业营运能力常用的财务比率有存货周转率、应收账款周转率、流动资产周转率、固定资产周转率、总资产周转率等。

1）存货周转率

存货周转率，也称存货利用率，是企业一定时期的销售成本与平均存货的比值。其计算公式为

$$存货周转率＝销售成本÷平均存货$$

$$平均存货＝（期初存货余额＋期末存货余额）÷2$$

存货周转率说明了一定时期内企业存货周转的次数，可以用来测定企业存货的变现速度，衡量企业的销售能力及存货是否过量。存货周转率反映了企业的销售效率和存货使用效率。

根据表 10-2 和表 10-3，可得：

$$ABC 公司 2006 年平均存货＝（151\ 989＋146\ 504）÷2＝149\ 246.5$$

把销售成本用主营业务成本代替，

$$ABC 公司 2006 年存货周转率＝\frac{1\ 056\ 545}{149\ 246.5}＝7.079$$

2）应收账款周转率

应收账款周转率是企业一定时期赊销收入净额与应收账款平均余额的比值。它反映了企业应收账款的周转速度。其计算公式为

$$应收账款周转率＝赊销收入净额÷应收账款平均余额$$

$$应收账款平均余额＝（期初应收账款＋期末应收账款）÷2$$

公式中赊销收入净额是指销售收入扣除了销货退回、销货折扣及折让后的赊销净额。应收账款周转率是评价应收账款流动性大小的一个重要财务比率，它反映了企业在一个会计年度内应收账款的周转次数，可以用来分析企业应收账款的变现速度和管理效率。

3）流动资产周转率

流动资产周转率是销售收入与流动资产平均余额的比率，它反映的是全部流动资产的利用效率。其计算公式为

$$流动资产周转率＝销售收入÷流动资产平均余额$$

$$流动资产平均余额＝（期初流动资产＋期末流动资产）÷2$$

流动资产周转率表明在一个会计年度内企业流动资产周转的次数，它反映了流动资产周转的速度。该指标越高，说明企业流动资产的利用效率越高。流动资产周转率是分析流动资产周转情况的一个综合指标，流动资产周转得快，可以节约流动资金，提高资金的利用效率。但在分析中也要注意，流动资产周转率高是否是由于流动资金不足造成的。

根据表 10-2 与表 10-3 的资料计算如下：

$$流动资产平均余额＝（631\ 847＋663\ 696）÷2＝747\ 771.5$$

此处，对销售收入用主营业务收入近似代替，

$$流动资产周转率＝\frac{1\ 299\ 050}{747\ 771.5}＝1.737$$

4）固定资产周转率

固定资产周转率，也称固定资产利用率，是企业销售收入与固定资产平均净值的比率。其计算公式为

$$固定资产周转率＝销售收入÷固定资产平均净值$$
$$固定资产平均净值＝（期初固定资产净值＋期末固定资产净值）÷2$$

这项比率主要用于分析对厂房、设备等固定资产的利用率，该比率越高，说明固定资产的利用率越高，管理水平越好。如果固定资产周转率与同行业平均水平相比偏低，说明企业的生产效率较低，固定资产投资可能存在投资过度或闲置的情况，可能会影响企业的获利能力。

5）总资产周转率

总资产周转率，也称总资产利用率，是企业销售收入与资产平均总额的比率。其计算公式为

$$总资产周转率＝销售收入÷资产平均总额$$
$$资产平均总额＝（期初资产总额＋期末资产总额）÷2$$

总资产周转率可用来分析企业全部资产的使用效率。如果这个比率较低，说明企业利用其资产进行经营的效率较差，会影响企业的获利能力，企业应该采取措施提高销售收入或处置资产，以提高总资产利用率。

3. 企业获利能力分析

获利能力是指企业赚取利润的能力。盈利是企业的直接经营目标，是企业生存和发展的物质基础，它不仅关系到企业所有者的利益，也是企业偿还债务的一个重要来源。评价企业获利能力的财务比率主要有：资产报酬率、股东权益报酬率、销售毛利率、销售净利率、成本费用净利率等，对于股份有限公司，还应分析每股利润、每股现金流量、每股股利、股利发放率、每股净资产、市盈率等。

1）资产报酬率

资产报酬率，也称资产收益率、资产利润率或投资报酬率，是企业在一定时期内的净利润与资产平均总额的比率。其计算公式为

$$资产报酬率＝（净利润÷资产平均总额）×100\％$$

资产报酬率主要用来衡量企业利用资产获取利润的能力，它反映了企业总资产的利用效率。这一比率越高，说明企业的获利能力越强。在分析企业的资产报酬率时，通常要与该企业前期、与同行业平均水平和先进水平进行比较，这样才能判断企业资产报酬率的变动趋势及在同行业中所处的地位，从而可以了解企业的资产利用效率，发现经营管理中存在的问题。

根据表 10 - 2 与表 10 - 3，可得：

$$资产平均总额＝\frac{2\ 925\ 000＋2\ 833\ 554}{2}＝2\ 879\ 277$$

$$ABC\ 公司\ 2006\ 年资产报酬率＝\frac{88\ 125.1}{2\ 879\ 277}＝0.031$$

即，ABC 公司 2006 年的资产报酬率为 3.1%。

2）**股东权益报酬率**

股东权益报酬率，也称净资产收益率或所有者权益报酬率，它是一定时期企业的净利润与股东权益平均总额的比率。其计算公式为

$$股东权益报酬率＝（净利润÷股东权益平均总额）×100\%$$

$$股东权益平均总额＝（期初股东权益＋期末股东权益）÷2$$

股东权益报酬率是评价企业获利能力的一个重要财务比率，它反映了企业股东获取投资报酬的高低。该比率越高，说明企业的获利能力越强。

根据表 10-2 和 10-3，可得：

$$股东权益平均总额＝\frac{1\ 751\ 890＋1\ 583\ 449}{2}＝1\ 667\ 669.5$$

$$ABC\ 公司\ 2006\ 年股东权益报酬率＝\frac{88\ 125.1}{1\ 667\ 669.5}＝0.053$$

即，ABC 公司 2006 年的股东权益报酬率为 5.3%。

3）**销售毛利率**

销售毛利率，也称毛利率，是企业的销售毛利与销售收入净额的比率。其计算公式为

$$销售毛利率＝（销售毛利÷销售收入净额）×100\%$$

$$＝（销售收入净额－销售成本）÷销售收入净额×100\%$$

销售毛利率反映了企业的销售成本与销售收入净额的比例关系，毛利率越大，说明在销售收入净额中销售成本所占比重越小，企业通过销售获取利润的能力越强。

4）**销售净利率**

销售净利率是企业净利润与销售收入净额的比率。其计算公式为：

$$销售净利率＝（净利润÷销售收入净额）×100\%$$

销售净利率说明了企业净利润占销售收入的比例，它可以评价企业通过销售赚取利润的能力。

在 ABC 公司的实例中，销售收入即为主营业务收入，根据表 10-3，可得：

$$ABC\ 公司\ 2006\ 年销售净利率＝\frac{88\ 125.1}{1\ 299\ 050}＝0.069$$

即，ABC 公司 2006 年的销售净利率为 6.9%。

5）**成本费用净利率**

成本费用净利率是企业净利润与成本费用总额的比率。它反映企业生产经验过程中发生的耗费与获得的收益之间的关系。其计算公式为

$$成本费用净利率＝（净利润÷成本费用总额）×100\%$$

这一比率越高，说明企业为获取收益而付出的代价越小，企业的获利能力越强。因此，通过这个比率不仅可以评价企业获利能力的高低，也可以评价企业对成本费用的控制能力和经营管理水平。

根据表 10-3，可得：

$$成本费用总额＝8\,342＋125\,455＋(-20\,273)＝113\,524$$

$$ABC\,公司\,2006\,年成本费用净利率＝\frac{88\,125.1}{113\,524}＝0.776$$

即，ABC 公司 2006 年的成本费用净利率为 77.6％。

6) 股份有限公司财务比率

(1) 每股利润

每股利润，也称每股收益或每股盈余，是股份公司税后利润分析的一个重要指标，主要是针对普通股而言的。每股利润是税后净利润扣除优先股股利后的余额，除以发行在外的普通股平均股数。其计算公式为

$$每股利润＝(净利润－优先股股利)÷发行在外的普通股平均股数$$

每股利润是股份公司发行在外的普通股每股所取得的利润，它可以反映股份公司的获利能力的大小。每股利润越高，说明股份公司的获利能力越强。

(2) 每股股利

每股股利是指普通股分配的现金股利总额除以发行在外的普通股股数之值，它反映了普通股获得的现金股利的多少。其计算公式为

$$每股股利＝(现金股利总额－优先股股利)÷发行在外的普通股股数$$

每股股利的高低，不仅取决于公司获利能力的强弱，还取决于公司的股利政策和现金是否充裕。

(3) 股利发放率

股利发放率，也称股利支付率，是普通股每股股利与每股利润的比率。它表明股份公司的净收益中有多少用于股利的分派。其计算公式为

$$股利发放率＝(每股股利÷每股利润)×100％$$

(4) 每股净资产

每股净资产，也称每股账面价值，是股东权益总额除以发行在外的股票股数之值。其计算公式为

$$每股净资产＝股东权益总额÷发行在外的股票股数$$

每股净资产并没有一个确定的标准，但是，投资者可以比较分析公司历年的每股净资产的变动趋势，来了解公司的发展趋势和获利能力。

(5) 市盈率

市盈率，也称价格盈余比率或价格与收益比率，是指普通股每股市价与每股利润的比率。其计算公式为

$$市盈率＝每股市价÷每股利润$$

市盈率是反映股份公司获利能力的一个重要财务比率。这一比率是投资者作出投资决策的重要参考因素之一。一般来说，市盈率高，说明投资者对该公司的发展前景看好，愿意出

较高的价格购买该公司股票，所以一些成长性较好的高科技公司股票的市盈率通常要高一些。但是，也应注意，如果某一种股票的市盈率过高，则也意味着这种股票具有较高的投资风险。

（6）市净率

反映每股市价和每股净资产关系的比率称为市净率，把每股净资产和每股市价联系起来，可以说明市场对公司资产质量的评价。其计算公式为

$$市净率＝每股市价÷每股净资产$$

10.3.3 财务信息分析的注意事项

财务信息分析预测是经济信息研究工作中的基本方法。由于财务信息本身在形成、记录、获得等方面的特性及其在全面反映企业经营管理活动等方面的作用，在具体的财务信息分析工作中，有一些需要注意的事项。

1. 财务分析的局限性

1）财务报表的信息不完备性

财务报表，特别是几个主要的报表所提供的数字信息都是经过简化和综合的数据。在会计工作中，为了在大量复杂的经营相关信息中得出有意义的核算与监督信息，必须通过一定的简化与综合，但在简化与综合的过程中会失去一部分信息。综合的程度越高，丢失的信息也就越多。因此，有一些信息分析要求从其他来源补充、获得信息。

2）财务报表无法披露非货币信息

财务报表中所反映的项目都是可以用货币来衡量和记录的，但在影响企业经营成果和财务状况的诸多因素中，有很多是无法货币化的，比如企业文化、信用程度、创新能力和技术水平等。这些因素对企业的经营和成长有着重要的影响，但无法在财务报表中得到披露。这就要求在对企业的全面认识上，结合其他方面的信息分析达到目的。

3）财务报表持续经营假设和会计分期假设的矛盾

任何企业的财务报表的记录都采用"持续经营"假设，但财务报表又使用"会计分期"的假设。在会计分期假设基础上产生的报表并不能表明企业经营的"最终结果"，在不同会计期间的财务信息和成果虽然是连贯的、衔接的，但具有一定的不确定性。在划分收益性支出和资本性支出时，采用的方法和依据不同，财务数据会出现相应的差异。在某种意义上，财务报表所提供的许多数据信息只是代表了一种近似值，并非是准确的结果。因而，有关信息分析必须是在充分了解财务知识的基础上进行。

4）历史成本数据的局限性

财务报表所提供的信息，一般是以实际发生的成本为基础，反映经营过程中的历史性信息。特别是资产负债表，它的数据基本是历史数据，在正常情况下，历史成本在会计处理上具有众多的方便性，但是在物价变动的情况下，历史信息无法反映各项资产真实的市场价值，当物价变动越大，经营历史越长，财务报表所列示的各项资产的账面价值与真实市价的差异也就越大，从而使有关信息失真。

5）会计方法的局限性

会计准则虽然对会计处理有明确的规定，但也具有一定的灵活性，允许企业在一定范围内自主选择适合于企业经营特点的处理方法，如企业可以在固定资产折旧、材料计价等处理

上选择不同的处理方法。因为处理方法不同，财务报表的数据和结论也就会产生差异，从而对不同企业间的财务比率的可比性产生影响。

6）偶然或伪饰

偶然或伪饰可能会改变财务报表的内容，影响财务分析结果的真实性和有效性。财务分析所依据的财务报表，都是根据年度决算日的财务记录编制的，年度决算前后发生的偶然会计事项，有时会对财务报表的内容产生重大影响；有些会计人员徇私舞弊，故意粉饰财务报表，导致财务报表失真，不能反映企业的真实经营状况。

由于以上多方面的原因，致使财务分析的结论不一定能反映真实的企业财务状况。所以在进行财务分析和预测时，只能在限定的意义内使用财务报表分析，不能将其模式化、绝对化。必要的核实与审查也是不可缺少的。

2．财务报表分析的要求

1）坚持全面原则

财务分析中有很多比率指标，每个比率都从特定的角度反映了企业的经营状况；但同时，任何一个比率也不可全面地反映出企业经营的情况。所以在财务分析中要坚持全面原则，把不同的比率、指标结合起来使用，以得出全面、综合的分析结论。要做到经营成果分析和财务状况分析相结合，绝对数额分析和相对数额分析相结合，静态分析（同一时点比较）和动态分析（不同时点比较）相结合。

2）考虑企业经营的具体特点

把企业财务分析与行业财务分析和相关企业财务分析结合起来。在一个行业之内，所有公司的经营特点和财务状况有一定的相似性；而在具体运营过程中，各个企业的经营方式会有所不同。所以在财务分析中，既要注意把目标企业的财务分析结果同行业平均水平和竞争对手等做比较分析；也要充分考虑到目标企业本身的经营特点，做到具体情况具体分析。例如，如果一个公司在经营年度的后期进行融资扩股，会使本年度的资产报酬率、股东权益报酬率等下降，但这并不表明企业经营效率下降，这就要求信息分析人员根据实际来加以把握。

3）分析过去和预测将来相结合

当一个企业的经营条件和环境发生重大转变后，转变之前的财务数据与转变之后的财务数据的可比性将大大下降。因此在对企业的财务状况进行分析之后，还要预测企业的经营可能出现的变化，据此对财务分析结果进行调整。

4）阅读会计报表附注

会计报表中所规定的内容具有一定的格式和规范性，只能提供固定的会计信息。而会计报表附注是对会计报表的补充说明，可以对会计报表中没有包括的内容或者披露不详细的内容作出解释说明。一般会计报表附注的内容包括：基本会计假设、会计政策和会计估计、重要会计政策和会计估计变更的说明、或有事项、资产负债表日后事项等。通过阅读和分析报表附注，可以更好地理解和使用会计报表所披露出的信息。

习题

10-1　根据预测的范围、时间、方法、内容和对象对市场预测进行分类，分别可以划分为哪些类别?

10-2 市场预测的基本步骤是什么?在选择市场预测方法时应注意哪些问题?市场预测中市场需求预测、市场供应预测、商品生命周期预测、企业的生产经营能力预测和市场环境预测各有什么意义?各自又应该如何进行?

10-3 试分析对我国银行业未来5年的信用卡用户的数量与质量进行预测时需要考虑哪些影响因素?相关的数据和资料可以通过什么渠道获得?

10-4 财务分析的主要依据是什么?资产负债表、利润表、现金流量表的基本结构是怎样的?

10-5 常用的财务分析方法有几类?常用的财务比率有哪些?各比率的用途与意义是什么?在财务分析中应坚持哪些原则?

10-6 证券投资分析中基本分析的主要内容是什么?公司的基本概况分析应从哪些方面入手?

10-7 道氏理论的要点是什么?波浪理论的主要内容是什么?什么是股价变动的趋势线?什么是股价移动平均线?常用的市场分析指标有哪些?

第11章 信息分析与预测报告

本章主要学习目标

学完本章后，你应当能够：

① 了解信息分析与预测结果的一般形式和整理方法；

② 能够熟练掌握信息分析与预测报告的撰写和使用方法；

③ 了解我国信息市场的发展情况。

信息分析与预测报告的目的一般是为决策部门和决策者提供参考，是在占有大量信息的基础上，结合课题的研究目标与需求，对有关信息进行系统整理、分析、归纳与综合的叙述，并提出分析结论或建议。信息分析与预测报告根据研究的目标和使用的对象不同，会以不同形式再现。

11.1 信息分析与预测结果的一般形式

在信息分析预测工作中，信息人员根据特定课题的要求，经过信息收集、整理及分析研究等过程，最终形成信息分析与预测的结果。由于信息分析与预测的内容和服务对象各异，其结果也有不同形式，有信息报道类、系统资料类、研究报告类。

1. 信息报道类

这类信息资料主要报道国内外科学技术与国民经济发展的状况，或某一学科专业、某一行业出现的新进展、新苗头和新动向等方面的信息。由于这类信息事件预先经过仔细的研究与挑选，所以具有明显的推荐和导向性质，能为决策部门及有关单位掌握动态、了解情况、科学决策提供重要参考。这类信息资料的报道内容言简意赅、通俗明了，尽可能做到一事一报，便于引起客户的重视。有时它也对某一问题作简要的综合分析与判断。信息报道类资料是信息分析与预测结果的一种比较简单的表达形式。它的主要特点是：能够比较迅速及时地向用户提供国内外有关政治、经济、科学技术、经营管理或市场等方面的最新动态。这是其他形式的信息资料所无法相比的。

信息报道类成果最常见的形式是快报、动态等。快报主要报道需要迅速让有关方面了解的发展态势，或者有价值的情况，其表现形式很多，如"行业快报"、"经济新闻"、"科技拾零"等。动态是以经常性报道某一领域的发展水平、动向、趋势或新学科、新技术为内容的信息分析与预测成果形式，多以信息刊物的形式出现，如"国外最新科技动态"、"石油期货交易动态"等，有时也刊登一些专业领域的评论性文章，这类动态性报道既有综合性的，也有专业性的。

2. 系统资料类

系统资料类成果是信息部门在日常积累与全面调查的基础上，综合汇总而成的关于某个国家、公司、企业或学科专业的系统资料或信息性手册等。这类成果主要以信息的综合、系统和全面为特点，其具体表现形式有概览、要览、手册、名录等。

概览、要览主要介绍某一行业、机构或企业的基本情况，主要以概览、要览、指南、大全、名录等来命名，具有工具性和实用性。如"新疆矿山概览"、"水污染工程要览"、"苏南中小工商企业名录"等。通过它们可以较为广泛地了解到国内外某一行业或某一企业及机构的主要情况，诸如地址、经理或厂长的姓名、职工人数、生产能力、产品的品种、产量、历史年限、活动区域、所在行业等。

手册是一种简要概述某一学科、行业或技术等的基础知识，罗列有关领域的数据与计算公式，或者是专业机构等信息内容的工具书。它可分为综合性与专业性两类。综合性手册大多是有关政治、时事、文化及生活等方面的，如《欧洲人文地理手册》、《美国国家机构手册》等；专业性的手册既可以提供某一专业领域或行业的基本情况，也可以提供日常数据查阅，如《工程力学手册》、《拉丁语翻译手册》、《水利机械设计手册》等。

在实践活动中，各类机构都有可能编制内部使用的专门工作手册、专题资料等，以利于工作中方便查用。

3. 研究报告类

研究报告类成果是信息分析与预测人员围绕某一课题，全面收集各类信息，并进行实地调查，然后对信息进行综合分析研究后撰写的信息分析与预测成果。根据课题的要求和分析研究的深度不同，研究报告类成果又可分为综述报告、述评报告、专门报告、预测性报告等。

综述报告是对某一课题的大量相关信息进行归纳、整理、分析、综合而成的一种研究报告，其具体表现形式有学科总结、专题总结、年度总结、年度进展、综述等。以综述为代表的这类报告可以使用户以较少的时间和精力对有关课题的内容、意义、历史、现状及发展趋势等有一个完整、系统、明确的了解。根据具体内容不同，综述报告又可以分为综合性综述报告、专题性综述报告和文摘性综述报告。综合性综述报告是指对某一学科、行业、区域等的综合叙述；专题性综述报告是指对某项技术、产品、产品、事件等的综合叙述；文摘性综述报告是指把某一学科、行业，或某一类事务在一定时期内的全部或大部分文献信息扼要摘录出来，按时间或学科自身发展顺序进行综合叙述，并逐一标注参考文献。文摘性综述报告既有一般综述的作用，又能起到文摘索引的作用，是近年来发展起来的一种受广大用户欢迎的综述形式。

综述报告的特点是对大量的信息资料做客观的综合归纳叙述，通常没有信息人员的评论，也不提出研究者自己的观点和建议。综述报告对所综述的学科与专业的有关信息资料，尤其是涉及本课题的重要的及最新的信息尽量收集齐全。因此，它能准确及时地反映学科、专业、事件等具有代表性的水平、重大突破、方向性改变、最新动态、演变方向等。

述评报告是针对某一专题全面系统地总结科学技术、经济建设及各项活动中的各种情况、观点与数据，并给予精辟的分析与评价而成的研究报告。具体表现形式有述评、评述、评论、考察报告、专题报告、水平调查、成果鉴定等。述评报告是对某一学科、某一技术领域、某一成果所进行的评论，这种评论通常是在综述的基础上进行的，往往需要针对特定对象进行比较深入的、有鲜明针对性的研究。这就要求信息分析与预测人员对所评论的对象有比较系统、准确的认识，并能够准确指出当前的水平、动态、存在问题及未来的发展方向等。

述评报告的重要特点是一个"评"字，它首先具有综述报告的性质与特征，需要对评价的内容进行必要的叙述；但它又不同于综述，它还要对课题的方方面面做出评论，如指出事物未来发展可能出现的新影响因素、拐点等，找出应对未知变化的必要准备措施，提出信息分析与预测人员自己的观点与建议。

专门报告通常是指为了完成某项专门任务，例如决定一个科研项目、调整某些工程、引进某项技术、开发某项产品等，而进行专题分析与预测后所形成的成果报告。它可以是对所研究问题的判断与预测，也可以是某种建议或方案。这类报告综合程度高，针对性强，对所研究的问题必须有明确且令人信服的论据为结论做支撑，尤其是要有解决问题的具体措施与办法。遇有重大问题时，在报告正文之后，还要附以大量的图表、数据、计算方法及说明性文字资料等。专门报告可以从分析国外情况入手，把信息人员的观点从国外信息资料的综述中反映出来，然后再引申出作者的建议与意见；也可以从分析国内有关信息入手，引用国外有关信息资料作为佐证，正面提出自己的看法与意见。与国内外情况紧密结合是专门报告的一个重要特点。同时，信息分析人员必须综合考察各种因素，保证提出的对策具有针对性、适用性和前瞻性。

预测性报告是专门报告中的一种重要类型，其具体表现形式有预测、展望、趋向等。这类报告是根据与课题有关的大量科学数据、现状调查、文献分析，运用严密的逻辑方法与科学想像力、复杂的统计预测模型及电子计算机等现代化工具，对课题的发展前景及其给国民经济、科学技术和社会可能带来的影响，进行分析、研究与判断，做出科学预测。预测的内容应包括课题的发展方向、规模，决定发展过程的主要因素和影响因素，若干时间后课题发展达到的水平及其对各方面的影响。在预测报告中，也有对与课题有关历史和现状等各方面的叙述、分析与评论，但这种叙述和评价是围绕预测服务展开的。

实际信息研究工作中，还有同时具有以上不同类型的研究报告的特点的报告，或者是针对不同用户，对同一研究成果采用不同的研究报告的形式，以满足不同用户的不同要求。一般来说，对于用户委托的信息研究项目，要根据用户需求编制报告，许多情况会在事先予以约定；而对信息研究人员的自选课题，则考虑未来可能用户的情况及研究课题的性质等进行编写。

11.2　信息分析与预测结果的整理

信息分析与预测结果的形式不同，其整理与编写方法必然各异。下面主要介绍信息报道类与研究报告类成果的编写方法。

11.2.1　信息报道类成果的编写

信息分析与预测的目的是及时准确地反映国内外经济、社会、科技、生产、管理中的新成就、新动态，以供有关决策部门和信息用户参考借鉴。为此，编发快报、消息、动态等信息报道类成果是信息分析与预测人员的基本工作。

编写信息报道类成果的基本要求是客观性和及时性。客观性就是要求报道要以事实为依据，真实地反映客观实际。无论是追溯历史，反映现实，或者是预测未来，都必须首先做到这一点。在信息报道类成果中，应尽量不要使用没有数量概念的语词，诸如体积小、重量轻、操作方便、适用范围广等，那样会使用户无法获知真实、具体的情况，而只能有一个模糊印象，甚至可能导致认识上的混乱。在讲优点的时候，必须有准确的数据对比，如劳动生产率提高，就应使用劳动生产率绝对数值的前后变化，或劳动生产率上升的百分比表示；在讲水平的时候，就要明确指出与哪国、哪个企业、哪种产品对比，如要说明采用某种先进生产管理措施使产出水平提高，达到较高水平，就要通过具体产出率指标的对比，说明已经接近、相当或超出什么水平。其次，就是要讲究及时性。信息报道必须突出一个"新"字，这里的"新"，既可以是别人还未知晓的事情，也可以是才完成或刚出现的事情。信息的时效性是非常强的，随着时间的推移，信息的价值也随之变化。尤其是一些经济信息，如市场信息、金融市场行情等，时效性都很强，一旦延滞，可能劳而无功。这就要求对这类信息的报道力求快速、及时。事实上，信息市场上信息产品的价值与价格，也常常与这种时效性相关，甚至由于时间差别会导致同样信息产品的价格出现巨大差异，或者是某一信息产品的价值完全丧失。

信息报道是一种信息选择与文字加工工作，不同于实地采访的新闻报道。但在客观性、及时性、简洁性等方面的要求则是与新闻报道相同的。因此，可以借鉴新闻报道的一些写作技巧和写作方式，如新闻的导语、倒金字塔式结构等。在新闻学中，一篇新闻报道的开头几句话，叫导语。导语要揭示主题，显示报道信息的价值，突出所报道的信息中最主要的事实，并能吸引读者进一步阅读全文。在写导语时，不是一开头就写长篇的背景材料，要避免冗长烦琐的人名和机构名、枯燥无味的数字、晦涩难懂的技术名词和专业用语等，要避免导语的公式化、概念化，从而简明、直接、生动地解释所报道信息的主题、核心内容等。"倒金字塔"式结构是指写报道时，要把最重要的内容放在第一段，其余依重要性进行类推，这完全不同于文学创作，而是要体现信息产品本身的价值和特性。

信息报道类成果的文字应尽量简短，这又可以有种种不同作法。可以用高度浓缩与概括的方法去以点带面、反映全貌，犹如将千里江山画在尺幅画卷之中，因而，这种方法也叫尺幅画卷法。如写一个行业或一个企业的年度成果，就可用几个代表性实例加上综合统计数字，以简洁的语言加以阐明。还可以在大量的信息面前"独具慧眼"，选择一个最有价值的信息来加以报道，这种方法叫做其一点法。但需要注意的是，不加大段的描写与渲染，不空话连篇，而只是实事求是、朴实无华地进行报道。另外，淡妆素抹法的运用也值得提倡。

11.2.2 研究报告的编写

研究报告是信息研究成果的主要形式，其编写情况对研究成果价值的体现及其运用都会产生一定影响，必须要精心编写。有些著名的信息研究机构甚至有编写研究报告的专门规范和有针对性的系统培训。

1. 研究报告的内容结构

研究告有各种各样的形式。由于编写目的不同，所起的作用不同，使用对象不同，研究报告的内容侧重、繁简程度、详略程度也就不同。但它们大体上要包括以下一些主要内容：该课题要解决的主要问题；提出该课题的背景和解决问题时所需考虑的因素与条件；援引或列举与课题有关的情况与数据，阐明对课题的各种观点及评价，论证提出见解的基本理由；提供可供选择的建议与方案，并对不同方案进行分析与评估；预测课题的发展趋势和可能遇到的风险与对策等。以上是就典型的情况而言，实际的研究报告依具体的情况，可以各有侧重。

研究报告的结构一般包括标题、绪言、正文、结论或建议、附录和参考文献等六个组成部分。

标题是对研究报告内容的高度概括，字数尽可能控制在 20～30 字以内，要求简明扼要，使用户看了标题，对于报告论及问题的范围和重点一目了然。如果标题难于满足这个要求，尤其是遇到内容复杂、层次繁多的长篇报告，只用少数几个字的标题难以表达时，也可以采取其他措施，如加注副标题、使用内容简介、编写目录和摘要等方式加以辅助说明，从而对标题做进一步的展开、深化、具体化。

内容简介比标题更能进一步说明报告的内容，其中可以阐述编写目的、用途和对象范围、研究的过程和方法、课题产生的背景、主要研究成果等。目录通常是由大型综合性报告中各主要章节内容的标题及页码组成。用户看了目录后，能明确知道报告所涉及的基本内容与主要问题，并可以借以作为简单的检索工具。摘要主要是介绍课题的基本内容并说明编写目的。一般说来，在下述情况下需写摘要：第一种情况是需要阐述的课题本身内容比较复杂，观点有分歧，或者研究者提出了重要观点和见解，需要特别加以强调；第二种情况是，当信息分析与预测工作者认为有必要对该报告的特点、使用范围进行规范性说明，以便于提高报告的针对性；还有一种情况就是针对研究工作与内容、用户特点与需求等所作的专门性安排。

绪言主要是阐明课题的基本状况。它通常按课题的内容顺序将问题展开，并阐述对原始信息进行选择、评价和综合的基本原则及做出的相关结论，提出建议的原则等。绪言要介绍课题与其他相关问题的关系，课题目前的研究状况与发展水平，可能遇到的困难与值得注意的趋向。凡是涉及课题研究对象的历史及相关方面的事情，以及其他必须说明的事项，均应在绪言中加以适当阐明。

正文是报告本身，它往往以研究对象目前的客观状况为起点，在课题涉及的内容、时间、空间范围内，对与课题有关的信息进行归纳、整理、对比、论证、评价和综合。正文应包括课题研究中的信息收集途径、手段、过程，对信息进行处理的原则、方式，信息研究所使用的方法、模型及研究过程，等等。

综述报告的正文，主要是对课题的发展历史、当前水平、成就、发展趋势及其他有关情况的叙述与综合归纳，并采用必要的图表与数据，使综述对象具体可靠。述评报告的正文应对研究对象的状况和研究主题的相关事物，进行历史与现状、国内与国外水平的对比，并根据数据与图表对某一问题做出分析，并对其发展趋势做出评估。专题报告的正文要包括以下几个方面：作为论证或预测依据的具体事实或数据，以及相应的理论指导，论证或预测结果的详细推演过程等。许多信息研究报告，还要对研究结论的验证过程、所提方案的分析评估情况等加以说明，以增信释疑和方便用户理解，尤其是有助于相关决策方案的优化与进一步的贯彻、执行。

结论或建议是对绪言和正文所提出的主要内容的总结。它要简洁扼要地叙述本项课题的主要结论；提出供决策者选择的解决方案与建议；提出有效利用本项信息分析与预测成果的有效措施。结论或建议与正文部分的论述要紧密对应，绝不可在正文没有进行论述的情况下提出没有论据的结论；也不可在正文论述了一大篇后，在最后不作结论性的交代。

为了压缩正文的篇幅，使正文部分更加紧凑一些，可以把经常引用的或篇幅较大的图表、数据等资料放在结论或建议之后，构成附录部分。

参考文献通常作为报告的最后一部分。列出参考文献的目的，一是为用户、为研究报告负责；二是提高报告的可信程度；同时，也为用户进一步研究提供查找线索。参考文献的排列方式，可以按正文引用参考文献的顺序，也可以按参考文献与课题关系疏密程度排序。通常可以根据报告的性质与编排条件来定，定量研究报告由于引用数据较多，应优先选择按引用顺序排序；当参考文献较少时，定性研究报告可以优先选择按与课题关系的紧密程度排序。

2. 编写研究报告的步骤

研究报告的撰写通常需要经过以下步骤：主题构思、拟定提纲、撰写初稿和修改定稿。

1）主题构思

如同盖楼房要先设计蓝图一样，撰写研究报告也要有主题构思。主题构思是对课题的主题及各个组成部分的信息内容的具体安排。例如：整个研究报告可以分为几个大部分，各部分写些什么内容，互相如何衔接，怎样开头，如何结尾等都属于主题构思的内容。这样的构思应该按照研究课题的情况、报告内容、内在逻辑关系等进行。主题构思好坏直接关系到后续步骤。在一篇文章中，主题使问题"言之有理"，材料使问题"言之有物"，而主题构思则解决了研究报告"言之有序"的问题。通过一定的结构把众多的信息资料按照表达主题的需要，适当地编织与穿插在一起，就可以成为一篇好的研究报告。也就是说，好的构思对研究报告起着穿针引线的作用。

2）拟定提纲

拟定提纲是写好研究报告的基础，研究报告的提纲是按照构思来完成的。一份研究报告的提纲应该是条理清楚，层次分明，把应该叙述的内容和要表达的观点都简单地逐条列出，使人一目了然。一般是先拟出一个大提纲，提出研究报告准备写哪几个大问题。然后，再根据大提纲的要求，拟出详细的二级提纲以至三级提纲。提纲的粗细与主题构思的深入程度成正比，实际上它是主题构思的直接体现。对于由多人参加的大型研究报告的提纲，必须在反复讨论后，将每个人的构思集中起来，成为一个完整的提纲后，再分头去撰写其中的各个组成部分。

3）撰写初稿

根据所拟定提纲的要求．就可以开始撰写初稿。对于个人单独承担的课题，则需要由承担者个人撰写全文，这种情况便于报告内容的统筹安排。但对于大型的研究课题，研究报告的撰写必须由多人合作完成，这时一定要注意分工明确，努力避免观点与提法上的分歧、内部分歧与逻辑错误，尤其是要防止术语定义的出入。撰写一开始就要扣住主题，交代清楚课题的来龙去脉；要考虑材料的取舍，对资料的选用要敢取、敢舍；研究报告的主要部分及重要观点的论证，要旁征博引，资料翔实；其他次要部分即使材料很丰富，也要忍痛割爱，目的就是突出主题，以免喧宾夺主；各部分文字的数量要根据构思的要求有所控制，一般是重要的内容篇幅较大，次要内容则应简短精炼，以便统一平衡和突出重点。

4）修改定稿

初稿完成后，应该先由各个部分的撰稿人自行修改。修改的顺序一般是先看总体内容是否需要增减或改写，有无重要遗漏需要补充，有无重复或无关紧要的内容需要删除。然后再逐字逐句修改与润色全文，进而使报告全文简洁、精练。与此同时，要在内容、材料、逻辑关系上使各部分有机联系、相互衔接。个人修改后的初稿再交由集体讨论，讨论中应着重对文章的主要内容、基本观点加以推敲。尤其是多人合作的研究报告，有时在内容、观点或提法中会出现矛盾和重复，必须加以调整和修正，使报告整体达到统一、一致。讨论时，要让每个人都充分发表意见，不同的意见可以保留，但报告中不能兼收并蓄，更不能迁就调和，模棱两可。最后，由主要执笔人统一汇总各部分初稿，整理定稿。条件允许的话，可请有关专家参与审阅。

有的信息研究报告还会根据实际或按照事先约定，由用户审查并提出修改意见，在进一步修改时应充分考虑用户的需要和意见。

3. 编写研究报告时应注意的问题

首先，要注意对基础数据与信息资料来源进行复核。在信息分析与预测中，汇集了大量的数据和信息资料，但有时会发现同一问题的数据在不同资料中存在差异。这样，在撰写研究报告时，就应重新检查和复核这些数据。核实的标准是以信息资料的权威性为准，例如，用于相互比较的统计数据应当以第三方的统计资料为准。此外，在使用各种信息资料时，有时还会发现其中引用的数据未注明来源。这时，信息分析与预测工作人员就必须查实其来源，在证明确实可靠之后，方可选用。引用资料不准确或存在误差，势必导致错误的结论，这是研究报告必须避免的。

其次，要注意报告的用途和使用对象。很多情况下，研究报告的使用对象不是单一的。因此，在撰写研究报告时，要充分考虑到研究报告的不同用途与可能的使用对象。例如：一份专业性的研究报告如果是为制订长远规划提供依据用的，就要侧重撰写全球或全国范围内，学科、专业、行业的当前水平与发展趋势，而不必过多交代技术细节或罗列具体参数；报告如果是为解决当前生产中的关键技术问题服务的，就不必用大量篇幅去介绍实验室中得出的探索性成果。从使用对象上看，如果报告是供同行专家参考的，就应当紧紧抓住该专业的最新进展情况来加以阐述，常识性的东西就不要写进去，以力求简洁；如果报告是提供给领导部门作决策参考用的，则在专业与技术方面的叙述不必过多、过细，而是着重宏观战略论述，避免使用过于专业的术语，不要过多罗列表格与公式，力求通俗易懂、观点明确、简明扼要；如果使用对象要兼顾这两方面，则可将报告分成主件与附件两部分。主件部分的文字应当力求精练，列举基本观点与主要论据即可，大量的数据、图表、计算方法及其他基础材料，可编写在附件之中。

再次，要注意文风和文体。理想的研究报告，逻辑要严谨，数据要准确，文风要质朴，语言要精练，行文要规范。做到这些，需要注意资料的完备与分析的合理充分，引用数据与资料的准确、可靠与富有代表性。对于新技术与新方案，不但要考虑技术上的先进性，而且要考虑经济上的合理性与现实可行性。

最后，报告的编写还要充分考虑客户的具体情况，比如在面对决策者时就不要盲目使用专业术语，在文字语句选择上尽可能简短、生动，使用户乐于阅读报告，易于接受其中的观点、认可、欣赏报告的风格。

11.3 信息分析与预测报告的传递与使用

在以往的计划经济条件下，我国的信息研究机构都属于公益性事业单位，一直靠国家拨款开展工作。它们为政府部门和企事业单位提供的信息分析预测成果时，通常不考虑成本，多以内部交流、内部发行的方式提供无偿服务。因为无需自筹资金，较少有自负盈亏、自主经营与自我发展的考虑，因而在得出的信息分析与预测成果中，虽有一些高质量的产品，但不可否认也有相当数量的缺乏针对性，甚至是劣质的产品。因为是无偿服务，用户也不会提出苛刻的条件或要求。

随着市场化的不断深入，人们对信息分析与预测产品的需求种类趋于多样化，范围日益广泛，对信息研究成果的实用性、科学性、及时性等提出了更高的要求。与此同时，我国信息市场也逐步建立起来，结构趋于全面、多样。目前，一部分级别高、权威性强的政府内部信息研究机构主要为政府高级决策部门提供服务，但也为社会提供一些信息产品，属于以体制内运行为主的情况。同时，由原有的事业性信息机构转制，或者是白手起家的民营信息研究机构，以及从发达国家进入我国市场的信息公司，正在成为我国信息市场上的主力军，部分科研机构、大学也以市场化的方式面向社会。这些不同来源与类别的企业化运作的信息研究机构既相互竞争，又相互弥补、相互借鉴，一方面主要面向市场展开信息服务，同时也开始进入政府委托的信息研究领域，他们共同促进了我国信息服务业的发展，满足了全社会对信息分析与预测产品的需求，相应的市场体系和运作机制也得以确立和完善，行业发展呈现出良好态势。

11.3.1 信息分析与预测报告的价值表现形式

信息分析与预测报告的价值表现形式分为有偿和无偿两种，即面向特定部门提供的公益性产品和面向市场的商品。在当前市场化改革已经相当深入的形势下，信息分析与预测报告的价值表现形式已经由公益性产品转变为以有价商品为主，只有少数信息研究产品还作为公益性产品向社会无偿提供或转让。这种向市场经济的转变在不断凸显信息研究成果的价值的同时，也大大促进了资源的合理配置，有力地推动了信息分析与预测工作效率的提高。

随着我国市场经济体制的建立与发展，市场体系已经成为社会经济活动与交往的枢纽，使信息产品与信息技术作为一种生产要素走向市场化。市场经济运行的基本条件就是要求所有的产品实现商品化与市场化，因此，信息分析与预测必须适应市场经济的发展，把自己的产品——信息分析与预测成果推向市场，通过市场来实现成果的传递与有效利用。事实上，正是不同的信息分析与预测机构在市场竞争中的相互借鉴和不断提高，使信息分析与预测产品的社会价值得以上升和体现。

当前，信息分析与预测成果的商品属性正在不断为全社会承认和接受，其重要性也在不断凸显。但是，信息是一种特殊商品，它有着自己独特的交换方式与价值表现形式。一方面，信息可以作为商品直接进入信息市场，通过有偿转让，实现其价值；另一方面，在许多情况下，信息产品不直接进入市场，而是通过与科研、生产、管理活动相结合的方式，使其价值转化到技术产品，或者物化到物质商品中，成为整个产品价值的有机组成部分。

由于信息成果的使用对象不同，决定了信息产品的传递与利用方式（或称交换方式）也不相同。信息成果的第一种传递与利用方式就是直接进入市场，常见于面向全社会提供横向服务的信息产品，可称为成果的横向传递与利用方式。例如产品设计服务和广告策划服务等。信息成果的第二种传递与利用方式是不直接进入市场，常见于面向政府部门、企业等提供信息产品，可称为成果的纵向传递与利用方式，如决策咨询报告等。

11.3.2　信息分析与预测成果传递和利用的基本途径

信息分析与预测成果由以往的无偿服务向有偿服务转变是必然的。目前，有以下几种实现成果的传递与利用的途径。

一是利用信息市场实现成果的传递与利用。近年来，迅速发展的国内信息市场，既加速了信息研究成果的商品化，又推动了信息市场运行机制的完善，沟通了信息活动与信息需求之间的渠道，加速了信息研究成果向社会实践和生产领域的转化。信息市场不仅对信息研究工作，同时也对信息分析与预测的模式产生了巨大而深远的影响。信息市场的开拓对信息工作人员是一种机会。许多企业和投资者常常不惜重金购买与其经营决策密切相关的经济和科技信息。社会对信息的重视，为信息分析与预测成果向现实生产力转化提供了有利环境。

信息市场为信息分析与预测成果的传递与利用提供了极为有利的条件。首先，信息分析与预测部门可以利用自己得天独厚的条件来编辑与出版直接面向市场的有关资料报刊。采用这种方式，能够使自己的成果得以广泛传递和有效利用。其次，利用信息分析与预测成果，为买卖双方架起一座相互交流的桥梁。一方面，信息分析与预测部门可以根据买方的需求向卖方推荐新的信息研究课题，并为用户改进管理、提高竞争力和经济效益提供有价值的建议；另一方面，可根据信息用户的实际，通过系统全面的研究分析，为用户提供解决问题、科学决策的依据。在这个过程中，就实现了信息分析与预测成果的传递与利用。

二是通过与用户单位的联合，承接咨询项目，实现成果的传递与利用。这实际上也是成果的纵向传递利用方式，即实行从项目考察、方案论证、研究设计、生产经营、市场预测到效果反馈的"一条龙"服务方式。目前，从咨询项目情况看，仅提供单纯的信息分析预测成果往往不能满足客户的要求，尤其当用户管理与决策力量薄弱，无力将信息分析与预测成果转变为有效行动和产生实际效益时，他们往往会感到单纯的信息分析与预测成果无助于问题的解决。但如果将分析与预测成果与相应的信息咨询结合起来，由用户单位组织人员协作，成果的利用效果便可得到很大提高。信息分析与预测人员与用户工作人员从提供信息分析与预测成果直到生产出新产品的全过程相互协作，取长补短，提高用户的信息分析、研究能力和成果实施能力，使信息分析与预测成果得以有效传递与利用，并提高用户自身的自主发展能力。

三是将成果的传递利用与课题委托结合起来。自科技体制改革以来，由于科研经费不一定随课题下达，所以来自纵向与横向的委托课题大量涌现。信息分析与预测部门除接受国家和各级政府部门的指令性任务外，大部分课题是接受各类其他用户的委托。研究委托课题之前由供需双方直接签订合同，并在合同中明确规定对课题任务的要求和完成课题的费用。这样做，既减少了选题的盲目性，又为信息分析与预测成果的传递与利用提供了有效途径。

信息市场的形成与发展同市场经济的发达程度密切相关。我国由于受封建传统观念的影响很深，在发展商品经济方面存在不少消极因素。长期以来，由于我国商品经济不发达，信息的开发和利用技术相对落后，社会的信息化程度不高，人们不能正确认识与评价信息的社会价值与经济价值，致使我国信息市场的水平远远落后于发达国家。

📖 习题

11-1 信息分析与预测报告一般可以分为哪几种形式？

11-2 详细说明信息报道类、研究报告类、系统资料类成果的形式及内容特点，并举例说明其主要的应用对象和应用范围。

11-3 详细说明信息报道类、研究报告类成果的编排特点和编排结构、注意事项，并思考如何编写信息报道类成果。

11-4 详细阐述信息分析与预测报告的价值表现形式的变化趋势，以及由此带来的信息分析与预测工作的变化特点。

11-5 对信息分析与预测成果的传递与利用的基本途径分别进行详细说明，并阐述其利用范围。

11-6 简要说明信息分析与预测成果在信息市场中传递的特点及其利用方面的现状。

第 12 章　信息分析与预测专题研究

本章主要学习目标

　　信息分析与预测的使用范围很广，实际应用中又有许多变通，因此，需要通过大量实践来进行探索和学习。

　　学完本章后，你应当能够：

① 了解竞争情报信息，熟悉竞争情报信息分析的方法；

② 学会进行技术信息分析预测；

③ 掌握非文献信息分析方法。

　　信息分析与预测的应用极为广泛，仅从应用主体上看，既可以分为政府、企业、社会组织与个人，也可以分为一般决策者、专门利用信息分析技术帮助他人作出决策的个人与机构，还可以分为仅仅面向一定组织提供信息分析服务的内部研究机构和面向社会提供服务的市场化信息服务机构等。实际信息分析与预测工作涉及的内容十分广泛，使用的工具方法多种多样，研究对象与信息来源千变万化。所有的信息分析与预测工作都要体现科学性、针对性、实用性等特性，并且要从不同方面进行综合化的多视角分析研究。为帮助初学者理解和掌握这种要领，下面分别对竞争情报信息、技术信息、非文献信息的分析预测进行专门的说明和介绍。

12.1　竞争情报信息分析与预测

12.1.1　竞争情报信息

1. 概述

　　20 世纪后期，国外的管理学理论界提出了一个全新的理念：企业经营的实质是经营竞争情报信息，后来在企业界得到普遍响应。何谓竞争情报信息？简言之，就是有关国内外市场发展现状、趋势及竞争对手开展经营活动的情报和信息。一个不会收集、输入、分析、整合、经营竞争情报信息的企业将难以实现高效运营。更有学者认为，继产品、资金、人力资源之后，竞争情报信息已成为企业核心竞争力的四大要素之一。目前，世界 500 强中已有 90% 的企业建立了竞争情报信息系统。

　　沃尔玛公司是全球第一家投资发射人造地球卫星的私人企业。该公司通过卫星将全球 3 800 多家供应商和 1 000 多家连锁店联网，在美国总部的微机终端一敲键盘，就可以了解全球供应、销售、成本、库存、利润等信息，充分做到了及时、准确地决策。沃尔玛在世界 500 强中能作为百货连锁零售商力拔头筹，一个很重要的原因就在于将竞争情报信息作为重要资源来经营。

中国的海尔集团也是这样。海尔集团每天通过互联网，从全球各个角落搜集的各种情报信息数据相当于 37 卷《资本论》，然后经过整理、分析、加工，将重要的情报信息输送给技术、规划等部门，以便使决策及时准确，对市场作出迅速反应。1997 年夏，中国的天气一反常态：南方格外凉爽，北方酷热难当。许多空调厂商不知所措，但海尔应对自如。因为海尔在 1997 年 2 月就向国家气象中心购买了气象信息，了解到当年气象态势，3 月份就加班加点生产空调，并全部向北方而不是向南方市场输送，与此同时，在当地准备好销售、安装、维修、售后服务等体系。结果海尔空调在北方市场风光无限，仅在北京其市场占有率就从 1996 年的 20% 直线攀至 50%，而待其他空调厂商反应过来已为时晚矣。

大量事实表明，竞争情报信息已成为决定企业成败的关键因素之一。做好竞争情报信息分析工作，是任何企业都不能忽视的首要任务。

2. 特点

竞争情报信息反映的是企业之间的市场竞争活动。因而，竞争情报信息的特点要从市场竞争的特点来看。

1) 社会性

市场竞争是人类共同的商品交流与分配活动，它关系到人类社会中的每一个成员，无论年龄大小、职位高低、文化或种族差异等。市场竞争也关系到人类生活的一切领域。生活必需品（如衣食住行的需要）需要通过市场流通分配，其中充满了激烈的竞争。各种文化、科学和技术成果，也主要以商品的形式参与社会流通，比如专利技术、著作版权、职业培训、文艺演出等，常常都是商品，必须用货币去换取。至于那些形成社会生产力的直接条件，如厂房、设备、机器、原料、工具，乃至人的劳动，都要通过市场竞争进入社会大流通。市场竞争这种无所不在，无所不能，无所不容的特点，是市场竞争社会性的第一个层面。

市场竞争的影响力是超群的。它影响每一个人的生活质量、生活内容和生活方式。它也影响一个民族或一个国家的文明程度、社会生活水平和生存安全。在某些情况下，市场竞争还影响民族与民族、国家与国家之间的关系。当前国际间错综复杂的商贸关系，尤其是其中纷繁不断的争端，正好说明了这一点。历史上由商贸矛盾引发军事斗争的事例，也是屡见不鲜的。这是市场竞争具有社会性特征的第二个层面。

竞争情报信息对市场竞争的全面涉及和反映，使得竞争情报信息也具有社会性特点。

2) 多元复合性

市场竞争所涉及的内容包括各种商品。商品的市场价值首先表现在商品的功能上。要实现商品的功能，必须有技术。比如对电冰箱来说，其中包括电器技术、机械加工技术和化工技术等。要反映冰箱的质量状况，信息中就必须涉及相关技术内容和其他质量信息。技术贸易是近年国际市场竞争中的一个大的贸易类别。技术作为商品，在国与国之间，或者企业与企业之间直接交换。反映这种市场竞争的信息，更必须涉及技术，而且是具体深刻的技术信息。当然，技术信息的价值还包括其他许多方面。

国与国之间的商贸交往，与当事国的政治和政策有关，因而竞争情报信息必须涉及政治和政策问题。对不同地区或不同民族之间的商贸交往来说，必然涉及地区文化风俗差异和民族习惯差异，否则在市场竞争中就会行动盲目，难以取胜。竞争情报信息必然要反映这种差异。因此，竞争情报信息分析必须全面考察政治、政策、文化、宗教、民族等各方面的因素，综合地考察市场竞争状况和认识其间的规律，才有可能探得市场取胜之道。

市场竞争要考虑市场适销条件，诸如社会经济发展水平、消费者购买力、消费者的需求热点、消费观念、审美情趣等，竞争情报信息就必须反映社会生活中的方方面面。没有这些信息，市场竞争的决策必有后患。同时，市场竞争的双方都需要金融支持，都必须考虑税利信息。因此，竞争情报信息必然是多元复合性的。

3）分散性

竞争情报信息的多元复合性是就它的需求标准来说的。也就是说，如果不具有多元复合性特点，竞争情报信息就不够完备。这许许多多的竞争情报信息的构成，分布极其广泛，可以用实物反映，可以用数字表现，也可以是人们的思想、感觉或观念。有些信息内容，甚至仅是消费者在采购过程中表现出来的一些心理状态。竞争情报信息包罗万象、七零八落、零星片段、面面俱到，这也许是对竞争情报信息的形象描述，也就是说，竞争情报信息的存在与分布，收集与获取都具有高度分散性。根据这种分散性，要求从业人员随机应变，聚精会神，充分投入。同时也要求竞争情报信息方面的工作者知识背景丰富，信息意识强烈，信息反应灵敏，实际工作能力强，有超人的意志力，才能针对这种分散性做好竞争情报信息工作。

4）多变性和连锁性

俗话说，商场如战场。市场瞬息万变，决定商贸形势的因素很多，在这样一种多因子复合系统中，任何一个因素的变化，都可能导致一系列连锁反应。物质方面的因素，例如货源数量、原材料供应状况、生产与管理状况、机器或厂房建设、交通运输状况、天灾人祸等，都会影响商贸局面。即使是一些看不见摸不着的因素，例如人气、心情、观念等，也可以使市场突变，用所谓的"多米诺骨牌"的说法来形容商贸局势的多变性和连锁性，应该是十分恰当的。竞争情报信息的多变性和连锁性，当然也是意料之中的事。

5）效益性

市场竞争带有明显的效益期望。无论是供方，还是需方；无论是企业还是个人；也不管是富者还是穷人，只要涉足商贸活动领域，他就希望获得效益。

市场竞争的效益性特点，决定了竞争情报信息的效益性，也就是竞争情报信息工作的效益驱动原则。竞争情报信息为市场竞争服务，竞争情报信息需要反映能促进效益的客观事物。当百事杂陈时，竞争情报信息只选择那些与效益盈亏有关的信息，对本单位、本部门或本地区、本行业的市场竞争效益有影响的信息。当事物以客观状态出现时，竞争情报信息工作者只报道对自身创造效益有用的内容。总的原则和做法就是围绕自身效益的提高而收集、利用和传播信息。

12.1.2　竞争情报信息分析与预测

1. 研究内容

享有"竞争战略之父"的美国哈佛商学院迈克尔·波特教授，将竞争情报信息分析的研究内容总结为竞争力指标体系的建立和评价；竞争产品与竞争对手的选择分析；市场及用户的统计调查分析；产品价格定位分析；企业管理有关的理论分析；竞争力对比分析；竞争态势分析；竞争优势价值链分析；反求（逆向）工程分析；竞争情报计算机网络系统分析等。

目前，国内企业比较关注的主要是竞争对手、自身竞争资质、竞争环境、客户信息、竞争态势和竞争地位等，围绕这些方面来做好竞争情报信息工作。

2. 研究方法

竞争情报信息分析方法有很多种，目前，国内企业中应用比较多的竞争情报信息分析方法主要有以下几种。

1）定标比超方法

定标比超方法（Bench-Marking，BMK）是竞争情报信息研究的重要工具，其基本方法是以最强的竞争企业或那些行业中领先、最有名望的企业在产品、服务或流程方面的绩效及实践措施为基准，将本企业的实际情况与这些"基准企业"进行定量化评价和比较，分析它们达到优秀绩效水平的原因，并在此基础上制定实施改进本企业绩效的最佳竞争策略，争取赶上和超过对手，成为强中之强。这种方法借用了案例分析法、比较法等信息分析方法，具有适用面广、针对性强的特点，往往可以取得明显的改进效果。同时，定标比超方法又存在片面性、静态性等缺陷，具体应用起来还要根据实际情况进行必要的调整。

2）价值链分析方法

价值链分析法（Value-chain）是一种系统梳理企业经营活动，分析企业竞争优势，制定竞争策略以增强企业竞争实力的基本工具，其基本思想是每一个企业都是由进货、生产、销售、售后服务等基本活动及一系列辅助活动组成的系统集合体，每一项活动都是价值创造过程，这一系列价值创造过程用价值链来描述。这种方法贯穿于企业的整个经营过程，为企业竞争情报信息研究的开展提供了一个清晰的脉络，是一个动态循环过程，但具体实施起来对管理者和管理过程有一定要求。目前，这种分析方法已经可以借用计算机系统来进行。

3）态势分析方法

态势分析法（SWOT）就是将与研究对象密切关联的内部优势（Strengths）、弱势（Weaknesses）和外部机会（Opportunities）、威胁（Threats），通过调查分析罗列出来，并依照一定的次序按矩阵形式排列起来，然后运用系统分析的思想把各种因素相互匹配起来加以分析，从中得出相应结论，探寻本单位的优势与发展机会、劣势和应避免的损失等。它是竞争情报信息分析常用的方法之一，适用面广，具有动态性、整体性强，可以为政府、企业的投资提供指南的作用。但是这种方法偏重于定性分析，精确度不足。

4）专利分析方法

专利分析方法（Patent analysis）对专利说明书和专利公报中大量零碎的专利信息进行分析、加工、组合，并利用统计学方法和技巧把这些信息转化为具有总揽全局和预测功能的竞争情报，从而为企业的技术、产品及服务开发中的决策提供参考。这种方法在情报信息的收集过程中重点突出，实施起来相对明确易行，既可以通过定性分析获得技术动向、企业定向、特定专利信息等方面的情况，也可以通过定量分析取得有关竞争对手的动态发展趋势方面的情报。但是，专利分析存在固有的时滞（申请日期和公开日期通常有 18 个月的间隔），而且并不是所有的科研成果都会申请专利，因此导致了这种方法存在局限性。

另外，竞争情报信息分析方法还有数字分析法、系统分析法、背景分析法等，这些方法需要在实践中综合应用，才会取得良好的效果。

12.1.3 案例：壳牌公司的竞争情报系统

壳牌公司是世界著名的石油垄断集团，在油田开发、石油运输与冶炼、石油产品销售等方面拥有强大优势，销售网和市场遍及全世界。为了市场竞争的需要，壳牌公司建立了强大的竞争情报系统，对其保持全球性市场竞争优势发挥着重要作用。壳牌公司认为，商业情报是一个内涵广泛的概念，它包括很多种不同类型的情报：市场情报、合作伙伴情报、竞争情报、技术情报、客户与潜在客户情报等，壳牌的竞争情报系统本身包括了多个不同部分，分别发挥着不同的作用。

1. 入门部分

在这部分，作为壳牌公司的内部员工、合作伙伴和客户等不同的系统用户，可以获得使用该系统所需的基本知识。通过这一部分，可以引导、鼓励用户利用竞争情报系统，并帮助用户解难释疑。

2. 研究部分

在这一部分，壳牌公司的竞争情报系统利用自身积累的优势和强大的研究力量，为用户提供各种研究报告或已出版的信息。根据用户需求和公司管理运行的需要，这一部分内容划分为若干专区，并且在内容和结构上不断进行更新与调整。

1）总经理专区

这是竞争情报信息分析人员根据日常工作中遇到的来自高层经理人的经常性查询请求所作的集中答复，主要是有关市场和竞争地位的一般信息，包括趋势图、主要竞争对手列表、行业中签订的大订单、行业中签订的 BPO 单、市场总体规模统计数据、有关竞争对手的一般统计数据、行业或国际市场的重要数据等不同内容。

2）竞争情报动态

包括以"市场预警简报"或"竞争情报新闻推送"形式发送的信息，主要提供给公司内部的核心管理部门和决策人员，而且主要涉及一周内累积的信息，具体内容包括第一梯队竞争对手新闻、其他竞争对手解决方案分组等。由于处于不断更新状态，可以满足管理层及时了解市场动态的需要。

3）竞争对手简介

在这一部分，保存了竞争对手的详细情况介绍。对于各种竞争对手，又进一步划分为三大类：第一梯队竞争对手、形成中的竞争对手和特定环境中的竞争对手。每个竞争对手的简介都包括以下内容：竞争对手综述、竞争对手的相关行业性资料（如他们的合作伙伴、主要客户和服务项目等）、不分行业的所有的合作伙伴、培训情况等。这一部分情报主要用于满足了解、跟踪竞争对手及制定相应对策的需要。

4）人力资源经理

壳牌公司竞争情报系统的这一部分，分析和记录了公司所处的竞争领域中详细的人力资源最佳实践和最差实践，以及他们是如何吸引和留住人才的，是人力资源部门进行基准调查和获取信息的极富价值的资源。具体内容包括组织结构图和经理人介绍、企业重组、裁员、招聘等不同方面。

3. 知识管理部分

这一部分主要是满足核心受众以某种形式互相共享知识的需要，是随着知识管理的引入和不断成熟而设立的系统部分，主要有以下几个方面。

1）运作策略

这个模块描述的是竞争对手在竞争中采取的各种战略和策略。针对每个第一梯队竞争对手都设定了一个假设（或证据）矩阵，用于说明他们在某一特定交易中建立优势的策略，以及他们影响客户购买标准的策略。具体内容包括合作伙伴、联盟范围、接触进程、关键联系人组织结构图、有关能源的业务、竞争合作伙伴关系、合作伙伴与其他公司主要的合同等。这一模块可以帮助用户了解和分析行业内的竞争策略的特点与动向。

2）私人讨论区

在知识管理中，通过知识社区的形成与活动来共享、发展企业知识，是一种基本做法。世界上已经实施知识管理的成功企业绝大多数都注重和鼓励竞争之上的合作、创新及基于生产力和财务节约的再利用。这个讨论区是核心受众发布信息的地方，有价值的竞争信息得以在公司各个部门和分支机构中传播。私人讨论区中发布的都是系统用户从一线获得的关于竞争对手的信息。

3）基准调查

包括各个方面基准调查的内容，主要围绕竞争对手和行业的以下信息：价格（制成G2R 的 IT 价值链图）、客户满意度（质量、服务水平）、特定技术领域的人力资源能力、宏观行业水平等。

4）第三方研究

通常情况下，第三方机构的分析员能够得到竞争对手的深度信息，而这类信息将会影响决策过程。这些机构有 IDC、Gartner Group、Meta Group 等。这些来自第三方的竞争情报信息有助于本公司客观地了解竞争对手。

5）会议和事件

详细记录壳牌集团主办的各种会议，这些记录都是核心受众可能会感兴趣的，因为通过会议可以接触和学习到很多新思想、新见解。除了基本会议信息外，还有参会员工的会议评论、特定会议对本公司有启发的地方等内容。

6）项目区

项目区是竞争情报人员做过的所有项目的档案汇总，特别是那些公司内部人员申请做的特别项目。通过这个部分可以跟踪竞争情报人员参与的项目。同时，由于这些项目的信息是可以再利用的，它们有时候还能成为新项目的资源。除了实际的研究信息，项目申请人和申请日期也被记录在案。

4. 竞争对手情报部分

包括竞争对手目前和将有可能会进行的各种活动。

12.2 技术信息分析与预测

技术信息分析与预测的工作内容是多方面的，既包括对技术水平动向信息、专题技术信息等单纯技术信息的分析与预测，也包括对技术开发、技术改造、技术引进等技术经济信息的分析与预测。实际上，这些技术信息分析与预测的内容有时相互交叉，难以截然分开，为了便于理解，下面分别予以介绍。

12.2.1　技术信息

1. 概述

技术是科学走向生产、研究成果进入实际应用的桥梁。单纯技术信息分析立足于技术本身的先进性、实用性与系统性。大到航天技术、激光技术、遗传工程，小到某项工艺改革、技术革新、节能措施，都需要进行技术信息的分析研究。技术发明的背景，即该项技术是在什么环境中，为解决什么问题而产生的；技术所遵循的科学原理；技术所需要的设备或实验手段；技术的发展沿革；某项技术的核心技术是什么，目前达到了什么水平；技术发展的速度与前景；技术的应用范围与条件；技术垄断与推广情况等，均属于单纯技术信息分析范畴。

2. 研究内容

技术水平动向信息是在实践中经常遇到的，也是单纯技术信息分析与预测中最重要的研究内容。一个国家、一个地区或一个企业，由于处于不同的发展阶段，技术与经济发展不平衡，因而在发展水平上必然存在差距。技术水平动向信息分析的目的就是了解同类技术或产品之间的差距，以及形成这种差距的各种相关因素，以便制定出赶超先进水平的措施。

进行技术水平动向信息分析研究时，一般要了解三个方面的内容：一是国内与国外先进水平的差距；二是本地区与国内先进水平的差距；三是本企业与同行业先进水平的差距。不仅要了解这些差距的大小，还要分析差距形成的历史过程、客观因素、主观因素等。

此外，对技术水平动向信息进行分析，不能满足于发现静态差距，更重要的是要掌握这种差距未来的动态发展趋势，即技术发展动向信息。因此，技术水平动向信息分析是一项经常性工作，要持之以恒，贯彻于平时，不能依靠突击完成。这就要求技术信息分析人员随时跟踪各个技术领域的发展状况，关注其发展动向，全面掌握有关信息资料。只有在长期跟踪和坚持的基础上，对所关注的领域才能比较熟悉，逐渐培养起对新事物、新现象、新思想的敏感性，从而能够及时发现问题，捕捉到技术发展的新动向与新趋势。例如，在 20 世纪 70 年代初，我国信息部门报道了未来微电子技术将有革命性的进展，在 20 世纪 80 年代提出了新技术革命的到来，这就是对该技术领域发展动向进行跟踪与分析预测的结果，为我国制定产业发展政策，企业了解和追赶先进技术提供了有力的信息支持。

12.2.2　技术经济信息

1. 概述

随着科技与经济发展速度的加快，技术经济信息日益受到人们的重视。技术经济已经发展成为一门新的学科，主要研究技术的先进性与经济的合理性相结合的问题，是现代决策必须遵循的原则之一。

一般来说，任何技术的采用都是为了达到一定的经济目的，因此，对一项技术做出正确评价，要进行技术和经济的综合分析。具体说来，技术经济信息就是对技术的经济效果进行对比和评价，研究如何用同样的劳动消耗获得最大的经济效果，或者用最小的劳动消耗获得同样的经济效果。技术经济信息分析的核心问题，是对一项技术决策进行技术的和经济的评价，包括技术上的先进性、可行性，以及经济上的合理性。

2. 研究内容

技术经济信息分析的内容主要有下述几个方面：从经济效果的角度研究、评价与论证技术的先进性、适用性与合理性，分析技术开发实际、长远与潜在的经济效果，为采用与推广新技术提供依据；对拟引进的技术与设备作信息分析，即对拟引进的技术与设备进行技术、质量、价格、国内消化能力与配套能力、经济效益、偿还能力、市场需求等方面的分析研究，并对可供选择的不同方案进行对比分析，提出建议；对拟进行工程项目的经济效果、社会效果与环境效果，进行可行性论证；对不同的技术政策、技术措施与技术方案进行技术经济的综合对比分析与评价，做出最佳方案的建议。

在以上各项技术经济信息分析的内容中，信息部门接触最多的是技术开发与技术引进中的信息分析问题，下面对此进行重点介绍。

1) 技术开发信息分析与预测

(1) 技术开发信息

技术开发有狭义与广义之分。狭义的技术开发是指开发前所未有的技术，如贝尔发明电话，马可尼·波波夫发明无线电，巴丁·布拉顿和肖克莱等人发明晶体管等，这些科学家将科学理论或假设物化为直接生产力，创造出崭新的产品。广义的技术开发范围则广得多，可以是将各项现有技术经过加工、综合，形成一项新技术，也可以是将一项新技术运用于新工艺、新流程，从而生产出具有新功能的新产品。

有人说，人类目前处于这样一个时代：新的科学技术原理还没有突破，谁能把从过去到现在为止所有的科学原理综合起来，谁就能出奇制胜。这里，科学原理的综合，实质上就是对各种科技信息的分析与综合。因此，信息在广义技术开发中至关重要。日本在综合各国技术信息、进行技术开发方面堪称典范，其在第二次世界大战后所作的对世界各国先进技术信息的分析与综合，对日本从技术立国之路走上经济强国之路起到了支撑作用。

(2) 信息分析预测在技术开发中的作用

重视技术开发已成为世界各国科技政策的中心内容，信息分析与预测在技术开发中发挥着极其重要的作用，是决定技术开发项目成功的关键。

首先，只有基于对信息的准确分析与判断，经营管理者才能作出正确的决策。1969 年被誉为"钟表王国"的瑞士研制出了第一只石英电子表。它的使用价值、市场前景、销售情况等一系列问题使瑞士工业决策部门对石英电子表的开发举棋不定。最后，由于对机械手表的"偏爱"，他们做出了错误的判断，认为发展前途不大就搁置起来了。可是，敏感的日本人得到这一信息后，立即从这种技术本身及市场信息等多方面作了大量调查分析，认为大有可为，于是，充分利用其雄厚的电子技术基础进行技术开发。不久，大批石英电子表涌入国际市场，一段时期内在国际市场上取得了垄断地位。

其次，对有关用户需求的信息进行充分调查分析，这是技术开发成功的基础。国外一些技术开发部门相当重视市场信息的调查分析与预测，将市场的需要、用户的需求作为技术开发的依据。1977 年，日本为了摸清世界彩色电视机的供求情况，委托日本著名的信息分析与预测机构野村综合研究所进行市场调查，他们的信息分析人员以 53 个国家作为调查对象，预测了 1978 年、1980 年和 1985 年的市场需求信息，对于今后可能成为世界主要彩色电视机生产国，或经过逐步完善之后有可能形成自给体制的国家，分别分析了其国内的电子工业和电视机工业的动向，并详细分析了需求量大的先进国家市场的供求动向，为日本电视机工业的发展指明了方向。

（3）技术开发信息分析与预测中的社会效果评估

一般情况下，决策者往往对一项新技术付诸实施可能产生的直接社会后果考虑得比较全面，而忽略那些非预期的、间接的和滞后发生的社会效果。一旦该项技术投入应用，其社会效果就会逐渐全面地反映出来，就会使技术开发与使用的长期后果失去控制，汽车技术开发应用的例子就很好地说明了这一点。

现代汽车的历史可以追溯到 1885 年德国工程师戴姆勒和本茨分别独立制造成功可供使用的汽车。起初，发明者预期将汽车作为一种交通工具，用它来代替马拉牛拖的各种畜力车辆。然而，一直到 20 世纪初，汽车主要作为富有者的玩物，在社会交通运输方面并未产生多大影响。直到 1908 年，由于福特公司生产出廉价的汽车，才产生了比较大的社会影响。那是由于这种汽车比较便宜，可以在原始公路上行驶，驾驶技术简便并易于掌握，而且维修便利。因而，汽车作为一种对社会发生深远影响的技术变革，广泛地代替了牛马，实现了本茨早先的愿望。这种推动社会变革的社会效果是在预料之中的。

1913 年，福特的汽车工厂用生产标准化零件的方法，建立了装配线，汽车产量大幅上升。以后，汽车生产技术不断发展，汽车产业不断壮大，到了 20 世纪 70 年代初，全世界的汽车数已近 3 亿辆。然而，汽车作为一种新型交通运输技术的应用成果，也产生了许多在当时未曾料到的社会效果。

从技术方面看，由于汽车的广泛使用引起了许多相关技术的进步，最具代表性的是汽油炼制技术的发展，从这方面专利的增长情况就可以看出这一点。从某种意义上说，汽车打开了石油消费的突破口。从经济方面看，由于汽车的大量制造与销售，造就了汽车制造业及销售业的大力发展；从社会方面看，汽车大量涌现，车祸接踵而至，石油消耗量增加，城市道路大规模修建；从生态方面看，汽车内燃机排出的气体中含有大量有毒的氧化硫、氧化氯、一氧化碳及其他碳氢化合物，引起了严重的大气污染。汽车及其内燃机的噪声常达 90 分贝，这又造成了严重的噪声危害。同时，汽车内燃机燃烧后的主要产物是二氧化碳。二氧化碳在空气中的含量随着汽车的急剧增加而上升，从而使地球环境的生态平衡受到严重影响。有的研究结果指出，这种"温室效应"将导致地球表面温度逐渐升高。将上述几个方面及其他方面的信息汇总在一起，就可以看出，汽车对社会经济及其他方面，已经产生了深远影响。这种社会后果远远超出了该项技术的发明者和应用者当时所预想的广度与深度。

如果一项新技术从预期的、直接的、当时的社会效果方面无可非议，而从非预期的、间接的和滞后等各个方面会给社会带来一些重大或深远的不良后果，那么决策者必须权衡该项技术是否应当开发或付诸实施，或者实施到什么程度。因此，信息分析与预测人员应当成为这方面决策的有力助手与参谋，尽可能地预计到那些非预期的、间接的和滞后的社会效果，最终使技术开发达到促进社会和经济发展的目的。

2）技术引进信息分析与预测

技术引进对技术后进国家提高技术水平的重要作用已经得到实践的反复证实。一般来说，经济发展水平较低的发展中国家的技术与装备水平也较落后，远不能满足经济社会发展的要求，而且，多数发展中国家缺乏必要的科学技术力量，即使对于具有一定科技基础的发展中国家来说，完全依靠自主研制开发也难以在短时间内全面改变其落后状况和达到技术领先水平。由于科学技术在现代经济社会发展中的作用十分突出，发展中国家要实现经济起飞，就离不开先进技术的大规模运用，引进技术就成为必然选择，对于像中国这样的发展中国家来说尤其如此。国际国内的实践表明，并非一切形式的技术引进都能达到节省人力、物力、财力，提高生产力水平以促进经济发展的目的。作为技术引进方，需要具备学习、运用、发展先进技术的自身力量，并能结合国内外实际，选择合适的引进项目、方式、途径、策略、管理形式和引进重点，注重技术引进的全过程管理，特别是引进后的消化、吸收与创新，方能不断提高技术水平，达到技术引进的最终目的。

为了达到技术引进的目标，必须做好相关的事先分析论证、事中跟踪、事后总结归纳的信息分析研究工作。

（1）技术引进与信息

技术引进就是技术引进方通过各种途径，从技术输出方引进先进技术、设备、管理知识与经验的总称，它涉及一系列的复杂因素，从选择、引进、运用，到学习、创新、超越，是一个存在极大不确定性的过程。在人类社会的进程中，随着科学技术的不断发展，人们为了更有效地进行生产，需要及时交流生产的技术方法、技能与经验；需要及时更新、添置生产；需要交换生产经营管理的知识与经验。这一活动自古以来存在，随着现代科学技术的发展和工业化、信息化、全球化进程的发展，这种交流活动日趋复杂、深入、全面，也越来越受到各国政府、企业、科研机构的高度重视。科学技术上的交流与交换，包括国与国之间的交流，有时是不受地域限制的。比如国际性的学术会议，国际技术经验交流会，国际技术设备展览会或博览会，技术专家互访，互聘专家讲学，互派研究生和留学生，相互考察，相互交换技术资料，专家间的通信和个人咨询等，这些都是引进技术的重要渠道。从广义上讲，这是一种非贸易方式的技术引进。通常所说的技术引进指的是贸易形式的技术转移，是按照商业条件进行的、有偿的引进技术形式。常见的引进方式有：许可证贸易、技术咨询与培训、技术设备引进、合作生产、补偿贸易、合资经营等。

在技术引进中，有技术方法、生产技能的引进，生产设备的引进或资金引进中的技术交流与合作等途径和方式。根据实际工作的安排，可将技术引进分成三个不可分割的阶段，即投资前期的决策阶段、投资时期的实施阶段、生产时期的生产阶段。从选择引进项目的全过程看，技术引进前期的决策具有头等重要的地位，而正确的决策则依靠信息的获取。

（2）信息分析与预测在技术引进中的作用

在技术引进的决策阶段，信息的分析与预测显得尤为重要。它不仅可以当好侦察兵，发挥先行官的作用，而且是决策中的高级参谋。

首先，在技术引进前期要进行国内外有关信息的全面调查分析。

在明确本国、本企业技术引进的重点、方向、可行性等并制订完备的技术引进战略后，国内信息调查分析的重点是目前国内同行业的技术水平与拟引进项目的技术水平之间的差距，国内生产设备状况与拟引进设备的差距，国内同类产品的成本核算与引进技术、设备后的相应产品的成本核算对比、利亏状况及程度，国内先进厂家的技术、设备和产品的特点与拟引进项目的总体比较及其差距，引进后产品的市场预测前景与供求的协调，还有原料供求、劳力安排、投资风险分拆等。总之，通过国内信息调查分析，明确技术引进项目的必要性，从而为决策提供可靠依据。

国外信息调查分析的重点是国外同类技术、设备的水平及其发展趋势，相应商品的市场需求动向，国际先进技术的标准及厂家分布，引进的可能性与可行性等。进行国外信息调查分析的目的是了解国外技术发展状况，为引进技术和设备提供实际依据，为在技术引进中选择最适合的供应商和合作伙伴提供决策依据。

其次，在技术引进中要进行世界市场行情与客户信息调查分析。

在世界市场行情调查分析中，一是技术市场行情分析，因研究对象的不同，可以分为以研究世界或一个国家的总体经济活动变化为主的宏观经济行情调查分析和以研究具体的技术、设备或某一技术经济部门的个体活动变化为主的微观经济行情调查分析。前者称为一般经济行情调查分析，后者称为技术商品市场行情调查分析。二是商品市场行情调查分析，它以分析商品市场占有率和商品供求预测为主。商品市场占有率是指引进技术的产品投产后，产品销售量与该产品市场总容量的百分比。如果百分比大，即市场占有率高，提示经济效益好。商品供求预测是指，通过对市场中商品供求关系的调查分析来预测可能发生的情况。

客户信息调查分析是对国外客户情况的调查分析。调查分析的目的是选择投资方向和交易对象。其内容主要包括客户资本额大小，负债情况，客户的信誉与经营作风，客户的经营技能、经验及业务情况，客户是厂商还是代理商，经营单一产品还是多种产品，同一产品在我国和其他国家的经营情况等。

（3）技术设备引进的后续信息分析与预测

在技术设备引进过程中和引进之后，还要进行信息跟踪和分析，这包括技术发展水平跟踪和设备质量水平跟踪，在某些情况下，可能还要包括法律状态跟踪。

引进一个项目之后，提供这个项目的厂家还会有许多技术发展，比如改进技术性能，提供安全可靠性等，将这方面的跟踪结果融合到使用过程中，使所引进技术既可以被充分消化吸收和发挥作用，又能在此基础上学习、探索和提高，形成自主的持续发展能力，使技术引进的收益持续提高和增长。

设备质量水平跟踪，更是不可或缺。任何一种设备都不可能十全十美，经过一段时间使用之后，如果发现它们的生产效率或安全可靠性出现问题，可以作相应补救，假若还在合同保障期之内，还可以要求输出方补偿。例如，东北某市某亚麻纺织厂曾引进前苏联20世纪60年代的成套设备，该设备因缺少粉尘过滤装置，容易引发粉尘爆炸。有关信息人员在做信息跟踪时发现，同样的成套设备，在前苏联已发生了两次粉尘爆炸事件，于是向有关领导建议，为防不测，应尽早补救上述缺陷。而且当时尚在合同保障期内，如果通过合法途径提出，输出方理应无偿改进。这种建议第一次提出后，未被重视。第二次再度提出时，已过了合同保障期，但有关技术人员同时提供了国外发表的，由输出方设计的粉尘过滤装置的图纸，然而仍未引起有关领导的重视，后来终于发生了粉尘爆炸事件，生命和财产都遭到了惨重损失，教训沉重。

法律状态跟踪主要是针对专利技术引进，这也是一项非常必要的信息工作。专利保护有地域性和时间性，超越了保护地域界限和保护期，专利权就不受保护。专利权还有自动放弃的情况。自动放弃和专利保护期终止，是同一种性质。在少数情况下，还有专利"被宣告无效"的情况。各国的专利法一般都指明，当一项专利被宣告无效时，即被视为此项专利自开始时即不存在，也就是说，从来就不存在过这项专利。如果引进技术设备时，所付费用包含了专利使用费，而这项专利又被专利授权机关宣告为无效，那么该项付费也应当重新考虑。当然，具体情况也要根据双方合同约定。

12.3　非文献信息分析与预测

12.3.1　非文献信息概述

1. 文献信息与非文献信息

从传统的角度看，各种书面记录的东西，我们习惯称之为文献；用文献方式表达的信息，我们习惯称之为文献信息。文献信息稳定易得，方便存储和传输，容易查考和控制，因此一直是比较重要的信息传递手段。随着科学技术的发展，现代意义的文献信息有所扩展，可以说，一切用电磁信号、机械手段、光学手段记录，一切音频和视频所表达的文字、语音、图像或其中人们可以互相接受理解的统一符号表达物，或者用密码记录的只为一部分人所理解的信息记录物，都可以算是文献信息，比如录像带、磁带、计算机软盘、光盘、唱片等等所记录的各种信息。

总之，文献信息就是用物质材料作载体，用文字或其他共同符号系统记录的信息。

非文献信息，主要指不用物质载体记录，或者虽有物质载体，但不用符号记录，全靠接受者用知识或技术手段来判别的信息。不用物质载体记录的信息主要指通过口头传递的信息，有时也包括各种即时信息，这些统称为口头信息；用物质载体传递的信息主要指通过实物传递的信息，称为实物信息。

2. 非文献信息的特征与价值

1）口头信息的特征与价值

口头信息，指人们口耳相传，以语言表达的信息。在特定条件下，也包括那些用身体动作传递的信息。口头信息是发展历史最长、涵盖范围最广的一种非文献信息，从原始人开始，口头信息就已经深入到人们生活的各个方面。有些口头信息代代相传，最后以文献的形式永远保留下来，有些则如过眼云烟，随即消逝了。口头信息的特征与价值表现在以下几个方面。

第一，必要性和便捷性。虽然很多口头信息可以通过文献的形式传递，但并不是所有的口头信息都能用文献信息来代替。比如火灾发生，报警之人一定不是用文献传递信息；战场上，军事领导人分析战局和战事，也绝不会用文献交流；还有遇险呼救，医院求诊等，也是用口头传递信息。

第二，易受语言影响，从而引起误会，进而在相继传递下去的过程中发生信息变异，造成难以预料的后果。

第三，易受时空影响。口头信息容易随着时间的延长、记忆的模糊而失真，也容易由于地域相隔遥远，在传递过程受到干扰，导致信息量受到影响，信息内容错乱。

第四，多重传递。同一件事情，仁者见仁，智者见智，每个人都有自己的看法，表达出来千变万化，这种现象很可能干扰信息接收者对此事的观察和认识角度，并对信息分析利用造成障碍。

由于上述原因，人们往往对口头信息的价值持怀疑态度。有人排斥口头信息，将其一律定义为"道听途说"，只相信文献信息；有人则全盘接受，不予分辨，将口头信息视为"快讯"，并努力传播扩散。前者态度不可取，后者当然也不科学。对待口头信息，正确的态度应该是理智地分析，充分认识到口头信息蕴藏的价值，并加以合理利用，对未来做出预测或者提供指导。

2）实物信息的特征与价值

实物信息，指自然存在于物体之中，而不是人为附加上去的信息。这些实物，有的能表明当事人的目的和动向，有的能说明事件的起因和过程，有的能表明人的观念和情趣，有的能说明知识水平和技术能力，还有的能表明事物的发展变化，等等。

实物信息具有很多优点。第一，直观具体。一件说来虚幻、不着边际的事情，见到实物，或者亲赴现场，便能了然于心了。第二，全面周到。遇到各人意见不统一的情况时，可以取来实物检验分析，从而在事实面前达成一致性认识。第三，简明扼要。对许多物体来说，其复杂性可能几本书也讲不完，对它的认识可能需要很长时间，但是若有一点样品，对研究者来说就容易多了。第四，真实可靠。实物来自现场，只要采集的人操作得当，一般不会存在失真的问题，它所包含的信息也自然是可靠的。

实物信息由于存在上述优点，历来受到各方面的重视。科学家把采集标本当成头等大事，医疗部门把生物化验、活体检查作为诊断的依据，情报间谍以现场取样作为了解对手情况的重要手段，司法部门的侦察破案必须以充分的物证为基础。但是，实物信息在利用过程中也存在很多困难，主要表现在以下几个方面。

第一，采集方法必须十分讲究。所取实物必须来自目标中心并且具有典型价值，也就是说，它必须能够充分反映目标物。许多行业对采样有专门的操作规定，比如取水样本、大气样本、岩芯样本等，都有操作注意事项，稍有疏忽便会导致样本不纯，甚至误采，失去了实物的信息价值。

第二，采集者必须是内行，能够认识目标物的内部结构和相互关系，熟悉研究目标的外部环境。比如医生诊断病情，有时采尿，有时采血，有时采痰、采便、采活体等，这些都与人体内部各个器官的生理活动相关联，对于这方面不了解的人，是无法确定采集目标和采集方法的。

第三，认识判别实物信息的人必须是专家。比如一件古陶碎片，对普通人是一文不值的废品，对考古工作者则相当于一部历史书，从中可以引发出许多有关历史时期的信息来。这些信息，一般人是绝对无法获取的。

第四，采集过程艰辛，手段复杂，风险大。有些实物样品用公开方式获取不到，需要通过特殊手段，这时有可能带来某种政治或其他方面的纠纷。一件纯粹的信息分析工作，与非技术因素冲突，就可能超出法律允许的范围，必须慎重对待，按照有关规定行事。

12.3.2　非文献信息分析与研究

各种非文献信息，都有其独特的信息价值，或者是快捷便利，或者是准确全面，然而它们又都有各自的欠缺。口头信息飘移变化，有可能失之准确，容易带有传递者个人的主观倾向；实物信息有可能采集不当，失去样本价值，也可能人工作伪，以假乱真。面对这些情况，唯一的办法是做好分析研究工作，将它们的价值确定之后，再做利用。

对于一切非文献信息，分析研究的过程一般包括三部分：一是鉴别，从来源和特征两方面鉴别它们的真实性、可靠性和典型性；二是选择归纳，从众多信息材料中选择自己需要的、对研究目标有用的，剔除那些重复的和虚假无用的，并加以合并、归类、总结等；三是分析，包括来源分析、背景分析、内容分析和相关分析等。

1. 口头信息的分析与研究

对口头信息进行分析研究，主要包括下述过程。

1）追寻信息来源

口头信息是由人来传递的，追寻信息来源即追寻传递信息的人。第一，落实信息传递者，目的在于认清传递者与信息的关系，从而有助于鉴别信息的真假；第二，了解信息传递者的社会背景、政治地位、经济状况、社会影响等；第三，了解口头信息的采集过程，主要指采集现场的人员、气候、心情、态度、影响因素等，对于多重传递的信息，还要了解信息传递者的相互关系；第四，研究信息采集者和信息传递者的文化知识水平和观念、思想、情感倾向等，这是影响口头信息准确性的重要因素。一个文化知识水平比较高、对相关领域具有专业背景或丰富经验的人，他的观察可能比较细致、全面，他认识事物的能力可能比较强，因而反映事物比较可靠。反之，知识水平较低、缺乏专业背景与相关经验的人，即使处于事件的中心，亲眼目睹事件经过，也不一定能全面、深刻、如实地反映客观事物。此外，信息传递的观念、思想和情感方面等，对其传递的信息的价值也具有重要影响。

2）考察信息传递轨迹

信息传递轨迹即信息传递的过程，如传递时间、传递程序和传递手段等。比如有关物价和人们生活福利的消息，关系到老百姓的日常生活，这方面信息容易受到社会舆论的关注，要核实其可靠性便需要从了解传递过程入手。在近年的社会生活中有许多变革措施，凡是影响比较大的，都用中央文件或地方文件的方式逐级传达，使传递过程透明化，也在客观上减少人们的猜疑，避免了信息传递的混乱。

3）对信息的横向相关关系做比较研究

客观事物千千万万，相互之间的关系错综复杂。就一个单纯的事物说，由于个别观察者受到的种种局限，看起来可能是神秘的，但若将其置于事物的相互关系之中，亦即置于客观系统之中，那就可能是明确的，清晰的。比如茫茫大海中的一艘船，难以确定其所在位置。这时只要用无线电测向的方法，便可测知它与某一陆地电台的图上连线。如果同时测定它与几个陆地电台的图上连线，这些连线的交点便是这艘船的准确图上位置。这就是对信息的横向相关关系作比照研究的基本原理。又比如，常常见到各种各样的百分比数字。就某一个统计成分的百分比来说，我们难辨真假。如果我们把统计范围内各个组成部分都汇集起来，逐一分析比照，就可能发现它们的真实性、相互联系及所存在的规律。类似的，将不同来源的口头信息加以对比、组合，也可以通过其间的横向联系揭示口头信息反映的对象的真实情况。

4）对信息传递的内容进行分析

即对信息的内容作历史的考察，看口头传递的信息是否符合自身发展规律。具体说来，第一，分析它的内容是否具有合理性；第二，分析它的内容结构是否符合科学原则，即口头传递的内容是否完整、系统；第三，报道内容是否与主题的发展历程相吻合。

此外，还可以对口头信息传递者与对象物的时空关系及其他方面，对口头信息进行判断和分析。

2. 实物信息的分析与研究

分析研究实物信息，主要有以下几个步骤。

1）研究实物来源

只有实物的来源可靠，它所包含的信息才是可靠的。比如要分析吐鲁番地下的油气结构，那么作为研究对象的岩样就应当确确实实来自吐鲁番，而且应当是指定地区、指定位置的岩层取样。

2）追查实物采集方法

实物本身只是研究对象的一部分或它运动过程中的一个相关产物，却要求它反映研究对象的诸多特性，因此，实物的典型性尤为重要。要取得这样的实物，需要用特定的方法，在特定的时间，特定的环境条件下，用特定的工具，从特定的部位取得，否则实物就不具备典型性，或典型性不大。比如医院为病人检查肝功能采集血样时，要求病人在清晨空腹前往。清晨空腹，是人们血糖最低的时间状况，只有在这个条件下，反映人体中肝代谢功能的信息才能从血样中充分表现出来，而不会由于消化活动的活跃造成信息干扰。

3）考察实物传递途径，包括传递者的传递过程

从理论上说，保证实物样品的可靠性，必须追查来源。事实上社会活动有分工，可能分为若干环节，各个环节由不同的人完成，在这种条件下很难做到追本溯源，但可以做到的是追寻传递过程和传递者，包括传递者的职业素养、道德水平、操作的准确性和可靠性及其社会评价等。传递者可以是个人，也可以是组织机构，但传递过程必须是可靠的。如从吐鲁番采集的油岩样本，就需要放置于特定的密封容器中，在特定温度、压力等物理条件下传递到分析实验室所在地，才能保证分析结果所获得的是有价值的信息。

4）研究实物样品在研究对象中的地位和价值

比如人体的排泄物，分别对应于人体的不同代谢系统，这些排泄物包含不同的信息，具有不同的价值。如果需要检验某个系统的代谢情况，就要采集对应的排泄物进行分析；如果条件不允许，不能多次重复采样，那就要依靠研究者的主观推断。这种主观判断不是信息研究人员的任意揣测，而是知识和经验的具体运用。知识是对历来许多人的认识所作的科学总结，经验则是个人实践的累积。用许多类似的认识作基础，将从样品所获得的信息作合理的扩展，以求得到对事物整体的全面认识，这也是分析实物信息的一种方法。

习题

12-1　竞争情报信息分析在企业管理工作中有哪些方面的价值？

12-2　竞争情报信息分析的基本步骤是怎样的？一个好的企业竞争情报系统应该包括哪些内容？

12-3　针对我国技术开发与引进的实际，分析我国企业技术信息分析预测的重点是什么？在技术引进中需要注意什么？

12-4　了解我国技术经济信息分析的现状，并提出切实的技术经济信息分析工作的改进意见。

12-5　在技术引进过程中，技术信息分析预测都包括哪些方面，有哪些主要步骤？

12-6　口头信息都有哪些特征和应用价值？在进行口头信息收集与分析时，需要注意哪些事项？

12-7　实物信息的分析与研究包括哪几个步骤？

附录 A　t 分布临界值表

$P\{t(k)>t_\alpha\}=\alpha$

k ＼ α t_α	0.25	0.10	0.05	0.025	0.01	0.005
1	1.000 0	3.077 7	6.313 8	12.706 2	31.820 7	63.657 4
2	0.816 5	1.885 6	2.920 0	4.320 7	6.964 6	9.924 8
3	0.764 9	1.637 7	2.353 4	3.182 4	4.540 7	5.840 9
4	0.740 7	1.533 2	2.131 8	2.776 4	3.746 9	4.604 1
5	0.726 7	1.475 9	2.015 0	2.570 6	3.364 9	4.032 2
6	0.717 6	1.439 8	1.943 2	2.446 9	3.142 7	3.707 4
7	0.711 1	1.414 9	1.894 6	2.364 6	2.998 0	3.499 5
8	0.706 4	1.396 8	1.859 5	2.306 0	2.896 5	3.355 4
9	0.702 7	1.383 0	1.833 1	2.262 2	2.821 4	3.249 8
10	0.699 8	1.372 2	1.812 5	2.228 1	2.763 8	3.169 3
11	0.697 4	1.363 4	1.795 9	2.201 0	2.718 1	3.105 8
12	0.695 5	1.356 2	1.782 3	2.178 8	2.681 0	3.054 5
13	0.693 8	1.350 2	1.770 9	2.160 4	2.650 3	3.012 3
14	0.692 4	1.345 0	1.761 3	2.144 8	2.624 5	2.976 8
15	0.691 2	1.340 6	1.753 1	2.131 5	2.602 5	2.946 7
16	0.690 1	1.336 8	1.745 9	2.119 9	2.583 5	2.902 8
17	0.689 2	1.333 4	1.739 6	2.109 8	2.566 9	2.898 2
18	0.688 4	1.330 4	1.734 1	2.100 9	2.552 4	2.878 4
19	0.687 6	1.327 7	1.729 1	2.093 0	2.539 5	2.860 9
20	0.687 0	1.325 3	1.724 7	2.086 0	2.528 0	2.845 3
21	0.686 4	1.323 2	1.720 7	2.079 6	2.517 7	2.831 4
22	0.685 8	1.321 2	1.717 1	2.073 9	2.508 3	2.818 8
23	0.685 3	1.319 5	1.713 9	2.068 7	2.499 9	2.807 3
24	0.684 8	1.317 8	1.710 9	2.063 9	2.492 2	2.796 9
25	0.684 4	1.316 3	1.708 1	2.059 5	2.485 1	2.787 4
26	0.684 0	1.315 0	1.705 6	2.055 5	2.478 6	2.778 7
27	0.683 7	1.313 7	1.703 3	2.051 8	2.472 7	2.770 7
28	0.683 4	1.312 5	1.701 1	2.048 4	2.467 1	2.763 3
29	0.683 0	1.311 4	1.699 1	2.045 2	2.462 0	2.756 4
30	0.682 8	1.310 4	1.697 3	2.042 3	2.457 3	2.750 0

附录 B   相关系数显著性检验表

α rₐ k	0.10	0.05	0.02	0.01	0.001	α rₐ k
1	0.987 7	0.996 9	0.999 5	0.999 9	0.999 9	1
2	0.900 0	0.950 0	0.980 0	0.990 0	0.999 0	2
3	0.805 4	0.878 3	0.934 3	0.958 7	0.991 2	3
4	0.729 3	0.811 4	0.882 2	0.917 2	0.974 1	4
5	0.669 4	0.754 5	0.832 9	0.874 5	0.950 7	5
6	0.621 5	0.706 7	0.788 7	0.834 3	0.924 9	6
7	0.582 2	0.666 4	0.749 8	0.797 7	0.898 2	7
8	0.549 4	0.631 9	0.715 5	0.764 6	0.872 1	8
9	0.521 4	0.602 1	0.685 1	0.734 8	0.847 1	9
10	0.497 3	0.576 0	0.658 1	0.707 9	0.823 3	10
11	0.476 2	0.552 9	0.633 9	0.683 5	0.801 0	11
12	0.457 5	0.532 4	0.612 0	0.661 4	0.780 0	12
13	0.440 9	0.513 9	0.592 3	0.641 1	0.760 3	13
14	0.425 9	0.497 3	0.574 2	0.622 6	0.742 0	14
15	0.412 4	0.482 1	0.557 7	0.605 5	0.724 6	15
16	0.400 0	0.468 3	0.542 5	0.589 7	0.708 4	16
17	0.388 7	0.455 5	0.528 5	0.575 1	0.693 2	17
18	0.378 3	0.443 8	0.515 5	0.561 4	0.678 7	18
19	0.368 7	0.432 9	0.503 4	0.548 7	0.665 2	19
20	0.359 8	0.422 7	0.492 1	0.536 8	0.652 4	20
25	0.323 3	0.380 9	0.445 1	0.486 9	0.597 4	25
30	0.296 0	0.349 4	0.409 3	0.448 7	0.554 1	30
35	0.274 6	0.324 6	0.381 0	0.418 2	0.518 9	35
40	0.257 3	0.304 4	0.357 8	0.393 2	0.489 6	40
45	0.242 8	0.287 5	0.338 4	0.372 1	0.464 8	45
50	0.230 6	0.273 2	0.321 8	0.354 1	0.443 3	50
60	0.210 8	0.250 0	0.294 8	0.324 8	0.407 8	60
70	0.195 4	0.231 9	0.273 7	0.301 7	0.379 9	70
80	0.182 9	0.217 2	0.256 5	0.283 0	0.356 8	80
90	0.172 6	0.205 0	0.242 2	0.267 3	0.337 5	90
100	0.163 8	0.194 6	0.230 1	0.254 0	0.321 1	100

附录 C DW 检验临界值表

$\alpha = 0.05$

n	m=1		m=2		m=3		m=4	
	d_L	d_U	d_L	d_U	d_L	d_U	d_L	d_U
15	1.08	1.36	0.95	1.54	0.82	1.75	0.69	1.97
16	1.10	1.37	0.98	1.54	0.86	1.73	0.74	1.93
17	1.13	1.38	1.02	1.54	0.90	1.71	0.78	1.90
18	1.16	1.39	1.05	1.53	0.93	1.69	0.82	1.87
19	1.18	1.40	1.08	1.53	0.97	1.68	0.86	1.85
20	1.20	1.41	1.10	1.54	1.00	1.68	0.90	1.83
21	1.22	1.42	1.13	1.54	1.03	1.67	0.93	1.81
22	1.24	1.43	1.15	1.54	1.05	1.66	0.96	1.80
23	1.26	1.44	1.17	1.54	1.18	1.66	0.99	1.79
24	1.27	1.45	1.19	1.55	1.10	1.66	1.01	1.78
25	1.29	1.45	1.21	1.55	1.12	1.66	1.04	1.77
26	1.30	1.46	1.22	1.55	1.14	1.65	1.06	1.76
27	1.32	1.47	1.24	1.56	1.16	1.65	1.08	1.76
28	1.33	1.48	1.26	1.56	1.28	1.65	1.10	1.75
29	1.34	1.48	1.27	1.56	1.20	1.65	1.12	1.74
30	1.35	1.49	1.28	1.57	1.21	1.65	1.14	1.74
31	1.36	1.50	1.30	1.57	1.23	1.65	1.16	1.74
32	1.37	1.50	1.31	1.57	1.24	1.65	1.18	1.73
33	1.38	1.51	1.32	1.58	1.26	1.65	1.19	1.73
34	1.39	1.51	1.33	1.58	1.27	1.65	1.21	1.73
35	1.40	1.52	1.34	1.58	1.28	1.65	1.22	1.73
36	1.41	1.52	1.35	1.59	1.29	1.65	1.24	1.73
37	1.42	1.53	1.36	1.59	1.31	1.66	1.25	1.72
38	1.43	1.54	1.37	1.59	1.32	1.66	1.26	1.72
39	1.43	1.54	1.38	1.60	1.33	1.66	1.27	1.72
40	1.44	1.54	1.39	1.60	1.34	1.66	1.29	1.72
45	1.48	1.57	1.43	1.62	1.38	1.67	1.34	1.72
50	1.50	1.59	1.46	1.63	1.42	1.67	1.38	1.72
55	1.53	1.60	1.49	1.64	1.45	1.68	1.41	1.72
60	1.55	1.62	1.51	1.65	1.48	1.69	1.44	1.73
65	1.57	1.63	1.54	1.66	1.50	1.70	1.47	1.73
70	1.58	1.64	1.55	1.67	1.52	1.70	1.49	1.74
75	1.60	1.65	1.57	1.68	1.54	1.71	1.51	1.74
80	1.61	1.66	1.59	1.69	1.56	1.72	1.53	1.74

参 考 文 献

[1] 陶菊春. 信息分析. 兰州：兰州大学出版社，2006.

[2] 张霭珠. 陈力军. 定量分析方法. 上海：复旦大学出版社，2003.

[3] 刘武. 定量分析方法. 武汉：武汉出版社，2003.

[4] 查先进. 信息分析与预测. 武汉：武汉大学出版社，2000.

[5] 卢泰宏. 信息分析. 广州：中山大学出版社，1998.

[6] 玄兆国，赵军. 情报分析与预测. 北京：科学技术文献出版社，1988.

[7] 谭跃进. 定量分析方法. 北京：中国人民大学出版社，2002.

[8] 朱庆华. 信息分析理论与实务. 北京：科学出版社，2003.

[9] 秦铁辉. 信息分析与决策. 北京：北京大学出版社，2001.

[10] 朱志凯. 逻辑与方法. 北京：人民出版社，1995.

[11] 包昌火. 情报研究方法论. 北京：科学技术文献出版社，1999.

[12] 张桂喜，马立平. 预测与决策概论. 北京：首都经济贸易大学出版社，2006.

[13] 郑人权. 预测学原理. 北京：中国统计出版社，1988.

[14] 马军海. 管理统计基础. 天津：天津大学出版社，2005.

[15] 王文博. 统计学：经济社会统计. 西安：西安交通大学出版社，2005.

[16] 暴奉贤，陈宏立. 经济预测与决策方法. 广州：暨南大学出版社，2003.

[17] 宋宪华. 经济统计学. 济南：山东大学出版社，2003.

[18] 张智松，李民胜. 经济信息分析方法. 北京：中国医药科技出版社，2000.

[19] 林根祥，吴晔，吴现立. 市场调查与预测. 武汉：武汉理工大学出版社，2005.

[20] 祝刚. 市场调查与预测. 北京：中国财政经济出版社，2007.

[21] 叶明海，于磊，胡志莹. 市场调查与预测. 上海：同济大学出版社，2007.

[22] 张安珍. 信息采集、加工与服务. 长沙：湖南科技出版社，2001.

[23] 骆克任. 社会经济定量研究与 SPSS 和 SAS 的应用. 北京：电子工业出版社，2002.

[24] 朱道元. 多元统计分析与软件 SAS. 南京：东南大学出版社，1998.

[25] 邱均平. 文献计量学. 北京：科学技术文献出版社，1988.

[26] 罗式胜. 文献计量学概论. 广州：中山大学出版社，1994.

[27] 王崇德. 文献计量学引论. 桂林：广西师范大学出版社，1997.

[28] 胡晖，邢峰. 竞争情报. 北京：海洋出版社，2006.

[29] 朱孝明，刘桂南. 市场调查与分析. 北京：中国商业出版社，2006.

[30] 叶明海. 市场调查与预测. 上海：同济大学出版社，2007.

[31] 刘红霞. 市场调查与预测. 北京：科学出版社，2007.

[32] 罗贤春，盖玲. 经济信息分析理论基础. 图书馆理论与实践，2006（5）：35 - 37.

[33] 岳剑波. 信息管理基础. 北京：清华大学出版社，1999.

[34] 陈禹. 信息经济学教程. 北京：清华大学出版社，1998.

[35] 黄淳，何伟. 信息经济学. 北京：经济科学出版社，1998.

[36] 周三多. 管理学：原理与方法. 上海：复旦大学出版社，1997.

[37] 周九常. 三个层次的信息预测. 现代情报，2004（10）：199-201.

[38] 王立诚. 市场信息分析与预测. 科技情报开发与经济，2001（3）：94-95.

[39] 李艳梅. 浅议信息分析素材与竞争情报工作. 农业图书情报学刊，2006（8）：69-71.

[40] 六法网. 平衡匡算预测法［EB/OL］.［2007-08-18］. http://www.6f88.com/ff/yc/phks.htm.

[41] 杨金兰. 均衡分析法和平衡分析法的比较分析. 商场现代化，2006，456（1）.

[42] 沙勇忠. 计算机辅助分析论略. 情报技术，2005（7）.

[43] 邱均平. 我国文献计量学发展的回顾和展望. 科学学研究，2003（4）：143-146.

[44] 王宏鑫，邱均平. 21世纪文献计量学的发展趋势. 高校图书馆工作，2000（4）：9-16.

[45] 张晓雁. 网络计量学初探. 情报杂志，2003（3）：12-13.

[46] 宋洁，曹青. 企业主流竞争情报方法比较研究. 情报科学，2007（2）：183-187.